KB102573

핀테크 혁명

핀테크 혁명

모바일 은행 설립자가 알려주는
핀테크 시대의 돈 관리 기술

앤 보덴 지음
이한나 옮김

유엑스 리뷰

차례

서문 • 9

1부 돈에 대한 근거 없는 믿음 박살내기

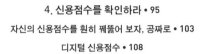

2부 핀테크가 이루어낸 돈의 대변혁

수중의 돈을 다루는 법에 대해서는 이미 적지 않은 조언들이 존재한다. 효율적으로 절약하거나, 투자에서 더 큰 이익을 얻거나, 빚을 빨리 갚는 팁들은 분명 무수히 많이 알려져 있다. 그러나 이 중 일부는 유용할 수 있어도, 상당수는 너무 애매모호한데다, 가장 큰 문제는 군이 당장 염두에 두려고 단단히 마음먹지 않는 이상 깡그리 도외시해버리기 쉽다는 점이다.

이 책은 이러한 기존의 모든 상식들을 싹 갈아엎는다. 자신의 돈을 장악하기 위한 새롭고, 쉽고, 투명한 방법들을 모두 다룬 간편한 지침서이다.

현대의 기술 덕분에 이제 우리는 지금 당장, 혹은 다달이, 나아가 연간 얼마를 아끼고, 소비하고, 투자해야 하는지 일 원 단위까지도 손쉽게 정확히 파악할 수 있게 되었다. 스마트폰은 눈이 핑핑 돌 정도로 다양한 자산 관리법들을 제공하여 돈이 알아서 굴러가도록 만들고 우리의 생활비 운용이 식은 죽 먹기처럼 느껴지게 해준다. 따로 신경을 쓰지 않고서도 돈을 모은다거나, 투자 상황을 순조롭게 추적한다거나, 아니면 그저 한 눈에 수입과 지출을 확인할 수 있는 법을 알고자 하는 사람들을 위해, 이를 도와줄 앱이 수십 개나 개발되어 있다. 언제나 적자상태에 있었던 사람이나, 적자상태에 있다는 말이 무슨 뜻인지조차 모르는 사람이라고 해도 상관없다. 이 모든 것들이 어떻게 돌아가고 있는지 알면 필요에 따라 방향을 수정하고 관리 감독하는 데 도움이 될 것이다.

이 책은 크게 두 부분으로 나뉜다. 우선 전반부는 은행 및 금융에서 관찰되는 최근의 전반적인 동향을 개괄하고 가까운 미래에는 또 어떤 방향으로 흘러가게 될지를 다룬다. 후반부는 저축이나 대출, 연금, 보험 등 우리의 금융 생활 속 각각의 요소들을 살펴보고, 현재 영국과 전 세계에서 이용할 수 있는 가장 적절한 앱들을 소개한다. 이 책은 반드시 순서대로 읽지 않아도 괜찮다. 처음부터 곧장 실전에 돌입하여, 소개되어 있는 앱들을 몇 가지 다운로드받아서 그 즉시 돈 관리법을 개선해나가고 싶은 독자도 있을 것이다. 물론 그렇게 해도 아무런 문제가 없다. 선택은 독자의 몫이다. 이 책에 수록된 앱들은 모두 사용법이 단순하고 쉽게 이해할 수 있도록 만들어졌다.

이전에 이러한 유형의 앱을 사용해본 적이 없어도 상관없다. 이 책 역시 이와 같은 선상에서 쓰였다. 나는 독자들이 본인의 자산을 최대한으로 활용할 수 있게 되기를 바라며, 이를 도와줄 몇 가지 환상적인 도구들을 소개하고자 한다.

단 한 번이라도 내심 자신의 재정 관리를 바로잡아야겠다고 결심했던 적이 있다면, 이 책이 제대로 방향을 잡아줄 것이다.

1부
돈에 대한 근거 없는 믿음 박살내기

1장

자신의 돈을 장악하라: 그대가 주인이다

지출 방식을 뜯어고치자

스마트폰과 데이터 공유 기술의 발달이 우리가 돈을 저축하고, 쓰고, 투자하는 방식을 바꾸고 있다. 어디를 가든 도처에 널린 각종 센서와 클라우드 컴퓨팅, 와이파이 덕분에 우리는 이제 우리를 둘러싼 세상과 완전히 새로운 형태로 상호작용하게 되었다. 우리가 취하는 모든 움직임이 기록에 남게 되면서, 어떤 서비스를 실질적으로 이용한 '시간'만큼의 비용만이 청구될 수 있도록 바뀌었다. 그것도 무려 초 단위로. 해당 서비스를 많이 쓰든 적게 쓰든 관계없이 매달 똑같이 지불해야 했던 단조롭고 뻔한 청구서는 잊자. 쓸 만큼만 내는 페이고(pay-as-you-go) 방식이 이제 새로운 표준이 된다.

이 책은 독자로 하여금 돈을 바라보는 관점과 쓰는 방식을 확실히 뒤바꿔줄 최신 기술과 서비스를 소개하는 안내서이다. 새로운 은행 업무, 저축, 투자, 연금 관리 앱의 물결 덕에 이제 과거에는 불가능했던 방법들을 활용하여 자신의 돈을 더 잘 이해하고 주도권을 거머쥘 수 있게 됐다. 걱정하지 마시라. 이 모든 것을 이해하기 위해 IT 천재나 금융 시장의 전문가일 필요는 전혀 없다. 바로 그게 핵심이다. 대부분의 경우 우리에게 필요한 것은 오직 스마트폰과 돈이 알아서 스스로 잘 굴러가도록 만들겠다는 마음가짐뿐이다.

당신이 IT 천재나 금융 시장 전문가일 필요는 없다. 오직 스마트폰과 돈이 저절로 잘 굴러가게 만들 마음가짐만 있으면 된다.

기존의 국제 금융 산업이 어느 누구도 자기가 애써 번 돈이 대체 어떻게 관리되고 있는지 제대로 이해하지 못하던 상황에 기대어 번성해왔다면, 새로운 서비스는 이보다 분명 나은 것이라고 생각해도 좋다. 이 책은 현존하는 최첨단의 금융 도구를 선보이고, 그러한 기술들이 어떻게 돈과 관련된 업무를 단순화시켜 모두에게 보다 공평한 환경을 마련해주는지 소개할 것이다. 심지어 어떻게 하면 항상 은행에게 우리 돈을 뜯기는 입장에 머무르는 것에서 벗어나 우리가 은행을 이용해 돈을 벌 수 있는지도 보여줄 수 있다. 그렇다. 비효율적인 금융업 방식을 보완하는 것을 넘어 완전히 새로운 방법을 도입하자는 말이다.

합리적인 사람이라면 누구나 은행과 금융기관이 돈 버는 것을 못마땅하게 여긴다는 뜻은 아니다. 어쨌든 금융업도 사업이기에 수익을 창출해내지 못한다면 살아남지 못할 테니까 말이다. 다수의 평범한 사람들이 껄끄러워 하는 부분은 그런 문제가 아니라, 대형 은행들이 고객들로부터 벌어들이는 돈의 액수가 어마어마하다는 점이다. 설상가상으로 아무도 이런 금융기관들이 어떻게 그렇게 큰돈을 벌 수 있는 것인지 잘 알지 못한다. 예전에는 금융이 우리가 누리는 서비스 중에서 가장 불투명한 편에 속했는데, 그렇기에 일부 대형 기관들이 바로 그런 부분을 노렸던 것은 아닌가하는 생각이 들기도 한다. 굳이 깊게 파고들지 않더라도 우리가 힘들게 번 돈을 은행이 갉아먹는 방법들이 엄청나게 다양하다는 사실을 알 수 있다. 무료 은행 계좌? 글쎄. 금융기관은 이자 및 미승인 초과 인출에 대해 한껏 부풀린 금액을 청구함으로써 그 적자를 메꾼다. 고객에게 유리한 대출? 그럴지도 모르지만, 그래서 수수료는 결국 얼마나 지불했던가? 외국에 나가서도 편리하게 이용한다? 집에 돌아오면 명세서를 반드시 확인해보기 바란다. 여행 중 쌓인 해외 ATM 이용 요금이 상상을 초월할 테니까 말이다.

　문제는 은행 잔고와 보험료, 연금 지출을 매의 눈으로 꼭꼭 확인하고 거래 내역 하나하나를 빠삭하게 꿰고 있는 타입이 아니라면 돈이 다 어디로 새어나가는지 알아내는 것이 쉽지 않다는 점이다. 납입금은 항상 투명하게 고지되지 않고, 거래 수수료는 너무나도 복잡하거나 교묘하게 숨겨져 있다. 특별히 주의를 기울인다고 하더라도 서비스 이용 중 내가 정확히 무엇에 대하여 얼마의 비용을 지불하고 있는 것인지 규명하기란 사실상 불가능한 경우가 많다. 이렇게 우리의 자금을 둘러싼 신기루가 돈에 관해 우리가 가지고 있는 어떤 맹목적인 믿음으로부터 생겨났다는 것도 문제다.

　이 믿음은 은행이 언제나 전적으로 나의 이익을 염두에 두고 있는 신용할 만한 존재라거나, 독립재무상담사가 정말 금융회사로부터 독립적이라는 '사실'을 철석같이 믿어버리게 만든다. 이미 수차례 (대부분 매우 극적이고 터무니없이) 틀린 것으로 판명 났음에도 말이다. 그 와중에 금융 서비스 기관들의 번지르르한 광고들은 자기네가 고객들에게 친절하고 이해하기 쉽게 안내하고 있다고 말하지만, 사실 상품에 대해 어떠한 설명도 쉽사리 논리정연하게 들려주지 않는다. 우리의 재무를 위해 일해주고 있을 금융기관을 통해서도 정보를 구하기가 어럽기는 마찬가지다. 그럼에도 은행을 향한 맹신은 만연하며, 그로 인해 많은 사람들은 성인이 되고 돈을 벌기 시작한 이래로 줄곧 자신의 재정에 관해 까맣게 모르고 살아간다. 그리고 이러한 불확실성이 지속되며 종종 저축과 소비, 투자라는 것들이 모두 무모한 일들로 여겨지게 되고 만다.

오늘날에는 어느 누구도 돈을 둘러싼 그러한 혼란을 감내할 필요가 없다. 은행 업무를 비롯하여, 실질적으로 돈 관리와 관련된 모든 것들이 급진적으로 새롭게 태어나고 있다. 지금 우리는 수백 년간 돈과 함께 해온 역사 속에서 사실상 가장 크고 급속한 변화를 경험하고 있는 중이라고 해도 과언이 아닐 것이다. 아니, 어쩌면 과거 뿐 아니라 미래에도 이렇게까지 급격한 변화는 없을지도 모른다. 이건 말 그대로 돈의 혁명이다. 기계학습(머신러닝)에서부터 인공지능(AI, artificial intelligence), 로보어드바이저(robo-advisers)에 이르기까지 기술이 크게 발전한 덕분에 자신의 돈이 어디로 흘러가는지에 대한 이해도가 높아질 뿐 아니라, 자기 돈의 진정한 주인으로서 돈이 스스로 잘 굴러가도록 만들 폭넓은 기회를 얻을 수도 있다.

왜 지금 이 책을 읽어야 할까?

나는 평생을 은행 및 금융업에 종사해온 덕에 이 책을 쓰는 데 필요한 자질들을 갖추게 되었다고 할 수 있다. 나는 '양쪽' 모두에서 일해 보았다. 처음에는 업무 방식이 수십 년 동안 거의 변하지 않은 이른바 전통적인 은행에서 일했다. 그리고 지금은 돈에 대한 사람들의 상식과 활용법을 획기적으로 바꾸어준 새로운 핀테크(fintech, 금융을 의미하는 파이낸셜(financial)과 기술을 뜻하는 테크놀로지(technology)의 합성어) 스타트업 중 가장 성공적인 업체를 이끌고 있다.

나는 로이드은행(Lloyds Bank)의 계약직 신입사원으로 시작해서 스탠다드차타드은행(Standard Chartered Bank)과 스위스연방은행(UBS, Union Bank of Switzerland)에서 임원급에 오를 때까지 일한 뒤, 34개국에 뻗어 있는 ABN암로은행(ABN Amro)과 스코틀랜드왕립은행(RBS, Royal Bank of Scotland)의 글로벌 트랜잭션 뱅킹 담당으로 옮겼다. 업무에 변화를 주어야 할 때라고 결심하기 전 내가 마지막으로 맡았던 직책은 얼라이드아이리시은행(AIB, Allied Irish Banks)의 최고운영책임자(COO)였다. 2007년에서 2008년 사이에 불어 닥친 세계 금융 위기 탓에 아일랜드 정부에 인수되어 당시 심각한 적자에 허덕이고 있던 은행을 회생시키는 업무를 맡도록 스카웃된 것이었다. 이후

아이리시은행은 수익률을 회복했지만, 이 때의 경험은 나에게 커다란 영향을 주었다. 수천, 아니 수만 명의 아일랜드 시민들은 여전히 금융 위기의 여파에서 헤어 나오지 못하고 있는데, 나는 은행의 이윤을 위해 비용을 급진적으로 삭감하면서 이게 과연 옳은 방향으로 가고 있기는 한 것인지 의문을 품게 되었던 것이다. 기존의 금융사의 관행이 뭔가 단단히 잘못되었다는 것이 너무나도 명백했다.

이 바닥에 종사하는 사람들은 다들 세계 신용경색과 뒤이은 정부 구제금융을 버텨내지 못하고 완전히 박살났던 기존의 금융 사업 방식을 곧이곧대로 복원시키려고 필사적으로 애썼지만, 단언컨대 이는 전부 애당초부터 문제의 근본적인 원인이었던 번거로운 기존 시스템 및 고유의 관료 체제를 바탕으로 세워졌던 것들이었다. 분명히 우리 모두가 나서서 자신을 돌아보고 이제까지와는 전혀 다른 방안을 모색해야만 할 때였다. 그럼에도 이 분야의 어느 누구도 관심을 보이거나 실행에 옮기고자 하지 않았기에, 나는 내 스스로 감행하기로 마음먹었다.

실태 조사 임무 수행차 어느 정도 시간을 들여 세계를 돌며 금융 시스템이 어떻게 돌아가는지 분석을 한 뒤, 나는 최신 기술을 활용해 진정으로 고객을 최우선으로 대하고 고객이 가장 좋은 선택을 할 수 있도록 돕는 새로운 형태의 디지털 은행을 만들어냈다. 내가 고안한 이 새로운 은행은 우리 모두가 매일같이 하루 종일 곁에 두고 함께하는 스마트폰에서 작동하기에, 물리적인 영업점을 둘 필요가 없으며, 금융 서비스를 24시간 연중무휴로 언제나 이용할 수 있게 해준다. 이러한 서비스에 담긴 철학은 고객들에게 제품을 '판매'하는 임무에 입각한 것이 아니다. 그보다는 어디까지나 고객들을 살피고 소비자들의 요구에 부응하기 위해 존재하는 서비스여야만 한다는 생각이 바탕에 깔려 있었다. 아이디어를 전개해나가면서 나는 내가 금융 관계를 근본적으로 바꿀 기회의 문턱에 서 있다는 사실을 깨달았다. 마치 아마존(Amazon)이 쇼핑의 개념을 바꾸고 아이튠즈(iTunes)가 음악 시장을 바꾸었던 것처럼 말이다.

내가 2014년에 설립한 모바일 은행 스탈링(Starling)은 여러 상을 받은 것은 물론, 수십만의 고객을 끌어 모으며 가장 성공적인 현대식 은행 중의 하나로까지 발전해나갔다. 영국 최초의 모바일 온리(mobile-only) 보통예금 계좌로서 세상에 첫발을 내디딘 스탈링은 이제 사업용 계좌, 공동명의 계좌, 그리고 주택담보대출 중개업체에서부터 연금기관에 이르는 폭넓은 사업 협력업체를 구할 수 있는 마켓플레이스 서비스까지 제공한다. 그리고 각각의 협력업체들은 금융이란 접근이 용이하고, 투명하며, 사용이 쉬워야 한다는 본 은행의 철학과 잘 맞는지 신중한 검토 과정을 거치게 된다. 무엇보다도 고객이 자신의 자산의 주인이 될 수 있도록 해야 한다.

전통적 은행의 고질적인 문제

우리 은행(저자가 설립한 스탈링뱅크)의 마켓플레이스와 핀테크 커뮤니티를 통해 알게 된 개발자들과 함께 일하면서 가장 즐거웠던 것 중의 하나는 '할 수 있다'는 태도를 자주 접했다는 점이다. 전형적인 오프라인 은행에서 일하던 예전의 생활 속에서는 모든 것을 있는 그대로 받아들이라는 분위기가 만연해 있었다. 그냥 예전부터 쭉 그렇게 해왔었기 때문이다. 뭔가 어떻게든 더 효율적으로 바꿔본다거나 고객들의 편의를 개선하는 방법이 있을지도 모르겠다는 낌새를 챘더라도 대부분 아무도 행동에 나서지 않는다. 어디선가 누군가가 그건 불가능한 일이라고 말했으니까. 더 고민해볼 것도 없다. 이상 끝.

이와 관련해서 가장 기억에 남는 일화는 내가 얼라이드아이리시은행에서 근무할 당시 있었던 일이다. 이미 금융기관들에 질릴 대로 질려 있던 기존 고객층의 신뢰를 다시 쌓는 것과 더불어, 은행은 새로운 고객을 낚아 보통예금 계좌 사업을 키우고 싶어 안달이 나있었다. 소기의 목적을 달성하는 데 있어 내가 보기에 가장 명백한 걸림돌은 계좌를 열고 고객이 입출금카드를 손에 쥐게 되기까지 헤치워야 할 절차가 기나길다는 (그리고 도무지 정이 가지 않는다는) 것이었다. "이거 어마어마하게 단순화해야겠는데요."라고 내가 말했다.

사람들이 한번 거래하기로 선택한 은행에 끈덕지게 얽매여, 평균적으로 무려 17년이라는 세월 동안 하나의 은행하고만 관계를 유지하는 것도 무리는 아니라고 생각한다. 이는 심지어 대부분의 영국인들이 고작해야 평균 11년 반밖에 유지하지 못하는 혼인기간마저도 훌쩍 뛰어넘는 극단적인 충성심이긴 하지만 말이다. 그런데 고객들이 그렇게 충성했던 이유는 당시 잘나가던 대형 은행들이 작은 은행들에 비해 압도적으로 환상적인 최상의 서비스를 제공해주어서 이를 버리고 신천지를 찾아 떠나는 일이 거의 불가능했기 때문이 아니다. 사실 보통은 그 반대였다. 은행들이 제공하는 상품과 서비스가 대부분 다 거기서 거기였던 것이다.

그렇기에 자칫 고객들이 무기력 상태에 빠져 거래 은행을 바꾸려 하지 않았던 것이라고 치부해버리기 쉽지만, 사람들이 기존에 거래하던 은행에 완전히 진절머리가 난 상태라고 하더라도 계좌를 신설하기 위한 신청 절차가 복잡하고 느린 탓에 타행으로의 전환이 미뤄졌을 가능성 또한 충분하다. (그 당시에는 은행을 옮기면 기존에 등록해 둔 자동이체나 중요한 대금 결제 금액이 중간에 유실될 위험성이 있다는 점을 우려하기도 했는데, 이 문제는 2013년 9월, 은행 계좌 이동시 입금 및 납부 정보가 자동으로 새 은행으로 넘어가는 방법이 영국에 도입되면서 해결되었다.)

그러나 계좌 개설 절차를 어마어마하게 단순화시킴으로써 신속한 서비스를 제공하자는 내 제안에 대한 반응은 즉각적이었다. 직장 선배는 나에게 "그렇게 되는 일은 없을 겁니다."라고 딱 잘라 말했던 것이다.

당연히 나는 이 안건을 밀어붙였다. 대체 '왜' 고객들이 겨우 계좌 하나를 열기 위해 그 많은 산을 넘어야만 하는 것인지 알아야 했다. 새로운 사업을 추진할 때의 기본 바탕은 분명 다른 경쟁업체보다 확연히 매력적인 조건을 제시하는 일이다. 다른 은행으로 갈아타도록 고객을 설득할 수 있는 유일한 방법은 이 전환 절차를 가능한 한 빠르고 힘 들이지 않게 만드는 것뿐이지 않겠는가?

내가 계속해서 밀어붙일수록 나는 점점 더 많은 반대 이유들과 맞닥뜨리게 되었다. '규정을 준수'하기 위해서라든지, '중앙은행의 규칙'이라든지, 그밖에 말도 안 되는 것 같은 이유들이 한 가득이었다. 은행이 변할 수 없는 진짜 이유를 알아내야겠다고 결정한 나는 이 사안에 정확히 어떤 규칙이 적용되는 것인지 밝히고자 답을 캐기 시작했다. 이렇게나 여러 가지 각기 다른 이유가 존재한다면 그 중 적어도 하나는 맞는 말일 터였다. 일단 이를 찾기만 한다면 해결될 일이었다. 그 다음은 해당 규칙을 바꾸거나 현재의 상황에 더 알맞게 적용하도록 요청하는 방안을 모색해보면 될 테니까 말이다. 그래서 결론적으로 어떻게 됐을까? 사람들이 내 아이디어에 반대하며 댔던 규칙들은 많은 경우 실제 존재하지도 않았다. 나의 동료들은 모두 굉장히 똑똑한 사람들이었지만, 그들이 굳게 믿고 있던 것들의 상당수는 그저 전임자들로부터 전해들은 이야기일 뿐이었다. 한 다리만 건너도 말이 와전된다고는 하나, 정말 내가 살면서 마주한 최악의 사례였다. '마땅히 따라야 할 규칙'이기에, 은행원들이 철석같이 믿고 떠받들었던 원칙들은 그렇게 단 한 톨의 의심을 품는 이 없이 여러 세대를 거쳐 구전되어 내려오기를 거듭했다. 그 와중에 고객들은 그저 어깨를 한 번 으쓱하고는 지금까지의 방식을 고수했는데, 첫째, 대안이라고 할 다른 은행 역시 상황은 마찬가지이기 때문이며, 둘째, 변화는 무의미한 수고였기 때문이다.

전통적인 금융업에 존재하는 근거 없는 믿음에 도전하다

계좌 개설을 둘러싼 신화적인 믿음의 존재를 깨닫게 되자, 나는 즉시 은행과 금융업에 퍼져 있는 다른 확신들 역시 전부 조사해보기 시작했다. 언제나 그래왔기 때문에 우리 모두 당연하게 받아들였던 것들. 혹시 여태까지 우리는 다들 전혀 사실이 아닌 허상에 집착해 믿고 따랐던 것은 아닐까? 대체 우리가 얼마나 많은 것들을 단지 언제나 그래왔다는 이유만으로 암묵적으로 수용하고 있었는지 의문이 생겼다.

조사를 계속하던 중, 나는 시내 중심가의 대형 은행 지점들에 대한 문제에 도달했다. 다들 알다시피, 은행의 지점들은 어느 특정 지구라 할 것 없이 모든 지역에서 속속 문을 닫고 있었는데, 아마 누구나 지난 십여 년 사이에 자기 동네에 있던 은행들이 여럿 사라지는 상황을 목격한 적이 있을 것이다. 영국만 놓고 봐도 1989년 이래로 연간 평균 300개의 은행 지점들이 폐점했는데, 대형 은행들이 이윤 추구의 압박에 대하여 비용이 많이 드는 오프라인 지점들을 쳐내는 식으로 대응하는 바람에 최근 들어서는 그러한 폐점 속도가 가속화되는 추세마저 나타나고 있다. 이는 자기 지역구에 금융 서비스 공급이 부족해지는 문제로 많은 지역 사회의 경각심이 점차 커지고 있는, 민감하고 감정적인 사안이다.

다시 말하지만, 우리 주위에는 실제로 무슨 일이 어째서 벌어지고 있는가에 관해 근거 없는 믿음과 오해가 많이 퍼져 있다. 은행가에는 지점들이 '수익성이 없다'는 속설이 정착되어 있다. 그리고 사실 그 명제는 참이다. 대다수의 사람들이 더 이상 동네의 지점들을 자주 이용하지 않는다는 것 또한 사실이다. 예금주 중 상당수는 해가 거듭되어도 '단 한 차례도' 은행을 찾지 않는다. 물리적인 은행이 여전히 중요하다고 생각하는 사람들은 대부분 자기가 보유하고 있는 잔돈을 계좌에 입금할 때 오프라인 은행 지점을 이용하기 때문이다. 은행 입장에서는 오히려 여러 해 동안 적극적으로 나서서 하지 않도록 권장하는 서비스인데 말이다.

실제 무슨 일이 왜 벌어지고 있는가에 관해 근거 없는 믿음과 오해가 많다.

은행의 영업 방침은 대다수의 주요 은행들이 나머지 지점들을 어떻게 꾸려나가기로 했는지를 보면 단적으로 알 수 있다. 그러니까, 명목을 유지하기 위해 인구수가 충분히 많은 지역에서는 영업을 계속하기로 결정한 지점들 말이다. 근래 들어 각 지점에 온갖 디지털 제품들을 들여놓는 경향이 늘어나고 있다. 최근에 은행 영업점을 방문한 적이 있다면, 지점을 방문한 고객들이 원격으로 스카이프나 그 비슷한 프로그램을 통해 상담원과 직접 대화할 수 있게 해주는 컴퓨터 스크린이 잔뜩 늘어났다는 사실을 알아차렸을지도 모르겠다. 예전에 얼라이드아이리시은행에서 일할 당시, 나는 이런 일들을 하는 수많은 프로젝트 중 하나에 관여했다. 우리 팀은 아일랜드의 던드럼에 최첨단 기술을 집적한 지점을 열어 더 랩(The Lab)이라는 애칭을 달고 '새로운 디지털 경험'이라고 홍보했다. 그 당시에조차도 나는 이 야심차게 시작한 사업이 뭔가 핵심을 놓치고 있다는 생각을 하지 않을 수 없었다. 그렇다. 고객들은 분명 지금까지보다 조금 더 고급 기술이 활용된 것을 좋아하기는 하지만, 우리나 다른 은행들이 제공한 서비스는 이미 사람들이 따뜻하고 안락한 자기 집에서 자기 컴퓨터로 해결하고 있었던 것과 크게 다르지 않았다.

그런데 흥미롭게도 새로운 형태의 소매 은행 중 하나였던 메트로은행(Metro Bank)은 대성공을 거두며 지점 운용 방식을 완전히 뒤집어 놓았다. 메트로은행은 은행원들이 두꺼운 가림막 뒤에 숨어 있는 대신 개방된 카운터에서 고객 응대를 할 수 있도록 꾸민, 고객 친화적인 개방형 배치 방식을 도입했다. 그리고 메트로은행의 영업점에서 가장 핵심은? 바로 고객들이 잔돈을 입금할 수 있는 기계였다. 메트로은행의 어느 지점에 가든 이 잔돈 입금기 이용객이 끊이지 않는 것을 볼 수 있다. 왜? 그것이 바로 고객들이 필요로 하는 서비스이기 때문이다.

사실 은행도 여타 직종들과 마찬가지로 사업체이다. 즉, 은행도 다른 모든 사업들이 하는 것처럼 시대의 흐름을 따라야 하며, 고객들의 환심을 사야 한다. 고객들이 원하는 것이 무엇인지 파악하고 그에 따른 알맞은 서비스를 제공해야 한다.

그리고 지금 드러나는 모든 징후들은 고객들이 자신의 돈에 대한 통제권을 원한다는 사실을 알려주고 있다.

지난 몇 년간 이 모든 거대한 변화들을 겪었음에도, 오늘날까지 여전히 변화가 필요하다는 주장에 귀를 기울이지 않는 은행이 많은 듯하다. 고객들이 정확히 은행으로부터 어떤 서비스를 기대할 수 있는지에 대하여 혼돈과 오해로 점철된 다양한 거짓 믿음들은 아직도 버젓이 존재한다. 이와 관련해서 다음과 같이 예비 고객과의 기가 찰만한 대화를 몇 가지 준비해보았다.

"제가 다른 계좌를 개설하면 은행이 싫어할까요?" 한 고객이 물었다. 그는 상황을 명확하게 설명하기 위해 덧붙였다. "그래도 10년 동안 거래했는데요."

또는,

"은행은 딱 하나의 입출금 통장만 '허용'해주잖아요, 그죠?"

우리는 당연히 원하는 만큼 계좌의 수를 늘릴 수 있으며, 개개인의 필요에 가장 적합한 서비스를 누리기 위해 이리저리 거래 은행을 옮겨 다닐 수 있다. 기술의 발전 덕분에 이 절차가 전에 없이 간편해지기도 했다.

고객의 입장에서 보면 시스템이 여전히 우리에게 불리한 것처럼 느껴질 수 있다. 은행에 관해서만 그런 것도 아니다.

맹신과 혼란은 금융 서비스 전반에 걸쳐 만연해 있다. 수년간 은행 거래를 하면서 자신이 송금한 돈이 어디로 가고 있는지 분명하게 알 수 없어 단 며칠이라도 마음을 졸여본 경험이 적어도 한 번, 혹은 심지어 여러 차례 있을 것이다. 수표 결제가 승인되기까지의 길고 긴 시간은 오랜 기간 골칫거리였으며, 국경을 넘나들어 돈이 오가는 해외 송금 등의 거래는 지금 같은 디지털 세상에서도 받는 사람의 계좌에 도착하는 데 최대 3일까지 소요될 수 있다. 연금은 서류 작업에 아주 꼼꼼한 사람이나 아마도 스프레드시트의 귀재가 아니라면 일반적으로 대체 뭐가 뭔지(그리고 가장 중요하게 은퇴 후 자신이 얼마를 받게 될지) 알기 어렵다.

상대적으로 단순해 보이는 거래에 막대한 수수료를 지불해본 적이 있는 사람이라면 '왜?'라는 의문을 가지게 되는 것도 당연하다. 그렇지만 실제 의문을 품었다고 하더라도 명확한 해답을 찾기는 어려울 것이다. 역사적으로 은행과 금융기관들은 시스템의 내부 사정에 관해 의도적으로 명료하게 알리지 않아왔다. 태생적으로 이들은 모든 업무가 투명해지면 시장에서 자기네가 점유하고 있는 우위를 빼앗길지도 모른다는 위험성에 대하여 심한 저항감을 가지고 있다. 시스템을 업데이트하고 알아보기 쉽게 함으로써 현재의 상황에 변화를 주려고 하거나, 고삐를 지나치게 풀어주다 보면, 자칫 손아귀에 쥐고 있던 램프의 요정이 탈출해 사라져 버릴까 두려워하는 것일 수도 있다. 일단 사람들이 전체 그림을 알게 되면 자유로운 비교가 가능해진다. 또 한층 대담해져서 현재 일어나고 있는 믿기 어려울 정도의 혁신들을 모두 탐험해보려고 할 것이다. 그 결과, 금융 시장 전체가 변화하고 산산조각이 나서, 고객들을 가지각색의 흥미진진한 새 길로 이끌 수 있다. 모든 것들이 완전히 달라질 것이다.

단순해 보이는 거래에 막대한 수수료를 지불해본 적이 있는 사람이라면 당연히 '왜?'라는 의문을 품을 수 있다.

왜 미래에는 핀테크가 대세인가

물론 사실을 말하자면, 이미 그렇게 되어가고 있다. 세계적으로 50퍼센트가 넘는 고객들이 돈 관리를 위해 최소 한 군데의 핀테크 회사를 이용하고 있으며, 핀테크 이용객의 64퍼센트는 금융 생활의 모든 양상이 디지털로 이루어지기를 바란다. 이용객의 비율이 가장 높은 부문은 투자 관리 분야(45퍼센트)이며, 뒤이어 새로운 결제 및 이체 서비스를 취하는 고객이 41퍼센트, 보험 이용객이 31퍼센트, 그리고 일반적인 은행 업무 이용객이 29퍼센트인 것으로 나타났다. 어찌 보면 당연하게도, 젊고, 기술 적응력이 높으며, 부유한 고객들이 이러한 흐름을 선도하고 있기는 하지만, 고객층은 계속해서 확장되어 나가고 있다. 분명한 사실은 철저하게 고객이 아닌 대형 기관들의 필요에만 편향되어 있던 낡고 결함투성이의 시스템은 점차 사라져가고 있다는 점이다. 새로이 개발된 각 기술들은 일상적인 소비자들에게 괄목할 만한 이익을 제공한다.

이에 당연한 의문이 떠오른다. 그럼 대체 왜 대형 금융기관들은 고객들과 일정한 거리를 두고 항상 해왔던 방식을 고수함으로써 '손에 넣었던' 품위의 가면을 벗어던지지 않는 것일까? 금융기관들이 이미 소비자의 신뢰를 얻었거나, 어떻든 적어도 고객들과 공고한 관계를 쌓아둔 이점을 활용하면 되지 않겠느냐는 생각도 충분히 할 법하다. 시류를 타고 신기술이 가져다주는 기회를 받아들이는 것이 그들로서도 분명 타당하지 않을까?

현재로써는 실제로 이 같은 상황이 펼쳐질 낌새가 보이지 않는다. 대부분의 대형 은행과 금융회사들은 우선 지켜보자는 자세를 취하거나, 기껏해야 핀테크 스타트업들과 관계를 구축하는 것을 고려해보는 정도의 움직임만을 보이고 있다. 혁신은 우리가 평생 동안 알고 지내온 익숙한 회사에서 나오지 않는다. 오래되고 이미 기득권을 쥐고 있는 금융기관들의 상당수는 일단 최신 발달을 따라잡을 만한 기술을 보유하고 있지 않다. 사실상 이러한 기관들이 갖추고 있는 기반 시설은 대부분 30년 이상 묵은 것들이다. 데이터 능력은 아예 백지 상태에서부터 모든 최첨단 기술을 활용하여 서비스를 구축하는 사치를 누린 신사업, 핀테크가 지배하는 영역이다.

그렇기에 이 책에서 언급하는 상당수의 기업들은 생긴 지 고작 몇 년밖에 지나지 않은 경우가 많을 수밖에 없다. 이런 스타트업들은 기존의 기술이나 예전부터 전해져 내려온 사고에 전혀 구애를 받지 않는다. 그 덕에 업계에서 UX, 즉 사용자경험(user experience)이라고 알려진 영역에 주목하고 집중하는 것이 가능하다. 그 말인즉슨, 과거에 어떤 절차를 따랐는지 따위는 일절 신경 쓰지 않고 가장 최신식의 디지털 사고에 따라 서비스를 제공할 능력이 있다는 뜻이다. 그야말로 무한한 가능성을 품고 있는 것이다. 이들은 로그인 화면이 어떻게 보이는지, 혹은 계좌 관리 창은 어떻게 넘나들게 할지와 같은 사용자 인터페이스를 구성하는 데 있어서도 틀에서 벗어난 사고를 할 수 있는 호사를 누린다. 분명 이제는 잔액을 한 화면에서 확인하고, 소유하고 있는 모든 금융 계좌 간의 거래 내역을 볼 수 있도록 인터페이스를 구성하는 것이 점차 보편적인 것으로 변해간다.

한층 투명해진 새 금융 시스템은 틀림없이 우리 개개인이 돈을 대하는 태도에도 영향을 줄 것이다. 이제는 고객 개인의 손에 통제권을 쥐어줌으로써 고객들이 스스로 잘 알고 합리적인 결정을 내릴 수 있도록 하는 것이 트렌드이다. 다시 말하지만, 개인의 자산에 발생할 수 있는 잠재적인 문제들을 숨기는 일이 아주 쉬웠던 기존의 불투명한 체제와는 천지 차이이다. 눈에서 멀어지면 마음에서도 멀어지는 유형이자, 자신의 잔액을 굳이 알고 싶어 하지 않는 사람이라면 우리 대다수가 지금까지 써왔던 시스템이 적격이다. 모르는 것이 약이던 시절이었다. 뭐, 적어도 상황이 걷잡을 수 없게 흘러가 은행과 고객 모두 뭔가 새로운 행동을 취하지 않으면 안 되는 시점에 다다르기 직전까지는 그랬다. 물론 애초에 모든 정보를 시원하게 공유하고 고객들이 사정을 훤히 다 알고 있었더라면 시스템을 바꾸느라 고생할 일도 없었겠지만. 마찬가지로, 자기 앞으로 얼마가 있는지 자주 불안하거나 두려움을 느끼는 유형의 사람이라면, 투명성이 부족한 기존 시스템은 이러한 부정적인 감정을 한층 더할 수 있다.

자기 돈은 스스로 책임지는 것이 좋다

좋건 싫건, 재정 문제를 전부 은행 및 금융기관에 떠넘길 수는 없다. 과거에 이 문제가 우리에게 있어 얼마나 복잡한 사안이었든지 간에 우리는 모두 자신의 재정에 스스로 책임을 져야만 한다. 우리는 다들 자신의 돈에 대해 행사할 수 있는 통제권이 아주 제한적이라는 믿음에 깊게 빠져 있다. 이러한 생각들은 대부분 아주 어린 시절부터 형성된다. 내가 기억하는 가장 오래된 기억 중의 하나는 나의 아버지, 잭 보넨이 지역 골프 클럽에 가입한 가까운 이웃들과 대화를 하는 장면이다. 나는 당시에 아주 어렸지만 아버지가 탐탁찮아 한다는 사실을 쉽사리 알아챌 수 있었다.

사람들은 모두 자신의 돈에 대해 행사할 수 있는 통제력이 아주 적다고 굳게 믿는다.

"우리는 절대 골프 클럽에 가입하지 않을 거야." 아버지는 한 마디 토를 달 여지조차 주지 않고 강고하게 말했다. "거기에 들어가게 되면 우리보다 씀씀이가 큰 사람들에게 둘러싸일걸. 그럼 상대적으로 스스로가 더 가난한 것처럼 느껴지게 된다고."

이 때 아버지가 했던 말과 더불어, 부모님이 지나가는 말로 툭 던졌던 비슷한 이야기들이 내가 돈을 대하는 태도를 형성했다는 사실을 나는 잘 알고 있다. 지금도 여전히 그렇다. 직장 생활 대부분을 금융기관에 종사하며 고위직에 오르기까지 일해 아주아주 다양한 영향을 받았음에도 말이다. 자신의 부모님이 돈을 다루던 방식이 우리가 앞으로 평생 동안 돈을 쓰고 모으는 방식의 기본 바탕이 된다. 자산이 많지는 않지만 씀씀이가 헤픈 가풍을 가진 집안은 자식들에게도 그와 같은 태도를 물려준다. 부의 창출에 가치를 두는 가정은 일반적으로 그러한 철학과 전략을 다음 세대에 전해주고 말이다.

돈을 대하는 태도를 형성하는 것은 이렇게 어린 시절의 경험으로부터 생긴 믿음뿐만이 아니다. 우리는 모두 나의 아버지가 앞서 생각했던 것처럼 우리 주변에서 우리를 향해 뻗치고 있는 커다란 영향력 아래에 놓여 있다. 이렇게 한번 생각해보자. 예를 들어, 여름휴가를 맞아 비행기를 타려는데 '이코노미석'만이 유일하게 남아 있다면, 다른 선택지에 대해서는 더 깊게 생각조차 하지 않을 것이다. 하지만 막상 이코노미석을 예매했는데, 자기 자리로 가는 길에 안락하고 넓은 비즈니스석을 지나가다 보면, 즐거운 여행의 시작부터 왠지 암울한 기운이 드리워지기도 할 것이다. 순간적으로 '나는 겨우 이코노미 표밖에 살 수 없는 사람'이라는 생각이 들어 기분이 살짝 언짢아지는 것이다. 이런 미묘한 영향은 생활 속 곳곳에서 힘을 발휘하여 하루하루 돈에 대한 우리의 태도를 형성해나간다. 만약 가까운 친구가 서라운드 사운드가 지원되며 마치 영화관 화면 같은 초대형 TV를 장만했다면, 나도 하나 사야겠다고 마음먹게 되기까지 그다지 오랜 시간이 걸리지 않을 것이다. 주위에 빠른 차에 환장하는 친구가 있다면? 자기도 모르는 새에 자동차 딜러 사이트를 뒤적이고 있을 가능성이 높다.

걱정할 거 없다. 당신만 그런 것이 아니니까. 이는 그저 인간의 본성이다. 어떤 배경 출신에게든지, 돈을 둘러싼 감정은 아주 강하고 제어하기가 힘들다. 소비는 우리 스스로 느끼는 자기가치감과 연결되어 있다. 빈번하게 겪는 일은 아니지만, 아마도 물건 값을 결제하려고 할 때 카드 승인 실패가 뜬 경험을 해본 사람들이 꽤 있을 것이다. 이 때 가장 흔하게 나타나는 반응은 깊은 수치심이다. 기계 결함이나 어떤 다른 원인이 있었을 수 있음에도, 계산원이 내 통장에 돈이 없다고 생각하면 어쩌나 하는 두려움이 올라온다. 이와 별개로, 돈은 인간관계의 파탄, 우울, 심지어 자살의 원인으로까지 비난을 받는다. 그런데 또 한편으로는 유산 상속이나 로또 당첨으로 인해 예상치 못한 돈이 생기면, 기분이 한껏 고양되거나 안도감이 들기도 한다. 모두 굉장히 강한 감정들이다.

물론 여러분도 알다시피 실제로는 결코 돈이 그 자체로써 문제의 원인이나 해결책 역할을 하지는 않는다. 돈과 관련해서 어떤 문제가 있다면, 그건 전적으로 그 돈을 다루는 우리가 그날그날 문제에 접근하고, 생각하고, 대처하는 방식 탓이다. 돈에 대해 부정적인 시각을 가지고 있거나 아예 생각조차 하기 싫어서 외면해버리는 사람들이 오히려 금전적 문제로 골머리를 앓는 경우가 잦다는 건 말할 것도 없다. 반면, 돈을 조금 더 편안하게 대하고 스스로 잘 다룰 줄 아는 사람들은 자산을 불리는 데 성공할 가능성이 높다.

사실 사람의 성향을 단숨에 바꾼다는 것은 말처럼 쉬운 일이 아니지만, 돈과 건전한 관계를 이룩하기 위하여 노력을 계속해나가야 한다.

지금 이 화제를 꺼내는 것은 다름이 아니라 모든 일은 한쪽 면만 바라보아서는 안 되기 때문이다. 우리가 자신의 돈을 제대로 장악하지 못하는 것에 대해 정부의 금융지침서만을 탓하고 말 일이 아니다. 우리 스스로도 이를 해결하기 위한 행동에 나서야 한다. 지금 우리는 여러 환상적인 기술적 혁신에 노출되어 있고, 곧이어 더 많은 신기술들이 눈앞에 펼쳐질 테지만, 우리 자신은 그대로인 채 기술의 변화만 따로 떼어놓고 생각할 수는 없다. 돈의 혁명은 지금 우리로 하여금 돈에 대한 자신의 태도를 '재점검'하고 기존에 가지고 있던 모든 부정적인 연합적 사고에서 벗어날 기회를 주고 있다. 격변하고 있는 현 상황에서 우리가 최대한 많은 이익을 얻어갈 수 있도록 말이다. 돈을 쓰는 법과 모으는 법을 완전히 새로 익힌 것과 마찬가지로, 대대로 이어져 내려온 돈에 대한 연합적 정서 또한 전부 재고하고 뜯어 고칠 수 있을 것이다.

핀테크 혁명에 발을 담그게 되신 것을 환영합니다

나의 관점에서 보면, 핀테크에서 일어나는 새로운 혁신들은 우리가 변화에 잘 적응할 수 있도록 완벽하게 준비시켜주는 듯하다. 내 전문 분야인 모바일 폰뱅킹 앱을 한번 예로 들어보자. 폰뱅킹 앱을 세상에 내놓은 건 모바일 온리 은행이 처음이 아니었다. 대형 은행들은 스탈링은행과 같은 새로운 형태의 서비스가 출시되기 전에 이미 계좌를 관리하기 위한 앱을 개발했다. 하지만 그러한 대형 은행의 초기 폰뱅킹 앱들은 돈에 대한 고객들의 불안이나 불편한 마음을 달래기는커녕 도리어 가중시킨 것 같다.

극단적으로 단순한 초기의 서비스들은 개인의 계좌에 관한 가장 기초적인 정보만을 볼 수 있게 만들어졌으며, 일별 지출이나 다른 계좌, 저축, 연금 등의 정보는 극히 불투명했다. 도움이 되는 정보들을 추가로 제공해주기 보다는, 오히려 계좌주들이 매달 우편으로 받아보던 지류 명세서를 간소화시킨 버전에 가까웠다. 디지털 은행들의 새로운 접근법은 이와 180도 달랐다. 이를테면 스탈링은행은 가능하면 많은 정보가 손에 쉽게 잡힐 수 있도록 개발되었다. 로그인 정보로 안면인식을 사용하는 것에서부터 식음료나 취미활동, 생활비에 얼마를 지출했는지 상세하게 분류해주는 것에 이르기까지, 스탈링은행은 기존의 타 은행에 비해 고객들이 훨씬 더 돈과 개방적인 관계를 형성하도록 도와줌으로써, 돈의 흐름이 한눈에 들어오고, 손으로 만질 수 있고, 접근이 용이하다는 경험을 하게 하는 것을 목표로 한다. 감추거나 비밀스러운 것은 일절 없다. 이는 돈을 향한 고객들의 태도가 변화할 수 있는 가능성을 열어주는데, 아톰(Atom)이나 몬조(Monzo)와 같은 모든 모바일 온리 은행에서는 이미 채택하고 있는 방식이다.

지불한 금액이 계좌에서 빠져나간 뒤 받는 사람의 통장에 찍히기까지 3일 간 행방이 묘연해지는 경험은 할 일이 없다. 모든 것이 선명하게 드러나기에 놀랄 일도 없다. 심지어 다음 달에 지불해야 할 금액을 미리 표기해줌으로써 계좌주들이 잔고가 넉넉한 지 확인하고 적절히 대비할 수 있게 해주기도 한다. 장기적으로 비밀스러움을 없애고 확신을 줌으로써, 과거의 부정적인 연합적 정서에 불을 지폈던 두려움은 사라지게 될 것이다.

현재의 기술은 지금으로부터 일주일 뒤, 혹은 한 달이나 일 년 후, 나아가 말년에 얼마를 쓸 수 있을지 일 원 단위까지도 세세히 알 수 있도록 해준다. 이러한 기술의 발전 덕분에 우리는 이전 세대와는 전혀 다른 위치에 놓이게 되었다. 돈과 연결된 전통적인 연합적 정서의 족쇄를 부수고 불확실성을 제거한 지금, 우리는 우리 자산의 미래를 더욱 객관적으로 바라볼 수 있게 되었다. 그리고 나는 그러한 변화의 흐름이 가까스로 제 때에 맞춰 찾아왔다고 본다. 지금 전 세계에서 제로아워(ze-ro-hours) 계약이나 단기 계약직, 파트타임 일자리가 증가함에 따라, 우리는 어떻게 일을 하고 어떻게 살아갈 지와 관련하여 극심한 지각변동을 겪고 있다. 변화의 소용돌이 속에서 길을 잃지 않고 성공적으로 살아남기 위해서는 스스로의 자산 관리에 익숙해지는 것이 중요하다.

스스로 돈의 주인이 된다는 생각을 하며 정보의 개방 및 더 나은 이해를 이룩할 새 시대를 맞이하자.

이 글을 읽으면서도 약간 경계심을 가지고 있는 독자들이 많을 듯하다. 중차대한 변화는 언제나 걱정스럽기 마련인데, 우리가 돈을 바라보는 시선과 쓰는 방식에 있어 거대한 변화를 일으킨 돈의 혁명의 한 가운데에 서 있으니 당연한 일이다. 분명 감당하기 힘들 법도 하다. 기술적인 혁신에 얼마나 편안함을 느끼는 지와는 전혀 별개로, 금융에 관한 모든 것들이 유발하는 매우 강한 감정 문제는 여전히 존재한다. 이에, 지금까지의 금융 환경을 뒷받침해주던 믿음들이 제아무리 잘못되었다고 한들, 기존의 방식에 대해 살짝 그리운 갈망을 품는 것도 이해할 수 있다.

그에 관해 내가 해줄 수 있는 조언은 이 모든 것들을 그냥 완전히 새로운 것으로 받아들이라는 말뿐이다. 자신이 돈의 진정한 주인이 되는 과정이라고 생각하며, 정보의 개방 및 더 나은 이해도를 이룩할 새 시대를 맞이하자. 돈의 혁명을 받아들이고 돈에 대한 새로운 태도를 취하게 되면, 우리를 둘러싼 더 넓은 세상에서 일어나는 변화와 그 안에서의 우리 스스로의 역할 변화 또한 더욱 잘 수용할 수 있게 될 것이다.

주택 구입 문제를 한번 생각해보면 무슨 말인지 알 수 있을 것이다. 대대로 집을 사는 일은 평생에 있어 가장 중요한 투자로써 여겨져 왔다. 노후를 안락하게 보내고 가족들에게 훌륭한 유산을 남기는 데에는 건물 투자만한 것이 없다는 생각이 일반적이다. 지금에 비해 손안에 넣을 수 있는 정보가 훨씬 빈약하던 시절, 사람들은 종종 재무계획을 세울 때 지나치게 많거나 혹은 지나치게 적은 금액을 부동산 구입에 배정하여 불행한 결과에 도달하곤 했다. 지나치게 높은 금액을 설정한 사람들은 비싼 부동산을 구입하고 사랑하는 사람들에게 막대한 재산을 물려주기 위해 극단적으로 구두쇠 같은 삶을 산다. 자손들에게는 참 인심 좋고 고마운 사람으로 비칠 수 있겠으나, 내 눈에는 언제나 조금 쓸데없는 짓으로 보인다. 사람은 누구나 자기 자신의 인생을 최대한으로 누려야 하며, 후대를 위해 인생의 황금기를 이렇게 궁상맞게 보내서는 안 된다. 이 같은 사례의 정반대의 경우는 재산을 충분히 비축해두지 않아 노년기까지 집을 소유하지 못함으로써 자손들에게 부담을 지우는 유형이다. 어느 쪽이든 좋지 않다.

요즘 세대는 여러 가지 이유로 인해 자기 자신의 인생을 즐기는 것과 만족스러운 유산을 남기는 것 사이에서 적절한 균형을 잡아야 한다는 걱정을 손에서 놓을 수 있게 되었다. 특히 지금 세대는 임대 주택 세대라고도 불리게 되었는데, 주택 매물이 모자라고, 공영 주택의 수준이 낮으며, 부동산 가격이 폭등했던 탓에 대규모 주택난이 일어났기 때문이다. 최근 들어 민간 임대 주택이 엄청나게 늘어나, 영국 전역을 통틀어 4백만 가구에 육박하게 되었다.

사람들이 더 이상 부동산이라는 큰 자산을 매입하기 위해 열심히 돈을 모으지 않게 되면서 미래에는 어떤 일이 닥칠 것인지에 관해 손이 부들부들 떨릴 정도로 절망적인 보도들이 쏟아졌다. 집이 아니라면 우리는 대체 자손들에게 무엇을 물려준단 말인가? 그렇지만 나는 이러한 전망들이 어쩌면 현 상황을 엉뚱한 시점에서 바라보고 있는 것이 아닌가 하는 의문이 들었다. 관점을 조금 바꿔본다면, 이는 오히려 지금 현재, 그리고 향후 은행에 보관하고 있는 자기 자산을 잘 다스리고 이해할 수 있게 된다는 것이 왜 이로운지 단적으로 가장 잘 보여주는 예라고 할 수 있다. 궁극적으로 더 많은 정보를 흡수하며 자란 지금의 세대는 상대적으로 적은 돈에 기대어서도 생활할 수 있으며, 일단 지출하는 돈으로는 가능한 한 최대의 효율을 뽑을 수 있는 기회를 가지고 있다. 우리 부모 세대가 (언제나 칼 같이 정확하지는 않았지만) 앞으로 몇 달, 혹은 몇 년 뒤면 어찌어찌 몸집이 불어나 있으리라 여겨지는 임의적인 대상에 이리저리 공을 들였던 것과는 달리, 우리는 훨씬 다루기 편한 페이고 사회로 나아갈 수 있다.

돈을 향한 유연한 접근법

임대 방식이 가지고 있는 유연성은 우리가 지금 다가가고 있는 페이고 생활 방식과 완벽하게 맞아떨어진다. 세입자는 집에 구애 받지 않고 다양한 장소에서 살 수 있으며, 이웃사람들이 마음에 안 든다거나 한동안 훌쩍 여행을 떠나고 싶어진다면 계약기간이 끝날 때 방을 빼도 된다. 자기의 자산에 완전한 통제권을 가지고 있다는 것은 선조들과 전혀 다른 태도를 취할 수 있게 되었다는 의미이다. 불현듯, 주택대출금을 갚아야 한다는 장기적인 족쇄로부터 자유로워진다는 소리가 그다지 나쁘게 들리지 않는다. 매일 매일 자신이 소유한 건물의 유지보수를 신경 써야 할 의무가 사라진다는 사실보다도 더 마음에 와 닿는다. 보일러가 고장나거나 지붕의 기와가 날아가더라도 집 주인이 고치면 될 일이다.

이 중 어느 것도 장기적인 재정적 책무를 모조리 잊어버리라는 뜻으로 하는 말은 아니다. 페이고가 새로운 표준이 되기는 했으나, 여전히 우리는 다들 앞날을 염두에 두어야만 한다. 나는 내가 대화를 나눠본 요즘 젊은 친구들 중의 상당수가 연금에 대한 어떠한 대비도 하지 않는다는 점이 늘 걱정스럽기만 하다. 이에, 내가 어떻게 할 생각인지를 묻자, 그들은 어디에서부터 어떻게 시작해야 할지 몰라 그냥 신경을 끄기로 했다고 대답했다. 다행스럽게도, 재무를 공략하는 지금의 새로운 방식은 정보의 불균형을 없애는 데 큰 역할을 하며, 사람들로 하여금 스스로 노후를 계획할 기회를 열어줄 것이다.

핀테크의 발달에서 가장 흥미로운 것 중 하나는 '로보어드바이저'라는 자동화된 전문가의 등장이다. 이는 우리에게 아주 중요한 기회가 왔음을 나타낸다. 무슨 의미냐고? 연금 투자를 저해하는 결정 마비의 대부분은 금융 설계사를 향한 전반적인 불신에서 비롯된다. 널리 알려진 연금 불완전판매(판매자가 상품 판매 과정에서 중요한 세부사항의 설명을 누락하거나 허위, 과장 등으로 오인을 유도하는 것) 스캔들이 잇달아 터졌기 때문만은 아니다. 그보다, 금융설계사들이라고 해서 항상 믿을 만하거나 지식이 풍부하지는 않다는 사실을 많은 사람들이 알게 되었던 것이다. 사람들은 이들이 하는 말이나 전문성의 수준을 의심하게 되었다. 어느 누구도 자기 돈의 미래를 이제 갓 교육을 마친 티가 나는 사람, 정해진 절차를 토씨 하나 빼놓지 않고 고지식하게 따르는 사람에게 선뜻 맡기고자 하지 않는다. 고객 개개인을 고려한 맞춤 서비스를 받는다는 느낌이 전혀 들지 않기 때문이다. 반면, 로보어드바이저는 접근이 쉽고 저비용으로 투자 서비스를 받을 수 있게 해준다. 즉, 인간 어드바이저(금융설계사)와 동등한 소프트웨어를 훨씬 낮은 가격에 제공해주는 것이다. 인간을 상대하는 것보다 더 편하기도 하다. 새벽 3시에 갑자기 연금 상담이 필요하다면? 그냥 화면을 몇 번 탭하기만 하면 된다. 다시 말하지만, 이 모든 것들은 선택하기에 달려 있다. 고객으로서의 당신의 선택.

로보어드바이저는 돈을 바라보는 우리의 시각을 바꿔줄 여러 흥미로운 신기술들 중 겨우 한 가지에 불과한데, 나는 그러한 혁신들이 단순한 재무 설계부터 투자, 연금, 그리고 주택담보대출에 이르기까지 광범위한 재무결정에 영향을 주게 되리라 예상한다. 새로운 시스템이 제안하는 모든 사항들은 엄청나게 향상된 정보 분석과 데이터의 시각화 덕택에 고객들로 하여금 자신의 재정 건전성에 대해 이전보다 월등하게 선명한 그림을 그릴 수 있게 해줄 것이다. 이 책을 통하여 여러 개별적인 적용 사례들을 살펴보기로 하자.

반드시 기억해야 할 점은 소비자들이 돈에 관해서 더 이상 무력한 방관자로 남아 있을 필요가 없다는 사실이다. 은행, 또는 핀테크가 부리는 변덕에 떠밀려 괜히 새로운 사업에 이리저리 흔들리는 것이 아니다. 지금 우리에게는 돈을 관리하는 데 있어서 해묵은 문제들을 해결할 빠르고 저렴한 방법들이 넘쳐나 언제, 어디서든 이용이 가능하다. 그렇지만 신기술이 아무리 홍수처럼 쏟아진다고 해도 주도권은 우리가 쥐고 있으며, 어느 기술을 언제 이용할지는 우리가 선택하기 나름이다.

무엇보다도 운전대를 우리가 잡고 있다는 사실이 중요하다. 금융기관과 은행이 우리에게 필요하다고 말하는 것에 내둘릴 것 없다. 그밖에 다른 대안이 없어 주어진 것만 받아먹던 시절은 지났다. 이제 우리는 거의 어디에서나 고성능 저비용 컴퓨팅 기술에 접속할 수 있으며, 어디를 가든 스마트폰이라는 형태로 최신 기술을 지니고 다닐 수 있기에, 기대수준이 많이 높아졌고, 당연히 그럴 만하다. 이와 더불어, 애플(Apple)이나 아마존 같은 기업들이 사용자 경험의 기준치를 잔뜩 높여 놓았으니, 이제는 핀테크가 우리를 감탄시킬 차례다. 우리가 거래를 트고 회사에 충성심을 가지길 원한다면, 열과 성을 다해 우리에게 최상의 모습을 보여야 한다. 그것도 꾸준히 말이다. 그 어떤 금융 회사도 고객이 찾아주는 것을 당연시해서는 안 된다. 만약 지금 거래하는 은행이 그런 식으로 나온다면, 이제는 어떻게 대처해야 할지 알 것이다. 가차 없이 갈아치워라.

어느 핀테크가 금융 서비스의 새 시대를 선도해나가는 데 성공하든, 이러한 사업 방식은 '우리 아니면 남'이라는 지난날의 배타적 대립 상황과는 전혀 다르다. 이제 은행과 금융기관들은 더 이상 한번 잡은 고객들을 평생 동안 묶어두며 실제로 돈을 내는 소비자보다 공급자 측의 입맛에 맞춘 교차판매(자사뿐 아니라 타 금융회사의 상품까지 판매하는 적극적인 판매방식)를 통하여 가능한 한 많은 상품을 팔아치우는 행위가 불가능해졌다. 금융 서비스에서 성공하려면 공급자는 진심으로 '믿을 수 있는 파트너'가 되어야 하며, 소비자들이 현명한 판단을 내릴 수 있도록 모든 도구들을 제시하는 한편, 지속적으로 최상의 상품과 서비스를 제공해야 한다.

고객으로서 지금의 우리는 과거에 비해 백배, 천배 더 많은 정보를 얻고 있다. 이는 우리의 구매력을 높여줄 뿐만 아니라, 뻔히 소비자 욕구에 걸맞지도 않은 것을 교묘하게 강매당하거나 호구 취급받는 기분이 들면 언제든 벌떡 일어나 다른 거래처를 찾아 떠날 수 있는 힘 있는 위치에 서게 해준다. 이전보다 훨씬 투명해진 금융거래 덕에 이는 나날이 쉬운 일이 되어가고 있다. 독자 여러분이나 나나 그 어느 때보다도 강력한 권한을 가지게 되었다. 그날그날(심지어 분 단위로) 내가 얼마를 쓰고 있는지 정확하게 이해하고, 이 같은 정보를 이용해 다양한 선택을 할 수 있는 권한을 말이다. 이제 이러한 기회를 최대한 활용할 시간이다. 이 책에서 다루는 다양한 적용사례들이 도움이 되길 바란다.

2장

스마트하게 돈 모으기
돈의 혁명에 합류하라

금융 세계에 디스럽션이 도래하다

디스럽터(disruptor)라는 용어가 다소 낯설게 느껴지는 사람에게도 그러한 트렌드를 이끈 기업들의 이름은 결코 낯설지 않을 것이다. 디스럽터는 아마존, 에어비앤비(Airbnb), 우버(Uber)와 같은 기업들을 칭한다. 한때는 풋내기 스타트업이었던 이들은 기존의 고객과의 안락하게 잘 정립된 관계를 빼앗아가더니, 급기야 관련 산업 전체를 급진적으로 발칵 뒤집어엎어, 이제껏 누구도 경험해보지 못했던 세상을 만들어버렸다. 그리고 이제는 은행과 금융기업들의 차례이다. 이들 역시 대대로 유지해오던 사업 방식에 가장 거대한 변화를 맞고 있다. 이렇게 대대적으로 찾아온 새로운 개편을 우리는 돈의 우버화(uberization, 인터넷 플랫폼을 통해 필요한 사람들끼리 자원을 공유하는 4차 산업시대의 새로운 경제 형태)라고 부른다.

디스럽션(disruption, 붕괴)은 산업에 따라 다양한 형태로 나타난다. 이를테면, 디스럽터는 어떨 때는 완전히 새로우면서도 당장 눈앞의 과제에는 전적으로 적합한 혁신을 가져온다. 지금은 믿기 어렵겠지만, 과거 구글(Google)(그리고 그 밖의 다른 검색 엔진들)이 널리 쓰이기 전에는, 인터넷을 돌아다니며 몇 초 안에 원하는 자료를 찾기란 불가능한 일이었다. 애플은 MP3 플레이어를 발명하지는 않았지만 아이튠즈 혁신을 이루어냄으로써 아이팟과 아이폰을 눈 깜짝할 사이 음악으로 가득 채우는 일을 가능케 했다.

또 다른 디스럽션 혁신은 기존의 어떤 과제를 토대로 생겨나, 이를 수행하는 과정이나 절차를 훨씬 쉽고 용이하게 한다. 디스럽터가 성공할 경우, 과거에 없던 전혀 새로운 시장을 만들어낼 수도 있다. 이베이(eBay)가 바로 대표적인 사례이다. 이베이라는 온라인 경매 사이트가 생겨나기 전에는 자동차 트렁크 세일과 같은 노점 판매나 전문 잡지의 광고란을 통하는 것이 개인이 물건을 사고 팔 수 있는 유일한 방법이었다. 짐작할 수 있듯이, 이러한 과정은 시간이 많이 들고, 대개 번거롭다 보니, 판매에 뛰어들고자 하는 사람의 수가 제한적이었다. 이베이의 창립자들은 인터넷이 가진 엄청난 마력은 관심사가 통하는 소수의 사람들이 극히 적은 비용만으로 쉽게 서로를 찾을 수 있다는 데에 있다는 사실을 정확하게 꿰뚫어 보았다. 인터넷은 사적으로 물건을 사고팔기 위한 최적의 장소였다. 클릭 몇 번이면 거래가 성사되는 것이다. 이베이는 수백만 명의 사람들이 아주 적은 노력만 들이고도 참가할 수 있는 거대한 공개장터를 마련해주었다. 규모와 편의성. 바로 이것이 모든 디스럽터들이 우선시하는 두 가지이다. 에어비앤비와 우버 또한 기존의 절차를 빌려다가 간소화시켰다는 점에서 이베이와 유사한 위치에 있다. 이들은 부동산을 임대하거나 택시를 잡는 과정에서 마찰을 없애고 새로운 시장을 창조했다.

이들 디스럽터들은 모두 공통적으로 고도로 질서가 잡힌 산업들을 표적으로 삼아서 정면으로 맞섰다는 특징이 있다. 보통은 그에 따라 이미 자리를 잡고 있는 기업들이 끈질기게 치고 올라오는 디스럽터들을 멈춰 세울 방법을 찾으려 애썼으며, 새로운 서비스를 규제하거나 허용하는 법안들이 신설되었다. 이 때 거의 모든 상황에서 디스럽터들이 활용했던 강력한 논거는 그들이 속한 특정 부문을 지배하는 규정들이 너무 오래 전에 만들어져 지금 시대에는 전혀 맞지 않는다는 것이었다. 불필요하게 고압적이어서 고객들의 이익에 해가 된다고 말이다.

은행 업계와 디스럽션

은행과 금융업계야말로 단언컨대 가장 고도로 규제되고 철저하게 감독이 이루어지는 부문으로서, 아마도 이 때문에 디스럽터 세력의 집중적인 관심을 받기까지 다소 시간이 걸렸을 것이다. 일반적으로는 아직 서비스가 되고 있지 않은 시장이 있다면 바로 디스럽터 떼의 표적이 되곤 하지만, 금융업계에서는 명백하게 그러한 시장이 존재함에도, 도전의 규모 자체가 너무나도 어마어마해보여서 섣불리 달려들지 못했을 터이다. 실제로 얼마나 어려운 일로 인식되었는지는 아마존, 애플, 페이스북(Facebook), 구글 등 4대 대형 기술 기업들의 행보를 보면 알 수 있다. 일부 설문조사 결과에 따르면, 이 4대 기업의 고객들 중 최대 40퍼센트가 이들 플랫폼에서 뱅킹 서비스를 제공해주기를 바란다고 응답했다. 하지만 위 기업들 중 어느 하나도 은행 업무 서비스를 위한 뱅킹 라이선스 취득에 섣불리 달려들지 않았다. 이 글을 쓰는 시점에서는 애플이 신용카드를 내놓고 아마존은 다양한 결제 방식들과 관련하여 미국 소매은행과 논의 중이기는 하지만 말이다.

이렇게 큰 기업들은 금융 서비스로까지 영역을 확장하기에 더없이 이상적인 위치에 있다고 생각할 수 있다. 어쨌든 이미 독자적인 결제 방식과 더불어, 여러 가지 돈을 기반으로 한 서비스들을 제공하는 등, 벌써 이 부문에서 공고하게 자리를 잡고 있으니 말이다. 영역을 넓히고자 마음만 먹는다면 진입 장벽이 그다지 높지는 않을 터이다. 핀테크와 마찬가지로 이들 역시 대형 은행들에서 하듯 비용이 많이 드는 오프라인 영업점을 두어야 할 부담도 없지 않은가. 또 금융 서비스계 내의 대기업들이 대부분 치러야 했던 것처럼 어마어마하게 높은 고객 유치 비용을 들일 필요도 없다. 아마존의 고객들은 요금을 납입할 일이 생기면 그저 알렉사(Alexa)에게 처리해달라고 부탁하면 된다. 그럼에도 다수의 평론가들은 이 같은 온라인 대기업들이 법적으로 전통적인 개념의(그리고 고도로 규제화된) 은행으로의 전향을 목표로 하지는 않을 것이라고 믿었다. 계속해서 불어나는 제품 영역에서 로열티 소득을 올리며, 기껏해야 기존의 은행과 제휴를 맺는 정도일 것이라고 말이다.

아니, 이 분야의 산업에서 큰 변화가 일어난다면, 진정한 혁신을 주도하는 주체는 기존의 대형 금융기관처럼 이미 자리를 잡고 있는 기관도, 아마존처럼 새로운 유형의 기술 사업체도 아닐 것이다. 대규모의 지각 변동을 일으켰던 다른 산업에서의 경우와 마찬가지로, 선두로 치고 나가 변화의 흐름을 선도하는 것은 완전히 새로운 기업이다. 이 분야에서 획기적으로 새로운 것들을 고안해내는 일은 모두 아주 혁신적이며 점차 몸집을 불려나가고 있는 핀테크 스타트업들의 손에 달려 있다. 내가 얼라이드아이리시은행에서 일하던 시절, 대형 은행들의 자칭 '새로운' 디지털 영업점들을 바라보며 뭔가 더 나은 방법이 있지 않을까 고민했던 것처럼, 다른 혁신가들 또한 이 해묵은 금융 산업을 보며 이렇게 생각했던 것이다. '가만 있자, 왜 이게 제대로 운영되지 않는 거지?'

큰 변화가 일어날 때 진정한 혁신을 주도하는 주체는 기존에 있던 업체들도, 새로운 유형의 대형 기술 업체도 아닐 것이다.

은행과 관련된 이야기를 조금 더 하자면, 수백 년 묵은 은행 업무 과정에서의 디스럽션이라고 하면 단순히 기존의 서비스를 디지털화하는 것 이상으로 많은 일들이 이루어져야 한다는 사실을 짚고 넘어가는 것이 중요하다. 이전에 등장했던 디스럽터 각각이 그랬듯, 디스럽션을 위해서는 완전히 새로운 사고방식을 가지고 있어야 한다. 스탈링은행이 미래의 은행을 어떻게 만들 것인가 처음 고심하기 시작하던 시절, 중심을 이루었던 생각들은 '은행이 제대로 굴러가지 않는다', '완전히 다른 형태의 은행이 필요하다', '고객들이 무엇을 원하고 필요로 할까?'였다. 그러던 중에 특히 다음과 같은 몇 가지 판단 기준이 서게 되었다.

고객은 자신의 요구와 현재 생활 방식을 합리적으로 충족시켜주는, 더 나은, 더 간단한, 더 접근성이 좋은 서비스를 필요로 한다.

금융 상품, 은행, 금융 기관의 수가 증가하고 있으므로, 우리는 시장에서 제공하고 있는 모든 것들을 확실하게 설명해주는 역할을 수행해야 한다. 소비자들은 보다 편리한 서비스 이용을 위해 많은 구매자와 판매자를 하나의 가상공간에 모아줄 수 있는 거대하고 투명한 마켓플레이스를 필요로 한다.

우리는 고객(은행이 아니라)의 요구를 최우선으로 생각하며, 모든 거래를 비용 효율적이고, 쉽고, 번거롭지 않게 만들어, 전반적인 사용자 경험을 대폭 개선해야 한다.

여신 거래를 더욱 접근성이 좋고 이용하기 편리하게 만듦으로써, 돈을 주고받는 절차를 개선하고, 아무튼 전반적으로 모든 고객이 균등하고 공평한 경험을 할 수 있도록 만들 방법은 무수히 많다.

손안에서 펼쳐질 금융 거래의 미래

금융 서비스의 미래는 의심의 여지없이 스마트폰을 중심으로 형성될 것이다. 우리가 언제나 항상 곁에 두는 바로 그 기기 말이다. 이 작은 기술은 매끄럽고, 빠르고, 편리하다. 휴대폰 사용 및 돈 관리와 관련된 소비자의 행동 양상에는 이미 커다란 변화가 나타나고 있다. 핀테크 신세대 사이에서 처음 등장한 것이 은행이었으므로 우선 은행 업무부터 살펴보자. 디지털 및 폰뱅킹의 초창기에는 주로 온라인 계좌를 통해 이루어진 금융 거래를 확인하는 데에만 이용이 국한되어 있었던 반면, 현재는 휴대폰을 이용해 결제하고, 이체하고, 또 그 밖의 많은 일들을 하는 것이 익숙하게 느껴진다. 실제로 우리가 휴대폰으로 할 수 있는 일은 하루하루 진화하고 있다. 어느덧 우리는 물리적으로 오프라인 은행 영업점에 방문하는 것보다 훨씬 많은 일들을 휴대폰을 통해 할 수 있게 되었다. 그것도 더 고객에게 유리하고 경쟁력 있는 가격으로 말이다. 당연히 더 빠르기도 하다(줄을 설 필요도 없다).

초창기의 디지털 및 폰뱅킹은 주로 금융 거래 확인에 국한되어 있었다. 지금 우리는 휴대폰으로 훨씬 더 많은 일을 한다.

물론 전통적인 금융 산업에 도전하는 새로운 디스럽터는 모바일 은행뿐만이 아니다. 휴대폰 이용이 증가하고 데이터 서비스 이용료가 쓸 만해지기 시작한 덕분에 수많은 핀테크

업체들은 이제 어떻게 하면 지금의 기술을 활용해 전통적인 금융 서비스를 훨씬 향상시킬 수 있을까 고민하고 있다. 이에 융자, 주택대출, 결제 기술, 그리고 연금에서도 새로운 기술 혁신이 나타나게 되었다. 사실상 금융 서비스의 모든 양상에서 디스럽션이 일어나고 있는 것이다. 새로운 업계를 이끌어가는 핀테크들은 운영의 중심에 고객을 두는, 효율적이고 저비용의 서비스를 제공함으로써 소비자를 위한 가치를 창출하려는 비전을 가지고 있다는 특징이 있다. 각각의 새로운 앱이나 서비스를 이용하며 고객들의 기대치가 점차 높아지고, 그에 따라 혁신은 이어져나가게 된다.

보험 산업 부문은 현재 디스럽션의 초기 단계에 있지만, 벌써부터 흥미진진한 발전의 기미가 보이고 있다. 일례로 자동차 보험을 한번 들여다보자. 최근까지도 대부분의 사람들은 자동차를 소유하고 운전하는 즐거움의 대가로 매년 (제법 많은 양의) 보험료를 납부해왔다. 지금 이 글을 읽고 있는 차주들의 차는 아마 틀림없이 길가에 세워져 있거나 주차장에 안전하게 모셔져 있을 터이다. 다시 말해, 지금 사용 중이 아닌 것이다. 사실 생계를 위해 차를 모는 사람이 아니라면, 하루 중 90퍼센트의 시간 동안은 차를 쓰지 않을 것이다. 아예 운전대를 잡지 않는 날도 이따금씩 있을 터이다. 그러나 여전히 자동차의 보험료를 지불하고 있다. 하루 종일, 매일매일. 그리고 바로 그

것이 자동차 보험의 가장 짜증나는 부분이다. 대부분의 사람들이 실제로 차를 사용하는 시간이 비율적으로 극히 적음에도 24시간 연중무휴로 보장되는 비싼 보험료를 내야 한다는 점 말이다.

데이터 기술의 최신 발전에 힘입어, 이러한 시나리오는 이제 곧 과거의 유물로 사라질 것이다. 페이고 자동차 보험은 2017년에 처음 등장해 단숨에 값비싼 선불 보험료 시스템을 허물어버렸다. 페이고 방식의 보험에 가입한 사용자들은 매달 기본적인 화재나 도난 요소들을 보장해주는 정액 요금을 내고 나면, 이후에는 운전할 때마다 추가 요금을 내게 된다. 운전을 하지 않으면 더 이상 돈을 내지 않는다. 모든 절차는 휴대폰에 설치된 앱을 통해 사용자가 언제, 얼마나 운행을 했는지 기록함으로써 관리된다. 페이고 서비스를 처음으로 도입한 기업인 **쿠바**(Cuvva)는 자주 운전하지 않는 운전자들이 그러한 지불 방식을 통해 평균적으로 연간 보험료의 최대 70퍼센트, 즉 500파운드에서 1,500파운드까지 비용 절감 효과를 볼 수 있을 것으로 추산했다. 기존의 대형 보험회사들이 이러한 새로운 아이디어를 받아들이는 데 미적거리는 태도를 보이기는 했지만, 일반적으로 앞으로 5년 이내에 페이고 방식이 운전자 보험의 표준이 되리라 예측하고 있다. **바이 마일스**(By Miles) 등 유사한 서비스도 등장하고 있다.

쿠바나 바이 마일스(그리고 이 책에서 보게 될 그 밖의 수많은 업체들)에서 시도한 그러한 아이디어들은 전부 오늘날 사물인터넷, 즉 IoT (the Internet of Things) 기술 덕분에 가능해졌다. 사물인터넷은 종종 우유나 치즈가 떨어졌을 때 알려주는 스마트 냉장고를 예로 들어 다소 가볍게 묘사되곤 한다. 하지만 실상은 그보다 훨씬 더 대단하다. 금융업계에서 사물인터넷이라고 하면, 순간순간 우리에 관해 수집한 광범위한 정보들을 활용하여 개인에게 특화된 고유의 경험을 거의 무한하게 만들어낼 수 있는 엄청난 능력을 의미한다.

스마트한 생각, 스마트한 뱅킹, 그리고 사물인터넷

일단 스마트 냉장고 예시를 조금 더 생각해본 뒤, 사물인터넷 철학을 확장하여, 우리가 무엇인가를 구입할 일이 있을 때 우리가 살고 있는 집이 어디까지 스마트해질 수 있는지 살펴보도록 하자. 부엌 테이블에 앉아 노트북으로 인터넷쇼핑을 하며 수고스럽게 개인 정보를 입력하고, 신용카드 정보를 확인하고, '결제' 버튼을 누르던 시간은 이제 잊어도 좋다. 그건 너무, 뭐랄까, 구식이다(그리고 단언컨대, 핀테크 세계에서는 모든 것들이 굉장히 빠르게 흘러간다). 아마존 에코(Amazon Echo) 등의 보이스 퍼스트(voice-first, 손대지 않고도 음성 인식으로 모든 명령이 이루어지는 시스템) 기기들을 통해 물건을 사고 결제를 하는 것이 앞으로 점차 새로운 표준이 되어갈 것이다. 내가 속해 있는 은행도 우리의 API, 즉 응용 프로그램 인터페이스(application programming interface, 앱 개발자들을 위한 프로그래밍 도구 모음)와 스마트 스피커를 결합해 고객들이 음성 명령으로 잔고 확인이나 결제를 할 수 있도록 하기 위해 구글 홈(Google Home)으로 이런저런 실험을 해보고 있다. 사물인터넷, 그리고 쉽게 이용할 수 있는 풍부한 데이터 덕분에 모든 일들이 과거보다 훨씬 쉬워졌다.

관리비와 공과금을 내는 방식도 변화하고 있다. 공공 설비 회사들이 선불 형식으로 과도하게 청구함으로써 무려 15억 파운드에 달하는 것으로 추산되는 초과 요금은 은행 계좌에 연결된 스마트미터(smart meters) 사용의 증가 덕분에 이제 역사책 속으로 사라지게 될 것이다. 자금 사정이 빡빡하다면, 그에 맞춰 이를테면 난방 연료 예산을 설정하는 것도 가능해질 것이다. 즉, 알고리듬이 외부 온도에 맞춰 자동으로 집 안의 온도를 높이거나 낮춤과 동시에, 난방비가 사전에 설정해 둔 예산 또한 고려해 이를 초과하지 않도록 조절할 수 있다. 은행 계좌에 연결해둘 경우, 온도 조절 장치가 사전에 지정해 둔 고정된 예산만이 아니라, 예상치 못한 지출이나 은행 잔고에 평소와 다른 수요가 발생하는 상황에 민감하게 반응하도록 할 수

핀테크 혁명

도 있다. 이에, 뜻밖의 힘든 시기가 닥쳤을 때 추가적으로 신경 쓸 거리를 하나 덜 수가 있다. 다시 말하지만, 이러한 기술이 적용되면 꼭 필요하거나 지불할 능력이 있는 만큼만 서비스를 이용하는 일이 가능해진다. 더도 말고 덜도 말고 딱 그 만큼만 말이다.

일상생활 속에서 결제할 일이 생겼을 때, 지갑에 손을 뻗어 신용카드나 체크카드를 꺼내는 과정도 곧 완전히 불필요해질 것이다. 오늘날 현금을 쓰는 일이 아주 드물어졌듯, 플라스틱 실물 카드에 의존하는 일 또한 사양길에 접어들었다. 고객들은 벌써 휴대폰, 혹은 애플워치며 핏빗 같은 스마트워치로 결제하는 것에 익숙해졌는데, 그러한 추세는 틀림없이 더 확장되고 발전해나갈 것이다. 현재 대부분의 웨어러블 기기들(wearables)은 스마트폰에 묶여 있지만, 이를 넘어 반지, 전자 열쇠, 의류를 차세대 결제 기기로 활용하려는 노력이 계속 이루어지고 있다. 미래에는 의심할 바 없이 이보다 한 단계 더 나아가, 우리의 정보와 소비가 생체 내장형 칩이나 안면인식 등의 생체인식으로 안전하게 보호될 것이다. 돈을 내기 위해 줄을 설 필요도 없을 것이다. 모든 절차는 우리가 박물관, 영화관 등 건물에 들어서는 순간, 혹은 물건을 고른 후 가게를 나서는 순간, 각각의 구입 목록이 기록되고 계좌에서 자동으로 요금이 빠져나가는 방식으로 진행될 테니 말이다.

은행 및 금융계의 구석구석까지, 새로운 데이터 주도 혁신의 손길이 닿지 않는 곳이 없다.

은행 및 금융업계에서 어떤 식으로든 이 새로운 데이터 주도 혁신의 손길이 닿지 않는 곳은 단 한 구석도 없다. 심지어 우리가 돈을 빌리는 방식조차도 변하고 있다. 한때는 조잡한 신용점수에 근거해 대출 결정을 내리는 은행의 처분에만 의존했으나, 이제는 주로 휴대폰에 기록된 활동 분석을 통하여 그보다 훨씬 다양한 방법으로 대출 신청자의 신용도를 평가할 수 있게 되었다. 그 사이, 대출을 해줄 개인 혹은 기관이 개인이나 기업에 직접 돈을 빌려주는 형태의 P2P 대출은 어느덧 30억 파운드 이상을 호가하는 산업으로 성장했다.

오늘날의 핀테크 혁신가들은 모든 절차를 빠르고, 쉽고, 저렴하게 만들고자 사용자에게 친화적인 인터페이스를 활용함으로써 금융 거래 전체를 공격적으로 노리고 있다. 모바일 이체 서비스는 이제 은행 계좌를 통하는 모든 군더더기 절차를 완전히 건너뛰고 휴대폰만으로 서로에게 돈을 보낼 수 있는 시대를 열어주었다.

개개인을 위한 개별적인 상품

향상된 연결성은 우리가 집 안에 있을 때나 밖에 있을 때나 금융 관리를 훨씬 쉽게 할 수 있도록 만들어줌으로써 당연히 우리 삶 속의 모든 영역에 영향을 끼치게 되었다. 우리 한 사람 한 사람의 세세한 정보가 흘러넘치게 됨에 따라 개개인의 요구를 쉽게 파악할 수 있게 된 덕분에, 금융 서비스 제공자들과 우리의 관계는 앞으로 더욱 개인 맞춤화가 되어갈 것이다. 주택담보대출, 저축, 연금에 있어서도 누구에게나 들어맞는 프리사이즈식 접근의 수요가 점점 낮아지고 있다. 앞으로 각 상품들은 사용자 한 명 한 명이 어떤 사람이고 소비 습관이 어떤지에 맞추어 제공될 것이다. 마찬가지로, 금융 상품의 마케팅도 마치 산탄총을 쏘듯 불특정 다수를 향하는 경향이 점차 줄어들 것이다. 풍부한 양의 정보가 있기에, 이제 개개인이 마침 필요로 하는 상품, 조언, 혜택을 쉽게 맞춤으로 제공할 수 있다. 플라스틱 '멤버십 카드(실제로는 멤버십 혜택을 제공하기보다는 고객 데이터를 모으기 위한 궁색한 수단에 불과했지만)'로 지갑이 빵빵해졌던 날들은 이제 안녕이다. 우리는 이제 가게 및 서비스 업체들이 진정으로 충성하는 고객들에게 속임수 없이 피부로 느낄 수 있을 만큼 넉넉한 보상과 혜택을 주는 새로운 시대로 들어간다. 사용자 개인의 신원을 확인하고 행동을 추적하는 비콘 기술(beacon technology, 블루투스를 활용한 근거리 통신 기술) 덕분에 기업들은 언제든 고객들에게 맞춤 메시지, 프로모션, 또는 특별 상품 안내를 보낼 수 있게 되었다. 이는 기업에게만 좋은 것이 아닌, 기업과 고객 모두에게 이로운 일이다.

가게 및 서비스 업체들은 진정으로 충성하는 고객들에게 피부로 느낄 수 있을 만큼 넉넉한 보상과 혜택을 주고 있다.

한 가지 분명한 사실이 있다. 기술의 발전이 이미 우리가 돈을 쓰고 금융 생활을 꾸려가는 방식을 완전히 새롭게 정립하고 있으며, 그 변화의 속도는 앞으로 빨라질 일만 남았다는 것이다. 앞으로 다가올 많은 금융 해법들 또한 우리가 전통적으로 알던 일상 속 금융 서비스를 훌쩍 넘어, 전혀 새롭고 혁신적인 영역으로 뻗어나갈 것이다.

주머니 속 은행 업무 매니저와 함께 더욱 똑똑해지자

만약 지금까지 언급된 신기술들을 아직 이용하지 않고 있다면, 지금 당장 시작해도 무방하다. 스마트폰을 가지고 있는 시점에서 이미 언제, 어디서든 이용할 수 있는 이 수많은 개인 맞춤형 금융 도우미 서비스들의 혜택을 받을 준비를 마친 것이라 볼 수 있다. 사실상 지금 가지고 있는 스마트폰이 나만의 영구적인 전용 재무상담사라고 봐도 좋다. 마치 (아주 유능한) 개인 은행업무 매니저를 주머니 속에 넣고 다니는 것과 같다. 이 손안의 작은 기계는 24시간 언제든 무료로 금융 상담을 제공해주며, 이제껏 해왔던 어떤 방식보다도 효과적으로 돈 관리를 할 수 있도록 이끌어줄 것이다. 자신의 지출 경향을 살펴보고 현재 어떤 혜택을 받을 수 있는지 확인하도록 적극적으로 도움을 주는 핀테크 상품 몇 가지만 이용해도 자금 상황은 자연히 좋아질 터이다.

주머니 속 은행업무 매니저의 역할은 돈을 더 효율적으로 절약하고 관리하는 데에만 국한되지도 않는다. 잔액을 확인하고, 좋은 상품이 있을 때 알림을 보내주고, 빚을 어떻게 상환할 지 조언해주는 등의 기초적인 업무를 처리해주는 것은 물론, 몇 번의 탭만으로 간단하고 실질적으로 도움이 되는 돈 절약 팁들을 얻어갈 수도 있게 해준다. 이를테면, 공공 설비 제공업체를 갈아타거나, x만큼의 이자를 아끼기 위해 신용카드를 바꿀 때가 되면 미리 알려주도록 설정할 수 있다. 재정적인 문제가 발생하지 않도록 적극적으로 협력하기도 한다. 주간, 월간 소비하는 비용 정보와 미래에 우리가 취할 행동의 예측을 결합함으로써, 우리의 주머니 속 은행업무 매니저는 지금과 같은 속도로 지출을 계속할 경우, 예컨대 다음 달 월세 납입 의무를 충족하지 못하게 된다고 상냥하게 상기시켜줄 수 있다. 지금도 계속해서 진화하고 있는 인공지능 상품들은 고객들이 연금 계좌에 넉넉한 돈이 모였다거나 큰 재정적 목표를 이루기 위해 충분한 금액이 쌓였다는 사실을 눈으로 확인하고 마음 편히 지낼 수 있도록 해줌으로써 점차 꾸준히 고객들의 웰빙을 실현한다는 인정을 받게 될 것이다.

이와 같은 디스럽션의 가능성은 정말 끝이 없으며, 금융의 모든 영역 및 그 너머를 공략하는 흥미로운 앱들이 매일매일 새롭게 출시된다. 말 그대로 한계가 없는 것이다. 스탈링은행에서는 해커톤(hackathon) 행사를 열어 외부 개발자들과 협력할 수 있는 기회를 마련하고, 그들로 하여금 은행이 열어준 가능성을 충분히 활용할 수 있게 돕는다. 한 번은 이 행사를 진행하던 중, 단순하지만 아주 괜찮은 잠재적인 미래의 앱이 하나 불쑥 등장했는데, 바로 메이블 포지(MABLE Forge)가 고안해낸 기발한 아이디어로써, 치매의 초기 단계에 있는 연로한 식구를 둔 가족들을 위해 개발된 것이다. 이 앱은 치매 환자의 지출 경향을 추적하고(물론 동의하에), 평소와 다른 패턴이 관찰되면, 뭔가 문제가 발생했을 가능성이 있다는 알림을 친지들에게 보내준다. 그리고 누누이 말했듯, 이는 언제나 등장하는 수백 가지 참신한 아이디어들 중 겨우 하나일 뿐이었다. 이 책에서 우리는 이와 유사한 혁신적인 아이디어들 중 출시에까지 이른 결과물들을 많이 살펴보겠지만, 그 외에도 나와 내 가족에게 특히 영향을 주는 분야에서 어떤 일들이 벌어지고 있는지 항상 주시하고 있으면 큰 도움이 될 것이다. 나에게 꼭 맞는 앱을 찾으면 그렇지 않은 것에 비해 미래의 금전적 위상과 환경에 엄청난 차이가 발생할 것이다.

고작 필요한 돈을 인출하려고 영업 지점에서 길게 줄을 서던 날들을 떠올려보면, 은행은 의심할 여지없이 정말 거대한 발전을 이룩했다. 끊임없는 디스럽터의 혁신 덕분에 우리는 돈을 모으고, 쓰고, 관리하는 방식에 있어 그야말로 혁명을 경험하고 있다. 역사적으로 변화의 속도가 아주 느렸던 사업으로서는 크나큰 도전이긴 하지만, 돈과 관련된 모든 것들을 완전히 바꾸고자 분투하는 새로운 핀테크가 점차 많아지고 있다.

3장

자신의 데이터를 사랑하라: 그것이 재정건전성을 위한 열쇠일지니

데이터가 힘이다

데이터란 녀석은 참 무섭다. 그렇지 않은가? 글쎄, 적어도 은행 업무에 있어서는 어쨌든 분명히 그렇게 보인다. 우리들 대부분이 페이스북, 링크드인(LinkedIn), 스냅챗(SnapChat), 트위터(Twitter) 등의 앱이나 웹사이트에서는 개인 정보를 과도하게 공유해도 전혀 거리낌이 없는 반면, 뭔가 돈이 관련되기만 하면 괜히 브레이크가 걸리게 된다.

죄책감 갖지 말기를 바란다. 은행들은 수 년 동안 우리의 정보를 공유해서는 안 된다고 떠들어댔다. 그렇게 하는 것은 사기꾼들에게 문을 활짝 열어주는 꼴 밖에 안 되지 않겠는가? 개인 정보를 퍼주는 것은 하루 종일 집을 비우는데 현관문을 활짝 열어두는 것과 다를 바 없다.

그러나 조심성을 가질 타당한 이유가 분명 있다고 하더라도, 어쩌면 우리가 지나치게 조심을 떠는 것은 아닐까? 그리고 무엇보다도, 금융기관들이 약간 혼란스러운 생각을 조장하고 있는 것은 아닐까? 내가 보기에는 그렇다. 그리고 이는 우리 모두에게 손해다. 정보 공유가 '전부' 나쁜 것만은 아니다. 데이터 공유가 가져오는 다시없을 기회에 마음의 문을 닫아서는 안 된다. 데이터가 곧 힘이다.

그렇지만 우선 짤막한 (재정)건전성 관련 경고 하나만 해두자. 이 글은 조심성이라고는 저 멀리 던져버리고 기초적인 보안 문제 자체를 잊으라고 부추기려는 의도를 담고 있는 것이 결코 아니다! 사기를 예방하기 위해서는 다들 각자의 위치에서 맡은 역할이 있다. 이 절에서 하고자 하는 말은 절대로 통장이나 신용카드 비밀번호를 아무에게나 알려줘 버리라는 뜻으로 하는 것이 아니다. 상대가 '누가' 됐건 간에 말이다. 그게 아니고, 내가 여기서 공유하라고 말하는 정보는 거래 내역, 다시 말해 자신의 돈으로 매일매일 무엇을 하는지에 관한 정보이다. 우리의 삶, 그리고 우리가 어떻게 하루하루를 살고 돈을 쓰는지에 관한 정보는 어마어마한 양의 데이터를 형성하는데, 이를 빅 데이터(Big data)라고 한다. 내가 여기서 말하는 데이터란, 분석하기에 따라 우리의 행동과 상호작용 양상에 대한 패

턴과 경향성, 연관성을 알려줄 수 있는 엄청나게 거대한 디지털 데이터를 지칭한다.

한때, 기업들이 고객에 관해 가장 알고자 했던 것은 오늘날 우리가 주택담보대출 신청을 할 때 활용하는 정보와 거의 같다. 즉, 근본적으로 신용점수, 가족 구성원 수, 가계 수입 등이다. 오늘날 우리의 온라인 프로필은 이러한 주택담보대출 신청서의 기초 정보보다 훨씬 많은 정보를 담고 있다. 2020년 무렵이면, 지구상의 모든 인간을 대상으로 매초 1.7메가바이트 분량의 새로운 정보가 생성될 것이다.

기업들은 우리가 상상했던 것 이상으로 우리에 대해 많은 것을 알고 있다.

우리들 각각에 의해 생산되는 데이터의 양은 이제 너무나도 방대해서 인간의 능력만으로는 수집하고, 조직하고, 분석하는 것이 불가능하다. 그 어마어마한 데이터량은 별도의 복잡한 디지털 수집 및 분석 도구가 필요함을 의미한다. 하지만 이제는 기계가 활용되기 시작했으며, 기업들은 우리가 상상했던 것 이상으로 우리에 관해 많은 것을 알게 되었다. 소셜미디어, 온라인 쇼핑 사이트, 비즈니스 포럼 등, 우리가 자신의 정보를 스스럼없이 공유하는 인터넷상의 정보원이 매우 풍부한 덕분에, 우리가 스스로 기꺼이 세상에 공개한 정보를 활용해 우리를 평가하고 유형별로 분류하는 일이 가능해졌다. 트위터, 스냅챗, 페이스북 등에 글을 쓰면, 그것이 약혼 공지이든, 처음으로 마련한 집의 사진이든, 새로 태어난 아기의 사진이든, 게시할 때마다 차곡차곡 정보가 쌓여 '나'라는 사람에 대한 큰 그림을 완성해간다. 많은 조직들이 우리에 대해 얼마나 많이 알고 있는지 알게 되면 아마 깜짝 놀랄 것이다. 데이터는 또한 구독자의 데이터를 파는 잡지, 순수하게 자발적으로 참가한 온라인 설문조사, 스마트폰에 설치한 앱을 통해서도 수집된다. 개발자들은 대개 무료로 앱을 게시하지만, 이용료는 해당 앱을 사용하면서 넘기는 개인정보이다.

만약 이 글을 읽고 조금 불편한 기분이 든다면, 그럴 것 없다. 믿거나 말거나, 이건 오히려 우리가 이 책에서 지금껏 다뤄왔던 새로운 재정적 해방을 나타낸다는 의미에서 기념하고 축하할 만한 일이다. 우리가 이를 반겨야 하는 이유는 데이터가 금융산업에, 그리고 궁극적으로는 우리 소비자들에게 거의 무한한 범위의 기회를 선사할 것이기 때문이다. 결국 기업체들이 우리에 관한 정보를 더 많이 알수록 우리 개개인의 요구에 더 잘 맞춘 상품을 내놓을 수 있게 되는 셈이니 말이다. 이에 금융업체들은 가장 훌륭한 상품과 서비스를 개발해 우리로 하여금 가진 돈을 최대한 효율적으로 활용할 수 있도록 돕는 것이 가능해지게 된다.

더구나 우리의 데이터를 최대한 활용한다는 생각은 전혀 새로운 것이 아니다. 이는 클리브 험비와 에드위나 던이라는 부부가 공동 설립한 던험비(Dunnhumby)라는 회사에서 처음 시도했던 바 있다. 던험비의 첫 번째 주요 고객은 당시 영국의 최고 식품판매업체였던 세인스베리스(Sainsbury's)를 겨냥해 1994년에 클럽카드 멤버십 카드(Clubcard loyalty card)를 출시한 영국의 대형 슈퍼마켓 체인, 테스코(Tesco)였다. 던험비가 클럽카드 기록을 통해 고객들의 구매 습관을 성공적으로 분석하고 나자, 당시 테스코의 회장이었던 매클로린 경은 던험비가 3개월간 고객들에 대해 알게 된 것이 자신이 지난 30년간 소매업체에서 터득한 것보다 훨씬 많다는 말을 남겼다고 한다.

데이터는 금융 산업에, 그리고 우리 소비자들에게 거의 무한한 범위의 기회를 선보인다.

그 이후로 줄곧 빅 데이터를 최대한 활용한다는 개념이 활기를 더해갔는데, 금융업계(특정 은행 내)의 몇몇 부문들은 그러한 잠재성을 받아들이는 일에 다소 굼떴다. 은행들이 재정적 상황에 대해 '그 어떤' 사소한 것도 공유해서는 안 된다며 사람들 속에 계속 막연한 두려움을 심어두려고 했던 이유는 이 또한 자기네들의 영업 방식에 대한 위협으로 느꼈기 때문인 듯하다. 왜냐고? 글쎄, 일단 일상 속의 소비 습관에 관해 더 많은 정보가 알려지고 이해가 이루어지고 나면 언제 경쟁 업체가 갑자기 튀어나와 다음과 같은 말을 날리게 될지 모를 일이기 때문이다. "고객님, 고객님께서 어떤 목표를 가지고 계신지 알겠습니다. 현재 상황을 고려해본 결과, 지금 쓰고 계신 것보다 고객님께 더 적합한 상품이 있네요."

다행스럽게도 이처럼 우리 자신에 관한 모든 것들을 완전히 감추고 비밀로 하는 것은 점점 구시대의 유물이 되어간다. 데이터는 돈의 혁명의 핵심이며, 이를 공유하는 것이야말로 핀테크 산업을 일으킨 동력이자 이 모든 혁신적인 신상품의 출시 및 지속적인 개선을 가능케 하는 힘이다. 이는 이 모든 서비스를 출시하는 회사들에게 이로운 것이지만, 사실 우리 소비자들에게도 이롭다. 데이터를 공유하는 것은 과거 그 어느 때보다도 자신의 돈을 잘 장악할 수 있게 해주는 열쇠이다. 우리 모두 데이터를 긍정적으로 생각하고 받아들여야 한다. 지금까지 벌써 여러 가지 훌륭한 혁신들을 가져다주었으며, 앞으로도 더 많은 이득을 가져올 것이기 때문이다.

어쩌면 우리는 단순히 데이터에 있어 조금 더 개방적일 필요가 있을 지도 모르겠다. 혹은 '데이터 공유'라는 관념 자체를 다듬어야 할지도. 비밀번호 공유: '땡'. 보다 훌륭하고 개개인에게 맞춤인 서비스를 제공받기 위한 정보의 공유: '빙고'. 이거라면 납득이 간다.

왜 데이터가 세상을 평정하는가

빅 데이터의 가능성은 정말 무궁무진하다. 지금까지 우리가 본 것들은 극히 일부에 불과하다. 아직 핀테크 진화 과정에서 상당히 초기 단계에 있기 때문이다. 데이터 공유가 궁극적으로 금융 상품 및 서비스를 이용하는 소비자들에게 얼마나 멋진 역할을 수행하게 될지 조금 맛보기 위해, 잠깐 시간을 할애해서 빅 데이터가 전혀 다른 산업 부문들에서는 어떤 영향력을 발휘했는지 살펴보는 것이 좋겠다. 아마존은 오랜 시간 빅 데이터의 최강자로서의 명성을 누려왔다. 이 온라인 소매 대기업은 십여 년 이상 엄청난 속도로 고객들의 데이터베이스를 키워왔으며, 상당 부분은 아마존이 가지고 있던 빅 데이터의 창의적인 활용 방안 덕분이었다. 주요 소매업체로서 아마존은 이미 이름, 주소, 결제 내역 및 검색 기록과 같은 대량의 고객 데이터를 가지고 있었다. 아마존에서 일하던 사람들은 '전체' 고객 데이터베이스로부터 모은 통계 자료를 활용해 고객 개개인이 앞으로 어떤 행동을 할지 계산함으로써 사업을 더 빨리 확장할 수 있다는(그리고 그에 따라 더 많은 돈을 벌 수 있다는) 사실을 일찌감치 깨달았다. 쉽게 말해 이것이 바로 빅 데이터이다.

아마존은 수년간 기술을 갈고 닦았으며, 이제는 절대적인 전문가가 되었다. 단순히 '이 고객은 스완지에 사는 30세 여성이므로 스완지의 다른 30세 여성들과 유사한 구매 습관을 가지고 있을 것'이라고 특정하는 차원이 아니다. 아닌 게 아니라, 이런 접근 방식은 오늘날 써먹기에는 지나치게 두루뭉술하다. 그보다 아마존에서 실제 하는 일은 고객 한 명 한 명이 구매한 모든 상품 및 각각을 구입한 날짜와 시간을 전부 살펴보는 방식이다. 데이터를 분석해 과거에 어떤 행동을 했는지 이해하고 정리하는 것을 넘어, 이제는 행동의 분석을 통해 미래의 행동을 예측한다. 무수한 양의 정보가 있기에, 굉장히 정확한 예측이 가능하다.

이렇게 데이터 노다지에서 정보를 다 모으고 나면, 아마존의 고객들은 데이터베이스에 있는 다른 유사한 소비자들과 같은 집단으로 묶인다. 이때 고객들은 20세나 40세, 혹은 60세의 남성일 수도, 여성일 수도 있지만, 중요한 점은 이들이 서로 유사한 구매 습관을 가지고 있다는 사실이다. 그리고 나면 아마존은 대규모, 이를 테면 만 명 가량의 소비자들을 표적으로 삼고 구체적인 맞춤 상품을 제시한다. 그렇기에 컴퓨터 화면에 뜨는 '추천' 상품들이 우리의 취향을 그렇게 정확하게 저격할 수 있는 것이다. 아마존이 활용하는 알고리듬은 예컨대 요리를 아주 좋아하는 당신이라면 새로 이사 간 집의 부엌을 채워줄 뭔가를 하나 월초에 새로 구입할 가능성이 매우 높다는 결과를 도출해낸다. 그리고 사측에서 당신에게 띄워준 링크를 분명히 클릭할 것이라고 말이다. 인간이란 암시적인 영향에 매우 약하다. 특히 대상을 특정하고 그의 성향에 잘 맞춘 광고에는 더욱이.

핀테크 회사가 쓰려는 전략도 이와 아주 흡사하다. 금융기관들은 이제 고객들의 습성과 요구를 잘 파악할 수 있게 되었으므로 이에 더욱 부합하는 의미 있는 서비스를 제공할 수 있다. 은행들이 한때는 고객들이 해당 상품을 필요로 하는지 여부에 관계없이 단순히 뱅킹, 금융, 보험 상품들을 판매하는 데에만 열을 올렸다면, 이제는 고객들 개개인을 깊게 이해할 수 있게 된 이점을 활용하게 되었다. 고객들의 소비 습관을 꼼꼼하게 조사한 뒤에 그들이 진정 필요로 하는 상품 및 서비스를 맞춤으로 제공하는 것이다. 기존 고객들의 행동을 예측하는 데 데이터를 적극적으로 이용하며, 이들을 데이터베이스 내에서 성향이 비슷한 다른 개인들과 묶어 금융기관 자사의 상품이 됐든 엄선한 협력회사의 상품이 됐든 가장 적합한 상품과 서비스를 신중하게 제안한다. 고객이 처한 특정한 환경에 맞춘 상품들을 하루 중 정확히 어느 시간대에 보여주어야 가장 효과적으로 설득력을 발휘할 수 있는지 결정하는 일에도 분석을 활용할 수 있다. 예를 들어 당신이 대출을 알아보고 있다고 해보자. 과거에는 대출업체들이 소비자들의 행동과 대출금 상환 능력을 예측하기 위해 이들의 신용점수에 의존했다. 하지만 지금은 그때보다 더 완전한 고객들의 프로필 및 행동 양상에 대한 깊은 이해도를 갖추고 있기에, 은행과 대출업체들이 고객 개인의 종합적인 위험도에 따라 적절한 대출을 해줄 수 있게 되었다.

소비자들에게 맞춤 상품들을 정확히 어느 시간대에 선보이면 좋을지 결정하는 일에도 분석을 활용할 수 있다.

이와 마찬가지로, 금융 서비스 제공업체가 만약 당신이 아직 머릿속에 은퇴 계획이라고는 조금도 들어 있지 않은 유형의 소비자들 중 하나라는 점을 안다면, 당신에게 연금이나 장기 투자 상품을 소개하는 메시지를 퍼붓느라 쓸데없이 돈을 낭비하지 않을 것이다. 이는 양측 모두에게 윈윈인 셈이다. 회사 입장에서는 마케팅 자원을 낭비하지 않아도 되고, 소비자로서는 메일 수신함이 불필요한 쓰레기로 넘쳐나는 꼴을 당하지 않아도 되기 때문이다.

바로 여기에서 추천 시스템이 힘을 발휘한다. 마케팅 영업을 당하는 위치에 있는 사람들로서는 계속해서 불어나는 엄청난 양의 상품과 서비스 탓에 이 모든 것들이 다소 부담스럽게 느껴질 수 있다. 번번이 소화해야 할 정보가 지나치게 많게 느껴져 아주 중요한 재정적 의사결정일 수도 있는 사안들에서 아예 손을 놓아버린 사람들도 많다. 이런 상황에서 소비 및 저축 이력에 기초하여 개인에게 꼭 맞는 누가 봐도 사려 깊은 추천을 마다할 사람이 어디 있겠는가?

단언컨대, 빅 데이터에 있어서는 다른 모든 부문, 모든 조직들을 통틀어 은행이 가장 유리한 입장에 있다. 어쨌든 자사의 고객들에 관해 심지어 아마존 같은 기업들보다도 훨씬 더 많은 정보를 쥐고 있으니 말이다. 은행은 우리들 개개인이 매주, 매달, 나아가 매년 얼마씩 쓰는지, 그리고 스스로의 재무를 어떤 식으로 관리하는지 등의 세부적인 정보들을 아주 풍부하게 가지고 있다. 사실 은행은 아주 독특한 위치에 있다. 우리가 어떤 것들에 지갑을 여는지를 정확하게 파악하고 있기 때문이다. 이러한 데이터를 철저하게 분석하면 완전히 고객 개인만을 위한 맞춤 서비스를 제공하는 일이 가능해지는 것이다.

빅 데이터에 있어서 은행은 다른 모든 부문, 모든 조직들을 통틀어 가장 유리한 입장에 있다.

가령 당신이 500파운드로 예금 계좌를 하나 개설했다고 가정해보자. 빅 데이터가 없었다면 은행이 당신에게 그다지 큰 관심을 주지 않을 가능성이 높다. 아마도 필요 이상의 대화는 삼갈 것이며, 투자를 권하는 일도 분명 없을 것이다. 하지만 만약 당신이 실제로는 해당 은행이 아닌 다른 곳에 그 외에도 다른 자산이나 투자, 예적금을 많이 보유하고 있다면, 당신이 당장 눈에 보이는 것보다 돈이 많은 고객이라는 사실을 은행 시스템이 알아차리는 데 빅 데이터가 도움을 줄 것이며, 결과적으로 은행 측에서 그에 걸맞은 대응을 미리 준비할 수 있도록 해줄 것이다. 이 같은 사실에 접근할 수 있게 된 덕분에 금융업체들은 보다 큰 그림을 그리고 고객들의 잠재력을 최대한 활용할 수 있다. 다시 한 번 강조하지만, 이는 고객들에게도 이로운 일이다.

빅 데이터를 활용하면 금융 상품 및 서비스는 지속적으로 고객들에게 맞도록 조율이 이루어지고 개선되어 나갈 수 있다. 이제 소셜미디어 덕분에 고객들의 솔직한 구매 후기를 파악하는 일이 한결 쉬워졌다. 이러한 정보는 고객들의 긍정적인 반응과 만족도를 증가시킬 수 있도록 상품 및 서비스를 조정하는 데 활용할 수 있다. 데이터 분석 도구는 이제 소셜미디어 네

핀테크 혁명

트워크에 존재하는 어마어마한 분량의 중요한 통신 데이터를 써먹을 수 있게 해준다. 거래하는 금융 서비스 업체가 당신이 진정 무엇을 원하는지에 관심이 없다고 생각하는가? 이제는 다르다.

마찬가지로, 금융 서비스 제공업체도 고객들이 자신의 상품에 얼마나 관심을 보이는지 주시하고 있다. 빅 데이터는 소비자로서 우리가 기존의 거래를 계속 유지할지 아니면 변경할지에 대해 귀중한 단서를 제공한다. 이를 마케팅 용어로 '천(churn, 사전적 의미는 '마구 휘젓다' 혹은 '우왕좌왕하다'로서, 단기간 동안 서비스 업체를 자주 바꾸는 고객을 뜻함)'이라고 한다. 어떤 고객이 계좌를 닫는 것과 연결된 특정한 행동을 보이면 갑자기 은행에서 태도를 확 바꿔 그 고객에게 굉장히 신경을 써준다고 해도 놀랄 일이 아니라는 것이다.

데이터는 금융 서비스에서 정말 진가를 발휘하는 것은 새로운 상품을 개발하는 일에서이다. 지금의 산업을 일구어낸 디스럽터들이 내디뎠던 발자국 중에서 가장 흥미로운 것은 바로 '오픈뱅킹(결제망의 표준화 및 개방으로 인해 운영체제나 인터넷 브라우저, 혹은 플랫폼에 구애 받지 않고 자유롭게 금융 업무를 이용할 수 있는 서비스)'의 도입이다. 유럽에서는 유럽연합이 제안한 결제 서비스 지침 개정안(PSD2, Payment Service Directive Two)이라는 다소 밋밋한 이름의 방침하에 오픈뱅킹을 권장하고 있다. 그렇지만 이름이 별 볼 일 없다고 해서 그 영향력까지 그런 것은 아니다. 오픈뱅킹은 은행이나 금융 서비스 회사와 같은 결제 서비스 제공업체들 간에 공평하게 경쟁할 수 있는 여건을 조성함으로써 보다 철저한 보안으로 안전한 결제 환경을 만들어 소비자들을 보호하는 것을 목표로 한다. 가장 흥미로운 점은 고객들로 하여금 엄선된 회사들에게 자신들의 은행 거래 데이터 일부를 열람할 권한을 줄 수 있도록 함에 따라 결과적으로 외부의 제3자가 결제 서비스 및 거래 데이터에 접근할 수 있는 기회를 열어주었다는 사실이다. 덕분에 업계 전반에서 보다 공정한 경쟁이 이루어지고, 커다란 혁신을 몰고 오게 되었다.

오픈뱅킹에 대해 전혀 들어본 적이 없거나 운영 원리를 속속들이 이해하지 못한다고 해도 걱정할 것 없다. 다른 사람들도 대부분 마찬가지다. 에퀴팩스(Equifax)에서 실시한 설문조사에 따르면, 90퍼센트의 소비자들이 오픈뱅킹이라는 말을 들어본 적이 없다고 답했다고 한다. 그보다 중요한 사실은(그리고 우리가 다들 기대감에 부풀어야 할 이유는) 모든 일이 다 계획대로 진행될 경우, 오픈뱅킹이 모든 데이터를 자유로이 풀어줌으로써 진보적인 새로운 핀테크들이 우리의 금융 생활을 더욱 편하게 만들어줄 신상품들을 계속해서 만들어낼 수 있게 해주리라는 것이다. 데이터를 공유하게 되면서 업체 간 경쟁이 증가한 덕분에 뱅킹 서비스는 대대적으로 개선되어 나갈 것이다.

금융기관들이 기꺼이 API를 제공해준다면, 재능 있는 개발자들은 이를 이용해 새롭고 혁신적인 앱들을 만들어낼 수 있다. 이렇게 데이터를 공유하는 것은 사기를 치는 것과는 아무런 관련이 없으며, 전부 소비자들의 실제 쓰임새에 맞춰 금융 앱들을 개선하기 위한 일이다. 오픈뱅킹 운동은 모두를 위한 일이다. 앱 개발자들이 각자 매번 완전히 백지상태에서 기초 단계부터 일을 시작하지 않고도 새로운 세대의 (그 어느 때보다 개선된) 앱을 개발할 수 있도록 길을 닦아주는 것이기 때문이다. 은행 및 금융기관으로서는 새로운 매출 흐름을 만들어낼 수 있기에 좋고, 고객들로서는 실제 자신들의 필요에 부응하는 이용하기 쉬운 새로운 서비스 및 상품을 얻을 수 있기에 좋다.

오픈뱅킹 운동은 새로운 세대의 (그 어느 때보다 개선된) 앱을 개발할 수 있도록 길을 닦아준다.

보잘 것 없었던 입출금 계좌의 눈부신 개선 사례를 한번 보자. 오늘날에는 사람들이 하나 이상의 입출금 계좌를 보유하는 일이 드물지 않다. 당신도 급여가 입금되고 주택대출금이나 월세, 구독료, 헬스장 회원비, 현금 지출 등 매달 빠져나갈 돈들을 관리하는 '주거래' 계좌가 있을 것이다. 동거하는 사람이 있다면 다달이 청구되는 공과금을 나눠 내기 위한 공동명의 계좌를 가지고 있을 수도 있다. 또 별도의 예금계좌나 업무상 지출 등을 따로 관리하기 위한 계좌가 있을 수 있다. 데이터의 공유 덕분에 모바일 뱅킹 서비스는 이제 소비자들로 하여금 보유하고 있는 각각의 계좌에 얼마가 들어 있는지 한눈에 확인할 수 있게 해준다. 제각기 다른 은행에 개설한 계좌더라도 말이다. 이리저리 여러 사이트나 앱들을 뒤적거리며 찾을 필요 없이 매달 얼마씩 지출하는지 완벽하게 요약된 정보를 한 화면 내에서 볼 수 있다. 이처럼 단순한 것들 하나하나가 우리의 생활과 돈 관리를 훨씬 편하게 만들어준다.

데이터의 공유가 우리의 생활을 보다 편리하게 만들어주는 길은 그밖에도 많이 있다. 예를 들어 어떤 모바일 은행이 자사의 마켓플레이스에 엄선된 주택담보대출 중개업체들을 다수 보유하고 있다고 치자. 결제 서비스 지침 개정안이 내려진 덕에 고객들은 자기가 거래하는 은행과 협력 관계에 있는 이 주택대출 중개업체들에게 자신의 데이터를 공유해줌으로써 대출 절차 전반을 단순화시키는 방안을 택할 수 있다. 이에 주택대출 중개업체들은 실시간으로 은행 고객들의 재정적 상황을 열람하고, 고객들로 하여금 사전에 산더미 같은 서류 작업 및 검증 과정을 거치게 하지 않고도 최선의 조건을 바로바로 추천해줄 수 있게 된다. 더불어 은행들이 이미 고객들의 KY-

C(Know Your Customer의 약자로, 고객들의 성향을 규명하고 검증하는 과정을 뜻하는 산업 용어) 절차를 마쳤으므로, 주택대출 중개업체에 고객들의 보증을 해줌으로써 전체 절차를 크게 단순화시키고 소요시간을 줄일 수 있다. 다시 말해, 고객들이 대출을 신청할 때마다 매번 똑같은 검증 절차를 거칠 필요가 없게 된다.

은행, 고객을 위한 앱스토어가 되다

내가 보기에 금융업계의 새로운 디스럽션에서 데이터 공유가 정말 굉장한 것은 고객들의 금융 생활의 중심에 있을 수 있게 해준다는 점이다. 새로운 금융 상품들이 그야말로 진정한 뷔페식 만찬을 이루고, 그에 더해 계속해서 더 많은 상품들이 새로이 등장함에 따라, 고객들이 현재 구매할 수 있는 모든 상품들을 둘러보고 자신의 상황에 가장 잘 맞는 것을 찾을 수 있는 공간인 '마켓플레이스'의 필요성이 대두되었다. 나는 줄곧 은행이 이 모든 것들의 중심에 서서, 마치 '앱스토어(app store)'처럼 신중하게 엄선된 외부 업체들이 제공하는, 보험부터 주택대출에 이르기까지의 여러 금융 서비스들을 고객들이 쉽게 눈으로 확인하고 선택할 수 있게 해주는 역할을 하게 되리라 직감했다.

그와 같은 서비스가 어떻게 운영되는지 마음속에 그려보고자 할 때면 나는 언제나 가까운 마을이나 도심 어디에서든 찾아볼 수 있는 양질의 시장을 떠올린다. 이곳은 개인이나 소상공인들이 훌륭한 커피부터 질 좋은 치즈까지 다양한 식품들을 팔기 위해 모이는 장소이다. 고객들에게는 슬슬 구경을 다니며 최고의 제품을 고를 수 있는 더할 나위 없이 좋은 상업 중심지이다. 사람들은 자연스레 가장 구미가 당기는 물건이나 이를테면 그 날 준비하려는 저녁 식사의 재료로써 적합한 식품들을 고를 터이다. 그러다 구매를 하게 되면, 고객은 자신이 상품을 구입한 개별 상점과 소비자와 판매자의 관계를 형성하지만, 이 둘을 한 자리에 모이게 한 것은 어디까지나 시장이다. 미래에는 은행이 바로 그 시장의 역할을 할 것이다. 즉 은행에서 자랑스럽게 선보일 수 있는 협력관계의 금융회사와 서비스, 그리고 마찬가지로 그런 기관들과 연결되는 것에 자부심을 느끼는 사람들을 모두 한 자리에 모이게 해주는 일을 하게 될 가능성이 매우 높다.

은행은 '시장'과 같은 역할을 수행하며, 자랑스러운 협력관계에 있는 금융회사 및 서비스, 그리고 마찬가지로 그런 기관들과 연결되는 것에 자부심을 느끼는 사람들을 한 자리에 모아줄 것이다.

핀테크 혁명

가령 스탈링은행은 이미 보험사부터 자산관리자, 투자저축 제공업체를 아우르는 20여 개의 외부 금융 서비스 제공업체들과 협력 관계를 맺고 있으며, 협력업체의 수는 지금도 계속해서 증가하고 있다. 스탈링은행에서는 핵심적인 보통예금 상품은 가지고 있되, 자체적인 허브 네트워크를 통해 그밖에도 폭넓은 서비스들을 다양하게 제공한다. 은행들이 고객들의 돈 관계의 핵심에 위치한 자신의 새로운 역할을 이해하게 되면서 앞으로 몇 년 동안은 이와 비슷한 사례들이 잔뜩 생겨나리라 예상한다.

내가 여기에서 다룬 마켓플레이스 사례는 금융 서비스에만 한정된 것도 아니다. 옛날에 비해 모든 것들이 서로 더 촘촘하게 연결된 지금 세상에서는 뱅킹 앱이 훨씬 광범위한 상품이나 서비스의 중심으로 성장할 가능성도 존재한다. 운전 관련 앱을 한번 생각해보자. 우리의 차를 둘러싼 모든 금융 거래 내역들을 깔끔하게 통합해서 자동차 보험료, 기름값, 그리고 사실상 유지비로 모두 얼마를 쓰고 있는지 한눈에 파악할 수 있게 된다면 유용하지 않을까. 모든 부문이 긴밀하게 연결된 세상에서는 아주 쉽게 자신의 지출을 훤히 꿸 수가 있다.

자신의 데이터를 널리 공유하는 것이 거북하다면 그러지 않아도 된다. 은행들은 당신의 승인을 확실히 받기 전에는 각각의 개별적인 업체들에게 그 어떤 정보도 공유하지 않는다.

당신의 정보를 널리 퍼뜨려도 좋다는 무소불위의 권한 따위는 존재하지 않는다. 과거에는 특정 상황에서 고객의 데이터가 조심성 없이 마구 쓰였던 일도 있었지만, 오픈뱅킹의 배후에 있었던 혁신 덕분에 고객으로서 우리는 스스로의 데이터에 관한 통제권을 되찾았다. 공유하기가 꺼려진다면 하지 않으면 그뿐이다. 그렇지만 앞에서 이야기했듯이 데이터 공유는 일반적으로 단점보다 장점이 훨씬 많기는 하다.

어쩌면 사람들이 정보 공유와 그에 따른 잠재적 범죄 행위를 걱정하는 것과 다소 모순되기는 하지만, 사실 빅 데이터는 우리의 계좌가 사기에 훨씬 덜 취약해졌음을 의미하기도 한다는 점 또한 언급할 가치가 있다. 데이터를 올바르게 사용한다는 것은 우리 계좌의 거래 내역이 실시간으로 확인 가능하다는 뜻이다. 은행들은 이미 합법적인 거래와 평소와 다르거나 무단으로 행해졌다고 의심되는 거래를 구별할 수 있는 분석법을 갖추고 있으므로 불법적인 이체를 시도할 경우 바로 잡아낼 수 있다. 분석 시스템은 문제를 감지하면 그 즉시 행동에 나서 비정상적인 거래를 차단하고 사기를 미연에 방지할 수 있다.

데이터를 둘러싼 새로운 규칙의 중심이 되는 전제는 우리 모두 금융기관의 더 나은 서비스와 안전한 결제 방식, 그리고 일상 속에서 더 쉽고 투명한 재무 관리를 누려야만 한다는 것이다. 더불어, 만약 금융기업이 외부업체에 고객의 계좌 데이터를 공개하게 된다면(물론 고객의 승인하에), 이는 기술의 발전과 디스럽션의 속도가 현재의 흥미진진한 궤도를 유지하리라는 것을 의미한다.

이 모든 것들은 아직 겨우 시작에 불과하다. 아직도 금융 산업을 통해 들어오는 빅 데이터를 활용할 수 있는 창의적인 방법들이 아주아주 많이 있으며, 틀림없이 은행과 금융 서비스에 상당한 영향을 줄 것이다. 다시 말하지만, 이는 소비자로서 우리가 주도하는 일이다. 마침내 드디어 기업이 아닌 소비자들이 실무 결정을 내리는 것이다.

2부
핀테크가 이루어낸 돈의 대변혁

4장   신용점수를 확인하라

신용점수라는 것의 존재를 알지 못하거나 신용점수를 좋게 유지하는 것이 얼마나 중요한지 모르는 사람은 별로 없다. 여기까지는 좋다. 하지만 불행하게도 '좋게' 유지한다는 것이 정확히 무슨 뜻인지를 둘러싸고 오해가 깊어진 데서 모든 문제가 발생한다. 언제부터인지 신용점수가 재정 안정성을 판단하는 척도라는 견해가 생겨났다. 즉, 높은 신용점수는 부의 상징인 반면, 낮은 점수는 가난과 관련 있다고 생각하는 것이다. 이는 사실상 완전히 틀린 해석이다.

신용점수는 단순히 금융업계에서 사람들이 얼마나 빚을 잘 갚는지를 측정해 융자나 대출을 해줘도 되는 사람인가 판단하는 데 참고하기 위한 수단일 뿐이다. 겨우 세 자리 숫자에 불과한 신용점수는 금융 서비스 제공자에게 어떤 특정 인물이 돈을 벌어다 줄 가능성이 높아 투자할 가치가 있는 사람인지 알려준다.

좋은 신용점수가 자동으로 부를 의미하는 것은 아니다. 아마존의 설립자인 제프 베조스가 갑자기 내일 당장 파산신청을 한다면(당연히 그럴 리 없겠지만 일단 그냥 그렇다고 가정해보자), 그의 신용점수가 크게 손상을 입을 것이다. 하지만 그렇다고 그가 빈털터리인 것은 아니다. 그의 수중에는 여전히 수십억의 자산이 있을 것이다. 그의 (충격!) 파산은 단지 그에게 상환 가능성이 없음을 나타낼 뿐이다.

마찬가지로, 조 블러그즈, 혹은 아무개라는 어떤 인물은 언제나 바로바로 대금을 지불했기에 신용점수가 환상적이다. 그렇지만 조금 자세히 들여다보면, 그의 재정 상황은 엉망일 수 있다. 줄줄이 많은 채권자들에게 돈을 빌린 탓에 어쩌면 순자산은 마이너스일지도 모른다. 또 미셸 머니백스(Moneybags)라는 이름의 어떤 사람은 백만장자임에도 신용등급이 충격적이리만치 낮을 수 있다. 왜? 단 한 번도 신용거래를 한 적이 없기 때문에. 신용카드 대금은 매달 전액 지불했고, 대출이나 융자도 필요가 없었다. 빚을 갚을 능력이 있다는 것을 보여줄 기회가 원천 봉쇄되었던 것이다.

그러니까 신용점수에 관한 엉터리 상식은 잊자. 결국 궁극적으로 가장 중요한 것은 빚을 처리하는 방식이다. 신용점수는 순자산이 어떻다하는 사실을 나타내는 영광의 증표(혹은 그 반대)가 아니다.

　신용점수가 부의 지표라는 것 외에도 틀린 믿음이 많이 퍼져 있어 신용거래 절차에 대해 사람들이 전반적으로 잘못 알고 있는 상식을 바로잡는 데 그다지 도움이 되지 않는다. 예를 들면, '유니버설(universal) 크레딧, 즉 여러 영역에서의 평가점수를 아우르는 보편적인 신용점수라는 것은 실제로 존재하지 않으며, 무엇보다도 사소한 금융법 위반으로 인해 남은 평생 동안 모든 대출이 차단당한 사람들을 일컫는 신용점수 블랙리스트도 존재하지 않는다. 각 대출기관은 독자적인(그리고 주로 일급기밀인) 평가방식을 이용해 잠재적 대출자들의 점수를 매긴다. 개개인에게 돈을 빌려줄지 말지를 판단하는 데에는 광범위한 도구들이 이용된다. 신용평가기관(대표적인 기관 목록은 아래를 참조)들로부터 넘겨받은 자료와 대출신청서에 기재된 정보는 물론, 대출기관에 남아 있는 대출신청자의 과거 거래기록을 조사하는 일도 여기 포함된다. 기관별로 평가방식이 상이하므로 한 기관에서 대출이 거부되었다고 해서 다른 모든 기관에서도 자동으로 같은 판정을 받게 되는 것은 아니다. 각 대출기관은 독립적이기 때문이다.

　이해를 돕기 위해 다음의 경우를 한번 생각해보자. 만약 어떤 사람이 채무를 이행하지 않았거나 대출금을 체납한 적이 있다면 신용불량자가 되어 신용 블랙리스트에 올랐을 것이라는 '느낌'이 든다. 기관들이 대체로 이 사람에게 대출해주기를 경계할 테니 말이다. 하지만 이 같은 상황에도 다른 곳보다 이자가 좀 비싸더라도 대출을 승인해주는 회사들이 많이 있다.

신용점수가 대체 무엇을 의미하는지 이토록 혼란스러워진 데에는 뭐가 뭔지 우리가 제대로 이해할 수 있도록 도와주지 않은 대다수 대출기관들의 책임도 있다. 엎친 데 덮친 격으로 신용평가기관들이 소비자들의 이 같은 불안심리를 이용하는 감도 없지 않다. 소비자들에게 신용점수를 주시하기 위한 추가적인 서비스를 팔아먹으려고 말이다.

그러니까 앞으로 나올 이야기들을 더 명확하게 이해하려면 디지털 기술 이야기를 하기에 앞서 신용점수가 어떻게 매겨지고 이용되는지를 먼저 간략하게 짚고 넘어가는 것이 좋겠다. 영국의 소비자들은 세 군데의 각기 다른 신용평가기관에서 매긴 세 개의 독립된 신용점수의 영향을 받는다. 이 기관들이 익스페리안(Experian), 에퀴팩스(Equifax), 콜크레딧(Callcredit)이다(국내에는 대표적으로 KCB와 NICE가 있다). 미국의 경우는 익스페리안, 에퀴팩스, 트랜스유니언(TransUnion)에서 신용평가 보고를 받고 있다. 각 기관에 점수 보고서를 의뢰해보면, 같은 사람에 대해서도 기관별로 상이한 점수를 매기는 것을 볼 수 있다. 이는 대체로 대출기관들이 대출거래 내역을 보고하거나 정보를 공유하는 신용평가기관이 제각각이기 때문이다. 영국을 예로 들면, HSBC은행은 익스페리안과 에퀴팩스에는 정보를 넘기지만 콜크레딧에는 넘기지 않는 반면, 냇웨스트(NatWest)와 바클레이스(Barclays)는 세 군데 모두에 보고를 한다. 머니세이빙 엑스퍼트 닷컴(MoneySavingExpert.com)이 제시한 수치에 따르면, 대출기관의 55퍼센트는 에퀴팩스를 이용하고, 77퍼센트는 익스페리안을, 그리고 34퍼센트는 콜크레딧을 이용한다고 한다.

신용평가기관마다 점수의 최대치 또한 다르다. 익스페리안은 999점 만점이며, 에퀴팩스는 700점, 콜크레딧은 710점이 만점이다. 점수 척도가 다른 탓에 세 기관 사이의 상관을 보는 것도 어렵다. 따라서 어떤 사람의 신용점수가 이를테면 에퀴팩스에서는 459점, 익스페리안에서는 997점, 그리고 콜크레딧에서는 600점으로 나올 수 있는 것이다.

개인의 신용평점은 다양한 요인들을 고려해 산출한다. 첫째는 상환이력이다. 즉, 상습적으로 체납하는 경향이 있다면 점수가 나빠질 것이다. 과거에 여신 등 신용거래를 이용했던 방식이 또 다른 요소이다. 대출기관들은 대출금을 항상 제때 전액을 갚는 사람인지 알아보기 위해 금융거래내역도 살펴본다. 거의 대부분의 대출기관들이 자동적으로 경고등을 켜게 만드는 것은 최근 들어 많이 들어오는 신용장 신청이다. 이는 재정적으로 문제가 있음을 알리는 조기 지표로 받아들여져 자연히 대출기관을 과민하게 만들 수 있다.

'그래서 이게 왜 중요한 건데?' 독자들은 이렇게 생각할지 모르겠다. '이건 이거고, 그렇다고 내가 할 수 있는 게 별로 없는데 왜 굳이 신경을 써야하지?' 일단 처음 질문부터 따져보자. 신용점수는 우리 대부분이 언젠가는 결국 어떠한 형태로든 신용에 기대게 되기 때문에 아주 중요하다고 할 수 있다. 어쨌든 대출을 전혀 받지 않고서는 대다수의 사람들이 집은커녕 차도 구입할 수 없으니까.

꼭 비싼 것을 구입하지 않더라도 신용점수는 우리가 일상 속에서 내리는 결정들에 큰 영향을 미친다. 예를 들어, 주택이나 아파트를 임대하려고 해도 집주인은 예외 없이 신용정보를 통해 세입자 후보를 추려낼 것이다. 세를 놓기에 적합한 사람인지 사전에 알아야 하니까 말이다.

이 모든 경우, 신용점수가 충분히 좋아야 제3자로 하여금 돈을 빌려주어도 괜찮겠다고 납득하게 할 수가 있다. 나쁜 신용점수는 대출이나 융자, 임대 등의 신청을 거부당하는 것 외에도 갖가지 방면에서 부정적인 영향을 줄 수 있다. 사실 얄궂게도 점수가 낮다는 이유로 인해 재정적으로 더욱 궁핍해지는 상황에까지 몰리게 되기도 한다. 무슨 말일까? 보험회사, 특히 자동차 보험회사는 보험료를 결정할 때 신용점수를 참고한다. 즉, 점수가 낮으면 보험료가 치솟는다. 신용카드도 마찬가지로, 신용점수는 단지 카드 신청이 승인되느냐 마느냐 뿐만 아니라 프로모션 금리 및 적절한 연이율 혜택을 적용할지 여부까지 좌우한다. 저조한 신용점수란 곧 가혹한 금리를 통해 더 강한 부담이 주어진다는 것을 의미할 수 있는 것이다. 심지어 신용기록이 나쁜 사람은 지원할 수조차 없는 직업도 있다. 그런 면에서 금융 서비스나 그 밖의 어떤 형태로든 돈을 만지는 역할을 하는 직종에서 이 같은 현상이 두드러지며, 다른 회사에서도 이제 직원을 뽑을 때 지원자의 신용기록을 고려하는 일이 많다. 물론 기업에서 지원자의 신용정보를 조회하기 위해서는 당사자의 동의를 구해야 한다.

보다시피 신용점수는 다방면에서 여러모로 아주 중요하다. 이제 아까 나왔던 두 번째 질문을 한번 보자. '내가 할 수 있는 게 별로 없는데 왜 굳이 신경을 써야하지?' 사실 자신이 현재 처한 상황을 개선하고 좋은 점수를 유지하기 위해 개인 차원에서 할 수 있는 일이 많이 있다. 지금까지 살펴본 정보들을 바탕으로 가장 명백한 일은 절대로 연체되는 일 없이 늘 제때 꼬박꼬박 상환하는 것이다. 겨우 한두 번 기한을 놓치는 것만으로도 수 년 동안 등급에 악영향을 줄 수 있다. 직전 12개월 동안의 체납이 가장 크게 영향을 미친다. (납부 기한을 놓치지 않게 도와주는 앱들에 관해서는 10장 '요금 관리를 수월하게 하라'를 참조하자.)

신용점수를 능동적으로 올릴 수 있는 방법도 물론 있다. 만든 지 오래되어 잔고가 하나도 없긴 하지만 여전히 개설은 되어 있는 신용카드를 가지고 있다면 신용기록이 좋아보이게 만드는 효과를 발휘할 수 있다. 대출기관들은 여신을 조화롭게 잘 운용하고 있는 사람을 높게 평가한다. 따라서 신용카드 몇 개와 주택담보대출, 자동차 대출 등등이 있다면 모두 긍정적인 요소로 기록된다.

또한, 만약 당신이 주택대출이든 공동명의 계좌든 다른 사람과 공동명의의 금융상품을 보유하고 있다면 당신의 신용점수를 평가하는 과정에서 그 사람의 정보도 열람될 수 있다는 사실을 알아두자. 심지어 룸메이트와 공동명의의 청구계좌를 쓸 경우에도 이 계좌관리의 결과가 명의자 양쪽 모두의 점수평가에 들어가 서로의 영향을 많이 받게 만든다. 만약 배우자나 룸메이트의 신용기록이 별로 좋지 않다면 그 사람과 재무를 완전히 분리하는 것을 고려하는 편이 합당하다. 공동명의 계좌를 만들어 사용하던 사람과 갈라지고, 확실하게 금융기록까지 분리하고자 한다면 세 군데의 신용평가기관에 각각 연락을 취해 이를 알려야 한다.

그래도 역시 무엇보다도 자신의 신용점수를 주기적으로

확인하는 습관을 들이도록 하자.

자신의 신용점수를 훤히 꿰뚫어 보자, 공짜로!

신용평가기관은 우리에 관해 방대한 자료를 쥐고 있는데, 그들이 보유하고 있는 기록에 오류가 슬며시 끼어드는 일이 충분히 생길 수 있고 실제로도 생기고 있다. 그것도 놀라울 정도로 쉽게 말이다. 예를 들자면, 당신이 어떤 서류를 작성하고 있던 중 월급에 25,000파운드라고 써야 하는데 실수로 2,500파운드라고 썼다고 가정해보자. 이따금 이렇게 악의 없이 자릿수를 틀리게 기입하는 실수를 하지 않는 사람이 어디 있겠는가? 하지만 불행히도 실수로 빼먹은 0 하나가 신용 자료에 대혼란을 야기하게 된다. 특히 다른 서류에는 월급을 정확히 기재했다면 더더욱 말이다. 이처럼 일관성이 없다거나, 매번 직책을 조금씩 다르게 쓴다거나, 이름을 틀리게 쓰는 등의 실수는 자동화된 가짜 탐지 절차에 걸려 문제 있는 서류로 분류된다.

안타깝지만 아주 기본적으로 사람이 하는 그러한 실수들은 지독하게 해결하기가 어렵다. 실수를 한 사람도 자기가 무슨 실수를 했는지 짐작조차 하지 못할 뿐더러, 회사 역시도 서류를 승인하지 않은 진짜 이유를 설명하지 못한다.

자신의 신용점수를 훤히 꿰뚫어 보고 싶다면, 가장 좋은 방법은 모든 주요 신용평가기관에서 제공하는 점수들을 전부 확인하는 것이다. 누구나 적어도 일 년에 한 번씩은 반드시 해야 하며, 신용점수가 필요할 중요한 일을 앞두고 있다면 다시 한 번 더 확인해보길 강력하게 권한다. 이렇게 하면 만에 하나 오류가 있을 경우 큰 문제로 번지기 전에 미리 알아차리고 고칠 수 있다.

아, 그리고 신용점수를 자주 확인하는 것이 혹시나 등급에 악영향을 줄까 염려할 필요는 없다. 이 또한 사람들이 많이들 잘못 알고 있는 부분이다. 일반적으로 자신의 신용점수를 확인하는 것은 '소프트풀(soft pull)' 조회에 속한다. 다시 말해, 신용정보에 대해 '하드풀(hard pull)' 조회가 이루어지지 않은 것이다. 하드풀은 보통 신용카드를 새로 발급받거나, 주택담보대출 또는 일반 대출을 신청할 때 일어난다. 한편 소프트풀은 고용주가 입사지원자들의 신원을 조사하거나 신용카드 신청을 사전 승인할 때 발생한다. (소프트풀은 단순히 점수를 잘 유지하고 있는지 여부를 알기 위한 목적이 크기에 조회를 해도 점수에 반영되지 않는 반면, 하드풀은 가까운 시일 내에 돈이 필요하다는 것을 나타내므로 신용점수에 부정적인 영향을 준다)

시중에는 개인이 신용점수를 쉽게 확인할 수 있도록 도와주는 서비스가 아주 다양하게 존재한다. 어떤 것들은 돈이 들지만 어떤 것들은 그렇지 않다. 꼭 제일 비싼 돈을 지불해야 가장 상세하고 깊이 있는 보고서를 받을 수 있는 것은 아니다.

자, 그럼 어떤 선택지가 있을까?

우리는 모두 약간의 비용만 지불하면 신용평가기관을 통해 자신의 신용정보를 열람할 수 있는 법적 권리가 있다. 영국에서는 이 비용이 2파운드이다. 이때 받아보는 보고서는 기본적인 신용기록을 단편적으로 제공해주긴 하지만 신용점수는 알려주지 않는다. 신용평가기관 세 군데 모두 월정액 서비스를 이용하면 더 자세한 정보를 볼 수 있게 해준다. 여기에는 신용정보를 무제한 열람할 수 있는 권한에 더해 실제 신용점수를 확인하고 신용정보에 큰 변화가 생겼을 때 알림을 받을 수 있는 등의 부가 기능도 포함된다.

구독료를 내지 않고도 신용정보와 점수를 조회할 수 있는 방법도 있다(국내에서는 NICE 지키미와 KCB 올크레딧에서 연 3회 무료 조회가 가능하며, 카카오뱅크나 토스 등의 외부 앱에서는 수시로 무료로 간편하게 신용조회가 가능하다). 에퀴팩스는 사용자가 전체 신용정보 보고서를 열람하고 기록에 변화가 생길 경우 이메일 알림을 받아볼 수 있는 자사의 크레딧엑스퍼트(CreditExpert) 서비스를 30일 무료 체험판으로도 제공한다. 그렇지만 체험판 사용 기간이 끝나면 서비스를 유지하기 위해 매달 14.99파운드를 내야 한다. 물론 서비스 이용 신청을 하고 점수를 확인한 뒤 요금이 청구되기 전에 취소를 해도 된다. 익스페리안도 유사한 30일 체험판을 제공하는데, 무료 이용기간이 끝난 후에는 9.95파운드가 청구된다. 또 다른 방법은 클리어스코어(Clearscore)를 통해 무료로 에퀴팩스 신용정보를 확인하는 것이다. 이런 유형의 회사는 웹사이트에 올려둔 상품들의 중개수수료로 돈을 번다. 마지막으로 콜크레딧의 신용조회는 자사의 노들(Noddle) 서비스를 통해 이용 가능하다. 이곳 역시 대출과 카드 광고로 비용을 충당해 서비스를 유지한다.

위에 소개한 서비스들은 각자 앱이 있으므로 스마트폰상에서 쉽게 신용점수 상태를 확인하고 추적해볼 수 있다.

추천: 독자적인 신용조회 앱

이와는 별개로, 신용평가기관과 직접적으로 연결되어 있지는 않지만 대체로 비슷한 기능을 하는 무료 앱들 또한 여럿 있다. **토털리 머니**(Totally Money)라는 앱은 총 세 군데의 평가기관 중 두 곳(익스페리안과 콜크레딧)의 자료를 사용한다. 주택담보대출, 신용카드, 마이너스통장으로 빌려 쓴 돈도 최대 6년간의 기록까지 확인할 수 있다. 실시간으로 자료가 업데이트된다는 점이 특히 유용하다. 매번 로그인할 때마다 최신 자료로 업데이트한 재정상태 정보를 요약해서 보여주는 것이다. 어떤 상태 변화가 생길 때마다 알림을 보내주기도 하므로, 예상치 않았던 변화가 나타나는 즉시 확인하고 바로잡을 수 있다. 따라서 만약 어느 달에 카드 사용 대금을 납부하는 것을 잊어버렸다든지 할 경우, 앱의 알림 설정을 해두었다면 최대한 빠른 속도로 대처가 가능하다. **토털리 머니**에서는 '차입한도' 조회도 가능하며, 대출신청을 했을 때 대출기관이 어떻게 평가할 것인지 또한 알 수 있다.

어느 정도 신용조회 덕후가 된 것 같다 싶다면, 미국의 **크레딧 닷컴**(Credit.com) 앱이 마음에 들 수 있다. 이 앱에서는 무료로 신용점수 및 전체 보고서를 받아볼 수 있을 뿐 아니라, 신용평가 과정이 어떻게 이루어지는지, 어떻게 하면 점수를 올릴 수 있는지, 대출할 때 어떤 상품을 이용할 수 있는지를 상세히 다룬 글도 읽어볼 수 있다. 궁금한 사항을 문의하면 다음에 올라올 글에 답변이 반영되기도 한다. **크레딧카르마**(CreditKarma) 앱은 무료 신용점수 조회 및 알림 같은 통상적인 서비스에 더해, 신용조회에서 오류를 발견했을 시 앱에서 바로 분쟁 및 조사 요청을 할 수 있는 유용한 기능도 추가적으로 제공한다. **크레딧와이즈**(CreditWise)는 미국의 캐피탈 원(Capital One) 은행과 연결된 무료 신용조회 앱이지만, 캐피탈 원의 상품을 구매하지 않아도 앱을 다운로드 받고 사용하는 데 지장이 없다. **크레딧와이즈**에는 신용점수 시뮬레이터라는 또 하나의 재미있는 기능이 있는데, 대출금을 다 갚는 등의 조치가 점수에 어떻게 영향을 미치는지 알아볼 수 있는 것이다. 신용점수를 올리기 위한 맞춤 조언도 제공한다.

관련 앱: *Totally Money, Credit.com, CreditKarma, CreditWise*

디지털 신용점수

신용점수가 괜찮다면 여기에 발목을 잡힐 일은 전혀 없다. 이런 상황에 있는 사람들은 틀림없이 모든 시스템이 아주 순조롭게 흘러간다고 생각할 터이다. 주택담보대출, 융자, 신용카드를 신청하고, 신용조회가 끝나고, 서류 작업을 마무리한다. 심플 그 자체다.

그렇지만 신용점수가 나쁠 경우, 신용점수라는 녀석은 순식간에 아주 큰 걸림돌이 되어버린다. 오늘날 세계적으로 수백만의 사람들이 신용점수가 너무 낮은 탓에 은행의 여신거래 자격을 충족하지 못한다. '크레딧 투명인간(credit invisible)', 즉 주요 신용평가기관에 신용기록이 전혀 없는 채로 살아가는 사람들도 아주 많다. 예를 들어 미국에서는 2,500만 이상의 사람들이 신용점수 평가에서 모든 대출신청을 단칼에 거절당하는 상황에 갇혀 있다.

만약 당신이 신용등급이 나쁘지 않은 편에 속하는 행운의 인물들 중 하나라면 이 모든 것들이 당신과는 전혀 무관한 일이라고 생각할 수 있다. 하지만 그렇지 않다. 디지털 세상이 신용점수에 대한 의존도가 얼마나 높은지는 사실 모든 사람들이 경각심을 가져야 한다. 시대의 흐름에 따라 변화하지 않으면 거의 대부분의 사람들의 신용등급이 형편없어지게 될 가능성이 있다.

지금의 시스템하에서는 대형 평가기관들이 서로 아주 비슷한 평가 항목들을 따르고 있다. 얼마를 지불했고, 얼마를 보유하고 있으며, 대금을 얼마나 신속하게 지불했는지를 집중적으로 살핀다. 그러나 지불 구조가 분 단위로 바뀌게 되는 새로운 세상에서는 이러한 방식이 점차 시대에 뒤떨어진 것처럼 보인다. 기존의 평가 기준으로 P2P, 즉 개인 간의 거래나 해외송금, 모바일 이체 따위에 어떻게 대처할까? 이들 모두 이용 비중이 점점 높아지고 있는 결제 방식들인데 말이다. 밀레니엄 세대들은 보통 인생의 대부분을 부모나 보호자로부터 경제적인 도움을 받아왔기에 큰 돈 쓸 일이 있을 때 마땅히 필요한 신용기록이 없는 사람들이 많을 수 있다. 대출기관의 입장에서는 이들을 평가할 신용정보가 빈약하다는 의미다.

신용기록은 물론 의심할 여지없이 아주 중요한 것이지만, '좋은 신용'의 정의는 점차 변화 및 확장되어 가고 있는데 반해 신용평가기관들이 이 같은 변화에 발 빠르게 따라붙는 조짐은 현재로써는 보이지 않는다. 그러나 시간이 지나고 새로운 지불 방식이 생활 속에 더 깊게 자리 잡게 되면 단순히 신용기록만으로 대출 신청자를 평가할 것이 아니라 다른 방식을 고안해낼 필요가 있다는 사실이 점점 더 명백해질 것이다.

다행스럽게도 이미 혁신적인 신용 평가 방법을 도입하는 움직임이 나타나고 있다. 앞에 언급했던 소수의 독자적인 앱들은 흑과 백, 즉 좋다 아니면 나쁘다로 단순 분류되었던 기존의 시스템과 다른, 보다 폭넓은 시각으로 신용점수에 접근하는 새로운 평가방식을 채택하기 시작했다. 현재의 추세는 소비자들이 오류가 있거나 불공평한 결정에 이의를 제기하는 것을 거들거나 특정 상황에서 어떤 행동을 취하는 것이 문제 해결에 도움이 되는지 알려주는 등의 기능이 탑재된 앱을 제공함으로써 소비자들 스스로 자신을 보호할 수 있도록 돕는 방향으로 나아가고 있다.

그렇지만 그나마 나타나는 변화도 그다지 멀리 가지는 못했다. 가까운 미래에 주력해야 할 부분은 통상적으로 신용평가에서 눈길조차 주지 않을 사람들에게 신용점수를 쌓아주고,

나아가 디지털 경제에서 사람들을 어떻게 평가하는 것이 좋을 지 찾아보는 것이다. 그러기 위해서는 지금까지와는 완전히 다른 새로운 방식으로 개개인을 평가해야 한다. 이때도 데이터가 큰 도움이 된다. 핀테크는 기술의 발달 덕분에 모든 개인에 관해 새로이 얻게 된 정보의 흐름 속에서 여러 가지 다른 유용한 지표들을 발견하고 이리로 눈을 돌리고 있다. 우리의 인간관계 네트워크에 누가 포함되는지, 그리고 우리가 어디에서 어떤 물건을 구입하는지와 같은 세부적인 사항들이 우리의 신용도를 판단함에 있어 보다 종합적이고 신뢰할 수 있는 그림을 그리는 재료로 사용된다. 여러 은행 계좌들의 데이터를 포괄적으로 살펴보는 것 또한 거래내역을 정확하게 파악하는 데 도움이 된다. 기계학습의 활용이 증가하면서 데이터 및 분석 기술의 향상됨에 따라 신용조회에서 핀테크의 입지가 더욱 공고해질 것이다.

지금껏 이와 관련된 초창기의 혁신은 주로 기업 대출 시장에 집중되어 왔다. 이 분야의 스타트업 중 상당수는 이미 대출 승인 여부를 결정할 때 개인의 신용점수를 싹 무시하고 있다. 즉, 대출 신청자의 행동과 데이터를 살펴보고 이를 신청자와 비슷한 연령대 집단의 데이터와 비교함으로써 실제 대출 상환 능력을 더 잘 파악하는 것이다. **페이팔**(PayPal), **캐비지**(Kabbage), **스마트비즈**(SmartBiz), **스퀘어**(Square) 등의 회사들은 모두 이처럼 새로운 방법을 활용해 개인의 신용도를 평가한다. 이들 대출 기관들에 관해서는 14장 '현명하게 대출하라'에서 조금 더 자세히 알아보도록 하자.

추천: 신용기록이 전혀 없거나 형편없는 사람들

그런데 만약 이 글을 읽는 당신이 신용정보가 아주 좋은 편에 속하는 사람이 아니라면 어떻게 해야 할까? 물론 이 같은 상황에 처한 사람들을 돕기 위한 방안을 모색하는 데에도 관심이 증가하고 있다. **페탈**(Petal)은 뉴욕 기반의 핀테크에서 내놓은 새로운 신용카드인데, 연회비 없이 신용한도가 높다. 또한, 기계학습에 의존하며, 새롭게 개발한 알고리듬을 이용해 대출자의 디지털 재무정보를 분석한다는 특징이 있다. 여전히 신용점수를 보기는 하지만, 대출 신청자가 얼마를 벌고, 저축하고, 지출하는지, 그리고 매달 얼마씩 납입하는지 또한 고려한다. 모든 과정이 완전히 투명하게 이루어지도록 함으로써 카드 소유주가 기한 내에 요금을 내지 않을 경우 추후 지불해야 할 정확한 이자 금액을 미리 보여주기도 한다. **페탈**은 구입 비용에 대해 연이율 15.24퍼센트에서 26.24퍼센트를 청구하는데, 신용점수가 없는 사람이라면 다른 카드사에서 최대

29.99퍼센트의 연이율을 무는 것과 비교했을 때 훨씬 좋은 조
건이다.

관련 앱:*Petal*

추천: '크레딧 투명인간'

이 바닥에서 가장 집중적으로 혁신이 일어난 곳은 공공 신용
평가기관의 자료에 단 한 번도 드러난 적이 없는 사람들, 그러
니까 '크레딧 투명인간'이라고 불리는 이들의 비율이 비정상
적으로 높은 지역이다. 이들은 실제 신용도가 아주 좋더라도
대출 기관에 이를 증명하는 방법을 찾지 못해 애를 먹는다. 특
히 금융 접근성이 상대적으로 제한된 개발도상시장의 사람들
이 많은 영향을 받았지만, 이들보다 경제적으로 호황을 누리
던 사람들에게도 피해를 입혔다.

휴대폰은 기존과 다른 대안적인 신용점수를 개발하는 데
도움이 되는 유용한 정보를 충분히 끌어 모을 수 있는 뛰어난
잠재력을 지니고 있다고 밝혀졌다. 대부분의 지역에서 휴대폰
의 보급률이 거의 100퍼센트에 이를 뿐 아니라, 휴대폰이 그
자체로써 전화를 걸고 문자를 전송한다는 본래의 기능을 훌쩍

넘어 풍부한 정보를 담고 있기 때문이다. 사람들은 연락처, 일정 관리, 인터넷 서핑, 소셜미디어, 그리고 그 밖의 수많은 목적으로 휴대폰을 활용한다. 그리고 이 모든 활동들은 행동 분석에 귀한 데이터를 제공한다.

예를 들면, 총인구 13억 중에서 2억5천만 명의 성인이 은행계좌를 이용하지 못하고 그보다 더 많은 사람들이 아예 신용점수가 없는 인도에서는 **캐시**(Cashe)가 막 직업전선에 뛰어든 젊은이들에게 개인대출을 해주고 있다. 대출을 신청하려면 신청자들은 우선 일련의 질문들에 답을 해야 하고, 그들의 휴대폰 사용기록 데이터가 심사에 이용된다. **제스트머니**(Zest-Money)는 단일 구입 품목을 위한 소액 대출에 집중하며, 모바일 기술, 디지털 뱅킹, 인공지능을 결합하여 다달이 20만 건 이상의 대출 신청서류를 심사한다. 중국에서는 인터넷 소매 유통업의 거물 알리바바(Alibaba)가 '그저 지를 뿐'이라는 뜻의 소액 대출 서비스 **화베이**(花呗, Hua Bei)를 출시했다. 전체 인구의 25퍼센트만이 신용기록을 보유하고 있는 나라에서 나머지 75퍼센트의 사람들은 빅 데이터가 전통적인 신용점수 시스템을 대체할 수 있는 믿을 만한 대안을 가져다주기만 한다면 그 잠재적인 수익성으로 인해 누구나 탐내는 영업 대상이 된다. 동아프리카인들은 이제 휴대폰 소유주의 데이터를 수집하고 그 데이터 포인트를 사용해 대출 결정을 내려주는 **탈라**(Tala)를 이용할 수 있다. 휴대폰을 보유하는 인구가 꾸준히 증가하면서 이 같은 서비스는 신용점수가 없는 90퍼센트의 사람들에게 커다란 기회를 제공해주게 되었다.

신용점수에만 의존하던 방식이 고루하다고 여기는 흐름이 점차 커지면서 그동안 금융 혜택을 충분히 받지 못했던 지역들이 변화를 이끌고 있다.

관련 앱: *Cashe, ZestMoney, Hua Bei, Tala*

5장　　　　　　　**쇼핑할 때마다 돈을 모아라**

멤버십 서비스와 고객 충성도

최근 들어 전반적인 '로열티 문제', 즉 기업에 대한 어정쩡한 충성심 문제가 쇼핑객들 사이에서 필연적으로 자라나고 있다. 왜, 그런 것 있지 않은가. 지갑 속에 온갖 멤버십 카드를 잔뜩 넣어 다니는 통에 막상 계산대에 섰을 때 필요한 카드를 딱 찾아서 꺼내기가 어려웠던 경험 말이다. 사실 지난 12개월 동안 소비자의 약 5분의 1 가량이 자신이 적립한 포인트를 제대로 써먹지 못했다. 영국에서 포인트제로 가장 유명한 3사의 멤버십 서비스, 테스코 클럽카드(Tesco Clubcard), 넥타(Nectar), 부츠 어드밴티지(Boots Advantage)에는 도합 45억 파운드에 달하는 멤버십 포인트가 잠들어 있는 것으로 추산된다.

이렇게 사람들의 관심을 제대로 끌지 못하는 이유는 신선함이 절대적으로 부족해졌기 때문이다. 멤버십 프로그램이라는 서비스 자체는 결코 새로울 것이 없다. 1950년대, 거래 내역에 따라 스탬프를 주는 형태로 처음 시장에 도입되었던 당시에는 소비자들이 특정 가게를 다시 찾고 돈을 더 쓰게 만들도록 추가적인 보상을 주겠다는 마케팅 도구로써의 목적이 컸다. 이러한 제도를 최초로 시도한 것이 그린 실드 스탬프(Green Shield Stamps)인데, 그 시절 스탬프를 좀 모아봤던 사람들이라면 카탈로그에서 고른 상품과 교환하기 위해 귀퉁이가 여기저기 접힌 책자에 작은 종이 스탬프들을 공들여 붙이던 기억을 떠올릴 것이다. 기업체들이 이러한 제도가 품고 있는 또 다른 엄청난 가치를 눈치 채기 시작한 것은 1990년대에 들어서고 나서였다. 즉, 스탬프가 소비자 개개인의 소비 습관에 관해 굉장한 양의 정보를 제공한다는 것이다. 영국에서는 대형 식품 판매업체 테스코가 가장 먼저 클럽카드라는 이름으로 플라스틱 멤버십 카드 제도를 개척했는데, 기존의 스탬프 제도처럼 특정 상품으로 교환을 해주는 대신, 테스코에서 다음에 물건을 구입할 때 약간의 할인을 적용해주는 방식이었다. 3장에서 설명했다시피, 이 대형 마트는 던험비와 손잡고 클럽카드를 통해 우리의 개별적인 쇼핑 습관을 아주 속속들이 알려주는 끝없이 방대한 양의 데이터를 모조리 수집했다. 당연히 다른 대형 라이벌 업체들에서도 즉각 이를 모방했다. 결국 이러한 멤버십 카드들은 소비자들이 회원으로 가입한 후 포인트를 모을 수 있는 다양한 온라인 회원 제도들을 낳았다. 그리고 이는 또 다시 다른 분야들로 빠르게 확산되어, 차에 기름을 넣는 것에서부터 스파에 방문하거나 카푸치노를 구입하는 것에 이르기까지 무엇을 하든 포인트를 얻을 수 있는 사회가 되었다. 그리고 그런 생활을 하는 동안 우리의 쇼핑 행적과 선호도를 기록한 데이터는 차곡차곡 쌓여갔다.

중심가의 잘나가는 소매업체들 중 조금 혁신적이다 하는 곳에서는 쇼핑객들이 계속해서 충성심이라는 것을 가지도록 만드는 것이 시급하다는 것을 알게 되었다. 몇몇 아울렛들이 찾아낸 해법은 충성심을 보다 폭넓은 '라이프스타일' 앱으로 통합하자는 것이었다. 스타벅스(Starbucks)의 앱이 아주 좋은 예이다. 자체적인 리워드 프로그램은 물론이고, 고객들은 이 카페의 앱을 이용해 주문과 계산, 심지어 스트리밍 중인 음악을 들을 수도 있다. 멤버십 회원들은 별을 모아 리워드를 받게 되는데, 원할 때면 언제든 즉시 그 자리에서 실시간으로 이루어진다. 이 모든 기능들이 하나의 패키지로써 스타벅스의 '라이스프타일 개선'이라는 브랜드를 강화하는 데 초점이 맞춰져 있다.

이처럼 고객들에게 충성심을 심어주는 새로운 형식의 프

로그램 중 가장 성공적인 것은 두 말 할 것 없이 아마존 프라임 (Amazon Prime)이다. 처음에는 연회비를 내면 단순히 무료배송을 보장해줄 뿐이었지만, 이제는 음악, 영화, TV 프로그램들을 실시간 스트리밍으로 즐기게 해주는 것에서부터 사진 파일을 저장할 수 있게 해주는 데 이르기까지 광범위한 혜택을 제공한다. 멤버십비를 냄으로써 고객들은 하나같이 해당 소매업체 상품을 조금이라도 더 팔아주는 쪽으로 이끌려가게 된다.

　　돌아가는 상황을 보면 이게 끝이 아니다. 충성심을 겨냥한 멤버십 제도는 이제 다음 단계에 돌입하고 있으며, 이에 요즘에는 어떤 서비스까지 제공되는지 살펴봐두면 분명 도움이 될 것이다.

추천: 멤버십 포인트 꼼꼼하게 기억하기

만약 당신이 충직하게 (에헴!) 멤버십 카드들을 죄다 지니고 다니는 유형의 사람이라면, 이제 지갑을 뚱뚱하게 가득 채워 다니지 않고도 카드를 전부 소지할 수 있는 방법이 생겼으니 기뻐하자. **퍼크드**(Perkd), **스냅카드**(Snappcard), **스토카드**(Stocard) 등의 앱을 이용하면 모든 멤버십 카드를 하나의 앱에 보관할 수 있다. 그냥 멤버십 카드를 처음에 한 번 스캔해주기만 하면 디지털 지갑에 추가가 되는 식이다. 그리고 나중에 쇼핑을 할 때 계산원이 멤버십 카드를 제시해달라고 하면 휴대폰을 내밀어 스캔하면 된다. 앱 내에는 수백 개의 카드를 저장할 수 있기에 쇼핑할 때 멤버십 혜택을 놓치는 일은 있을 수 없다. 아주 가끔씩만 방문하는 가게라고 해도 말이다. 확실히 포인트가 얼마나 있는지, 만료기한이 언제인지 같은 것들을 훨씬 깔끔하고 효율적으로 관리할 수 있다.

관련 앱: *Perkd, Snappcard, Stocard*

추천: 뱅킹 앱으로 포인트 통합하기

멤버십 포인트의 적립과 사용을 더욱 간편하게 만들어주는 신세대 앱들을 사용하면 생활이 이보다 더 편해질 수 있다. 더 이상 나나 당신이 능동적으로 포인트 환급을 신청할 책임을 지지 않아도 된다. 자동적으로 이루어지는 것이다. 거의 신경 쓸 필요조차도 없다.

플럭스(Flux), **테일**(Tail), **요요 월렛**(Yoyo Wallet) 같은 앱들은 이들을 지원하는 뱅킹 앱으로 멤버십 포인트를 통합해준다. 그저 이 앱들을 지원하는 가게(현재 파트너로 등록된 업체는 카페 네로(Café Nero), 잇(Eat), 잇츠(Itsu), 플래닛 오가닉(Planet Organic), 비자(Visa), 코스타(Costa)가 있으며, 방문 전에 최신 점포 목록을 미리 확인하도록 하자)에서 물건을 사기만 하면, 전체 거래명세표와 더불어 각 구매내역에 따른 적립 포인트가 자동적으로 뱅킹 앱에 표시된다. 반드시 **플럭스**나 **테일**, **요요 월렛** 앱을 통해서 결제하거나 바코드를 찍을 필요도 없다. 그냥 평상시에 하던 것처럼 카드나 휴대폰을 쓰면 된다. 그럼 적립 포인트가 환급 가능 금액에 도달했을 때, 그 가게를 대신하여 앱에서 바로 사용자가 등록해둔 은행 계좌에 입금해준다. 소비자는 정말 손가락 하나 까딱할 것도 없다. 이 기술이 정말 좋은 이유는 업체와 고객이 상호간에 충성하는 관계를 성공적으로 형성하는데 있어서 가장 큰 장애물을 허물어준다는 것이다. 즉, 카드를 잃어버리거나 쇼핑할 때 깜박 잊고 가지고 가지 않는다든지, 심지어 회원으로 가입을 했는지조차 기억하지 못하는 문제 말이다.

앞으로 포인트 제도가 진화하고 개선될 여지는 아직도 무궁무진하다. 이미 논의 중인 앱은 휴대폰의 위치 정보를 결합하는 방식을 활용한다. 이렇게 하면 가까운 가게들끼리 힘을 모아 정말 창의적인 혜택을 제공할 수도 있다. 즉, 소비자가 헬스클럽 자판기에서 에너지 음료를 구입하면 근처의 스포츠 용품 판매점에서 러닝화를 10퍼센트 싸게 구입할 수 있는 디지털 할인 쿠폰을 발행해주는 식이다. 상상력을 조금만 더하면 상업적 기업들은 멤버십 포인트제에 충성보다는 약간 싫증이 나 있는 우리의 태도를 완전히 바꾸고, 우리는 물론 기업체 스스로에게도 충분히 먹힐 기막힌 마케팅 도구로 활용할 수 있다.

관련 앱: *Flux, Tail, Yoyo Wallet*

캐시백

할인 쿠폰이나 멤버십 포인트를 적립하는 것도 물론 그 자체로 훌륭하지만, 원래 사려고 마음먹었던 물건을 사면서 빳빳한 현찰을 덤으로 받는 신나는 경험을 하는 것에 비할 바가 못 될 것이다. 온라인과 앱 기반의 캐시백 서비스는 이제 제법 낯설지 않다. 어느덧 800억 달러 규모의 글로벌 산업을 움직이는 서비스로까지 성장했는데, 그 이유는 쉽게 찾을 수 있다. 어떻게 이용하는지 아직 잘 모르는 사람들을 위해 먼저 이용 절차를 간단하게 짚고 넘어가도록 하자. 아주 단순하다. 우선 **탑캐시백**(Topcashback)이나 **퀴드코**(Quidco) 같은 캐시백 사이트에 가입을 해야 한다. 그러고 나서 뭔가 온라인으로 사고 싶은 것이 생기면 판매업체 홈페이지로 직접 들어가는 대신 캐시백 사이트에 들어가 그곳에서 판매업체를 찾는다. 사이트에 원하는 상점이 등록되어 있다면(주요 아울렛들은 슈퍼마켓에서부터 패션 아울렛이나 DIY 상점까지 대부분이 등록되어 있다) 링크를 클릭해 판매처를 방문한다. 전통적인 소매업체만이 아니다. 에너지 공급업체나 통신사를 변경하는 등 온갖 공과금 납부와 관련해서도 캐시백이 제공된다. 이 또한 물건을 살 때와 마찬가지로 그저 캐시백 사이트를 통해 홈페이지에 접속한 뒤 평소처럼 처리하면 된다.

일단 캐시백 사이트를 통해서 접속하고 나면 해당 아울렛의 방문기록이 추적되며, 뭔가 구매를 할 경우 결제 처리가 이루어진 뒤 캐시백을 받게 된다. 환급금은 구입한 금액의 일정 비율로서, 각 판매업체마다 비율이 다르긴 하지만, 모이면 제법 큰 액수가 될 수 있다. 그 후 캐시백으로 적립한 돈이 손안에 들어오기까지는 적게는 몇 주, 길면 몇 달이 걸리기도 하지만, 일단 한번 습관을 들여놓으면 곧 정기적으로 상당한 금액을 모을 수 있게 된다. 실제로 어떤 사람들은 캐시백 사이트를 통해 쇼핑하는 것만으로 일 년에 수백 파운드를 번다고 한다.

아직 한 번도 이렇게 돈 버는 방법을 시도해보지 않았던 사람들(혹은 시도해본 적은 있지만 별로 깊게 생각해본 적이 없었던 사람들)이라면 이런 의문을 가질 법하다. '판매업체들은 대체 왜 돈을 뿌리는 걸까?' 어쨌든 이 세상에 공짜는 없는 법이니까 말이다. 안 그런가? 간단히 답하자면, 이 역시 업체들이 갖추고 있는 수많은 프로모션 도구 중 하나일 뿐이다. 캐시백 서비스를 구현하는 기술은 제법 단순하기 때문에 운영하는 데 적은 비용이 들지만 고객을 영입하기에는 아주 탁월한 수단이다. 적당한 양의 돈을 소비자에게 직접 주는 편이 누가 볼지 안 볼지도 모르는 광고를 하느라 수백, 수천을 쓰는 것보다 훨씬 싸게 먹히는 것이다. 고객들의 충성심에 이런 식으로 보답하면 고객 개개인과 관계를 형성하여 이들이 다시 해당 판매업체를 찾아줄 가능성이 높아진다. 캐시백 사이트는 소매업체의 사이트 방문자(즉, 당신이나 나)의 수를 폭발적으로 늘려주는 훌륭한 수단이다.

추천: 온라인 구매와 오프라인 구매

멤버십 제도와 마찬가지로, 캐시백 사업 또한 고객들과의 관계를 유지하기 위해 촉각을 곤두세워야 한다. 프로모션은 온라인에서 처음 선을 보였지만, 현재는 물리적으로 오프라인 매장을 방문한 손님에게도 캐시백을 제공하는 형태로 확장되었다. **탑캐시백**(Topcashback)과 **퀴드코**(Quidco)를 예로 들자면,

두 회사 모두 회원이 신용카드나 체크카드를 매장 내에서 사용할 때에도 캐시백 포인트를 적립할 수 있는 제도를 운영하고 있다. **퀴드코 하이스트리트**(High Street) 또는 **탑캐시백 온카드**(OnCard) 서비스를 이용하면 그냥 평소 사용하는 신용카드나 체크카드를 캐시백 사이트 계정에 등록해두기만 하면 된다. 가게에 가서 사전에 등록해둔 카드로 요금을 지불하면 그곳에서 구매액에 대한 수수료를 지급하게 된다. 쇼핑하러 가기 전에 미리 웹사이트에 접속해서 방문하려는 매장의 전용 혜택을 활성화시키는 기능도 있다. 구매가 승인되면 바로 계좌에 환급금이 들어오게 된다.

관련 앱: *Topcashback, Quidco*

추천: 추가 할인 혜택

캐시백 세계에 가장 최근에 뛰어든 핀테크 중 하나는 **테일**(Tail)이라는 이름의 회사로, **스탈링** 및 **몬조은행**과 협업을 하고 있다. 이 글을 쓰고 있는 현재 기준으로 이 앱은 사용자가 요금 결제에 사용하는 카드와 연동되어 런던과 M25 구역 내의 식음료 가게에서 큰 할인 혜택을 제공해준다. 아울렛의 폭이 넓어지리라 예상되는 것과 마찬가지로, 이 앱이 지원되는 지리적 범위 또한 확장될 가능성이 크며, 앞으로 훨씬 더 많은 캐시백 앱들이 이러한 방향으로 나아갈 것으로 전망한다.

테일 앱을 이용하려면 우선 간단한 절차를 통해 앱이 디지털 은행 계좌에 접근하는 것을 허용해야 한다(**스탈링**이나 **몬조** 계좌가 없다면 무료로 개설할 수 있다). 거래 약관에 동의를 하고 나서는 앱을 살펴보면서 관심이 가는 혜택이 있는지 찾아보자. 혜택 목록은 실시간으로 업데이트되며 사용자 위치 근처로 장소가 특정되어 있다. **테일** 앱에서 보여주는 혜택들은 모두 평소에 사용하던 은행 카드를 지정된 상점에서 쓰는 것만으로 제공 받을 수 있다. 쿠폰을 모으거나, 웹사이트의 링크를 타고 이동하거나, 영수증을 스캔할 필요가 전혀 없으며, 환급 받고자 하는 계좌 정보며 카드번호를 **테일**에 명시적으로 '알릴' 필요조차 없다. 차곡차곡 쌓인 적립금은 그런 귀찮은 별도의 절차 없이도 정기적으로 계좌에 입금된다.

관련 앱: *Tail*

영수증의 디지털화

쇼핑 카트를 끌고 알디(Aldi)나 리들(Lidl) 같은 식품 매장의 자동문으로 들어설 때면, 직원들의 과잉 친절 서비스가 아닌 값싼 가격대를 기대할 것이다. 삭스(Saks)나 셀프리지(Selfridges) 같은 가장 비싼 아울렛에서 돈을 쓰기로 결정한 경우에는 조금 비싼 값을 치르더라도 매장 직원들이 곁에서 관심 있게 도와주는 서비스에 기댈 수 있고 말이다. 레고 스토어(Lego store), 햄리스(Hamleys), FAO슈워츠(FAO Schwarz) 등의 장난감 가게를 방문해서는 즐거움이 넘치는 화려한 볼거리, 일명 리테일 씨어터(retail theater)를 바라는 것이 당연하다. 구매에 딸려오는 약간의 신비한 매력인 것이다.

단 한 가지, 수백 년 동안 변하지 않고 남아 있는 것이 있다면, 물건을 구입할 때 계산원이 누가, 언제, 무엇을, 어디에서, 어떻게 구입했는지를 상세하게 기술한 영수증을 건네준다는 점이다. 조금 부지런한 사람은 이 같은 정보가 기록된 종이 쪼가리를 조심스럽게 접어, 어쩌면 나중에 다시 확인하거나 가계부에 기록해두기 위해 재빨리 지갑에 넣을 것이다. 그렇지만 대부분의 경우는 구입한 물건과 함께 봉투에 던져 넣은 후 잊어버리곤 한다.

당신이 어느 쪽에 속하든지, 틀림없이 다음과 같은 생각을 끊임없이 해왔을 것이다. '비접촉 결제부터 무인 셀프계산 대까지, 쇼핑의 거의 모든 영역을 21세기 방식으로 뜯어고쳤는데, 고대부터 해왔던 방식 그대로 여전히 판에 박힌 듯이 종이영수증을 받는다니, 이거 정말 말도 안 되는 거 아냐?' 이를 받아들여 몇몇 의류 및 기술 소매업체들은 이제 거래 명세서를 이메일로 보내주기 위해 고객들에게 이메일 주소를 달라고 요청하기도 하지만, 이 또한 조금 번거로운 방법이긴 마찬가지다(앞사람이 열심히 자기 이름의 철자를 불러주는 동안 인내심을 가지고 줄서서 기다려본 사람이라면 공감할 것이다). 그렇지만 이제는 우리가 구입하는 모든 기록들을 디지털화하려는 움직임이 진지하게 일어나고 있다.

이쯤에서 아마 이런 생각이 들지 모르겠다. '그래서 뭐가 어떻다는 건데? 펑펑 질러댄 구매기록 따위 누가 온라인으로 다시 볼 필요가 있겠어? 때로는 그냥 조용히 잊어버리는 편이 최선이지 않을까?' 아니, 아니, 그게 그렇지가 않다. 영수증이 쓸모 있는 이유가 몇 가지 있다. 우선, 얼마를 어디에서 썼는지 아주 분명하게 알 수 있게 해줌으로써 자신의 돈에 대한 더 큰 통제력을 얻기 위한 여정에 첫발을 내딛게 해준다. 예컨대 만약 당신이 월급만으로 한 달 생활을 꾸리기가 빠듯한 상황인데도 고급스러운 카페에서 매주 일상적으로 15파운드씩을 쓰고 있다는 사실을 보기 쉽게 정리한 기록이 있다면, 이를 보고 스스로 생활 습관을 조정해야만 할 때라는 것을 알 수 있다. 이와 더불어, 영수증이 디지털 데이터 형태로 발행된다면 더이상 종이 영수증이 필요 없게 되므로, 쓰레기를 줄이는 효과도 있다. 이는 곧 영수증을 찍을 때 쓰이는 종이와 기름, 물을 절약할 수 있다는 의미이다. 환경이 걱정된다면 전자 영수증으로 바꾸는 것으로 당신의 몫을 충분히 할 수가 있다. 또 모든 절차가 디지털화되면 계산대에서 걸리는 시간을 줄이는 효과도 있을 것이다.

관심을 가질 만한 또 다른 이점은 디지털 영수증이 일종의 보험 역할을 해줄 수 있다는 점이다. 상세한 개인 정보 및 구매를 증명해줄 수 있는 기록을 흔적으로 남긴다는 것은 은행, 판매업체, 그리고 고객들이 뭔가 문제가 생겼을 때 분쟁거리가 있는 거래내역을 바로잡기 훨씬 쉽다는 것을 뜻한다.

추천: 뱅킹 앱을 활용한 빈틈없는 통합

영수증은 꾸준히 관리하기가 어려운 것으로 악명 높다. 구매 이력을 기록한다는 의미가 있는 본래의 목적마저도 무효화시켜버릴 정도이다. **플럭스**(Flux)와 **센시빌**(Sensibill) 같은 앱들은 이러한 상황을 완전히 바꾸었으며, 영수증을 저장하고, 요약하고, 분석할 힘을 갖추어 우리가 얼마를 어디에 어떻게 쓰는지 빈틈없이 통합해준다. 물건을 구입하면 이러한 앱들이 인공지능을 활용해 마치 인간이 하는 것처럼(인간이 장바구니에서 영수증을 꺼냈을 때 한정이긴 하지만) 영수증을 '읽는다'. 그리고 영수증에 기록된 모든 데이터를 이해하여 분류하고 뱅킹 앱 내의 각 예산 항목에 배정한다.

플럭스는 현재 **스탈링, 바클레이스, 몬조**와 협력을 맺고 있으며, **센시빌**은 RBS나 **냇웨스트** 등과 함께하고 있다. 고객으로서 우리는 그저 앱을 켜고 평소처럼 물건 값을 지불하기만 하면 된다. 그럼 카드 결제가 이루어질 때, 앱이 조금 전에 결제를 신청한 판매업체와 기존의 등록된 은행 사이에 데이터를 교환한다. 그리고 가게의 포스 시스템으로부터 거래내역을 받아와 항목별로 기록하고, 뱅킹 앱 내에 차곡차곡 순서대로 모아줄 것이다. 그러고 나면 앱에서 모든 거래의 전체 금액 뿐 아니라 그동안 구입한 상품의 전체 목록도 볼 수 있게 된다. 이를테면 코스타에서 체크카드로 5파운드를 지불했다는 것만 기록되는 것이 아니라, 소이라테와 아몬드 크루아상을 구입했다는 것까지 알려주는 것이다. (그것 참. 친절하기도 해라.)

디지털 영수증은 오픈 뱅킹 덕분에 개발된 또 하나의 획기적 방식이다. 완전히 새로운 장치를 만들어 고객들에게 지금까지와는 전혀 다른 방식으로 상품 값을 지불하도록 설득하

는 대신, **플럭스**나 **센시빌** 같은 핀테크는 은행 및 소매업체와
협력하여 기존의 기반 시설을 그대로 활용한다.

관련 앱: *Flux, Sensibill*

6장   저축과 투자를 극대화하라

자율주행 자동차에서부터 온라인 주문, 음성 제어 만능 비서에 이르기까지, 기계는 이미 우리 삶에서 점차 많은 부분을 차지하고 있다. 컴퓨터는 이제 우리가 이용하는 거의 모든 영역에서 모든 것을 더 빠르고 똑똑하게 만들고 있다. 여기에는 언제 어디서든 돈을 쓰는 일이 훨씬 쉽고 빨라지는 것도 포함된다. 아마 온라인에서 뭔가를 살 때 처음으로 페이팔(PayPal) 같은 서비스를 사용해보고 수많은 개인 정보를 일일이 입력할 필요가 없어 신기했던 경험을 잘 기억할 것이다. 이제는 그밖에도 애플페이(ApplePay)며 구글 월렛(Google Wallet)처럼 빠르고 간단한 결제 방식들이 많이 생겨나 우리에게 다양한 선택권을 안겨주고 있다.

우리의 소비 습관이 과할 정도로 만족스러워지고 있다

면, 저축은 상황이 어떨까? 기술의 발달이 우리로 하여금 만약의 경우를 대비해 돈을 비축해두는 데 어떤 도움을 줄까? 그리고 나아가 우리 품 안의 알들이 쓸모 있는 크기로 자라나는 데에는? 모든 사람들이 자기의 자산을 효율적으로 관리하는 일에 자신 있어 하지는 않는데, 새로운 기술은 어떻게 도울 수 있을까?

답은 '매우 여러 가지 흥미로운 방식으로'이다. 사실 지금 두 가지 핵심적인 발전이 이루어지고 있는데, 둘 다 저축과 투자에 큰 영향을 미치고 있다. 첫 번째는 예측에 관여하는 '기계학습'이다. 기계학습은 기업들로 하여금 우리의 과거 행적에 비추어 우리가 다음에 무엇을 할지 예상할 수 있도록 돕는다. 우리가 취할 행동이 어느 정도 예상되면 이를 위해 우리가 어떻게 해야 할지에 대해 유용한 추천을 해줄 수 있게 된다. 또 기계학습에 의한 예측은 상당히 정확한 편인데, 주머니 속의 돈을 다룰 때에는 정확도가 높을수록 좋은 법이다.

영향력을 발휘하는 두 번째 요소는 인공지능이다. 인공지능의 매력은 실제 살아 있는 사람이 고객을 상대하고 대신 결정을 내려줄 필요성을 아예 없앤다는 점이다. 인간끼리의 상호작용은 물론 아주 좋지만, 터놓고 말해, 좀 느릴 때가 있다. 우리가 얼마나 많이 노력하고 얼마나 잘 훈련 받았는지를 떠나, 이따금씩 실수를 하기도 한다. 더 직접적인 문제는 우리가 편견과 감정에서 자유로울 수 없어 이런 것들이 우리의 의사 결정 능력에 영향을 미친다는 사실이다. 인공지능은 빠르고 객관적인 의사결정을 보장해주는데, 재무의사결정은 객관적으로 행할 때 최선의 결과가 나오므로, 인공지능의 이러한 특징은 큰 장점일 수밖에 없다.

그런데 이게 다 당신이나 나, 그리고 우리의 개인적인 재무에 있어 대체 무슨 의미가 있는 것일까? 기계학습과 인공지능은 복잡하고 기나긴 데이터의 길을 빠르게 누비고 다닐 수 있는 능력이 있다. 다시 말해 우리를 훌쩍 뛰어넘는 빠른 속도로 데이터를 모으고, 해석하고, 의미 있는 결과를 도출해낼 수 있다는 것이다. 이처럼 초고효율 데이터 처리가 더욱 적절한 개인 맞춤형의 지능적 상품 추천을 가능케 하여 우리가 돈을 관리하고 부를 축적하도록 도와준다. 물론 기계가 아직 인간의 두뇌에 필적할 정도의 '일반' 지능 수준에는 미치지 못했지만(인공지능의 이 같은 갈래를 초지능이라고 한다), 수치 계산, 예측, 그리고 그에 따른 추천에 관한 영역이라면, 인간은 상대조차 되지 않는다.

저축과 예산관리 분야에서는 이미 기계학습이 중요한 역할을 하고 있다. 기계학습을 활용한 앱들은 우리의 데이터를 모아 정확히 우리가 얼마를 벌고 얼마를 쓰는지 계산하고, 그에 맞춰 자금을 어떻게 달리 편성하면 좋을지 추천해주는 일이 가능하다. 목표는 단 한 푼도 낭비되거나 생각 없이 쓰이는 돈이 없도록 하는 것이다. 기계의 도움으로 이처럼 철저하게 검토하게 되면서 우리가 무심코 했던 재정을 엉망으로 만드는 짓들을 한 눈에 알아보기 훨씬 쉬워졌다. 이로써 우리를 올바른 방향으로 슬슬 몰고 가줌으로써 나중에 예상치 못했던 결과를 마주하는 난처한 상황을 피할 수 있게 해준다.

그러는 사이 인공지능은 요금을 언제 납부해야하는지 계획을 세운다거나, 제때 납부하기 위해 잔액이 충분한지 확인하는 등의 일상적인 단순한 일들이 한결 쉬워지게 만들어준다. 여러 온라인 계정들을 동시에 관리할 수 있게 해줌으로써 어느 때고 자신의 금전적 상황을 정확히 알 수 있게 해주기도 한다. 혹시 모른다. 사실 생각보다 더 많은 돈을 가지고 있을지도. 이 같은 기술을 활용할 수 있게 되면서 모든 것들이 전보다 훨씬 편리해지고 있으며, 이에 못지않게 중요한 사실은 이제 어떤 것도 실수로 간과하는 일이 없어진다는 점이다.

대부분의 사람들은 본격적으로 정식 재무 상담을 받아야 할 필요성을 별로 느끼지 않는다. 그저 예적금을 들어 돈을 조금 저축해두는 편이 좋을지, 아니면 빚을 갚아버리는 편이 좋을지 사이에서 어느 쪽에 더 무게를 두어 계획을 세워야 할까 같은 기본적인 부분에서 약간의 도움이 필요할 수는 있다. 하지만 저축이나 투자, 수입의 액수가 조금 큰 사람이라면 재무

상담을 받아보는 것이 도움이 될 것 같다고 생각할 수 있다. 물론 실제로 은행에서 일하는 누군가에게 자신의 개인적인 상황을 설명하고 그에 맞춰 현재 자산을 어떻게 최대한 활용할 수 있을지 조언을 받던 나날들은 떠나간 지 오래다. 최근 들어 일대 일 전담으로 상담을 받기가 점점 힘들어지면서 사람들은 할 수 있는 한 그냥 계속 지금처럼 되는대로 꾸려가도록 내팽개쳐져 있다. 은행들도 개인적인 맞춤형 재무 상담이 바로 금융 조직에서 고객들에게 해줄 수 있는 가장 최선의 서비스라는 사실을 잘 알고 있지만, 불행히도 이는 가장 비용이 많이 들어가는 일이기도 하다. 그 때문에 재무 상담사들, 그리고 그들이 몸담았던 지점들까지도 엄청난 속도로 순식간에 사라져가고 있는 것이다. 한편 독립투자자문업자(IFA, independent financial adviser)를 계약한다는 것도 다소 전망이 좋아 보이지 않을 수 있다. 규정된 자문업자가 높은 수준의 자격을 갖추고 금융 상품 판매에서 수수료를 떼는 것을 금지하도록 규제가 강화되기는 했으나(예컨대 소비자 보호 전략의 일환으로 2013년 영국에서 금융행위감독청에 의해 발효된 소매 유통 검토 등), 받을 수 있는 서비스의 질이 천차만별인데다, 요금 또한 이해하기 어려울 때가 많다.

다행스럽게도, 몇 년이 지나도록 금융 전문가와 한 번도 상담하지 않은 채 생활하던 시절은 이제 지나갔다. 인공지능 기반의 개인 비서, 즉 '로보어드바이저' 덕분에 진보된 인공지능 알고리듬이 투자부터 예금계좌를 아우르는 모든 것들에 관해 지능적으로 개개인에게 딱 맞는 제안을 해줄 수 있게 되었다. 이러한 적극적인 제안들은 당신의 개인적인 데이터에 기반을 두고 있기에 전적으로 단 한 사람, 당신만을 위한 맞춤 설계이다. 당신이 은행이나 투자 서비스 제공업체와 소통할 때마다 인공지능은 계속해서 당신에 관한 새로운 정보를 학습하며, 그를 활용해 적확한 조언을 할 수 있다. 이제 더 이상 모두에게 적용 가능한 두루뭉술한 프리사이즈식의 접근이나 소비자보다는 상품을 판매하는 금융기관의 입장에서 편리하다는 이유로 제공되는 금융상품은 필요하지 않다. 언제나 당신 개인의 즉각적이고 장기적인 요구에 맞는 최선의 해법을 얻을 수 있다. 구체적인 문의 사항이 있을 경우에도 로보어드바이저가 해결해줄 수 있다.

단점도 있을까? 어쨌든 우리는 여전히 사회적인 동물이다. 디지털 세상이 얼마나 화려하고 멋지게 진화하건, 혹은 얼마나 대단한 제품이 개발되건 간에, 우리는 언제나 어떤 식으로든 인간과 상호작용하기를 원한다. 우리가 대화하는 상대가 누구 또는 무엇이 되었든, 우리를 한 명의 개인으로 '받아들여' 주기를 바란다. 그렇지만 생각하기에 따라서 꼭 실제 대화 상대와 마주앉아 있는 것이 아니더라도 기계학습 및 인공지능과의 파트너십 역시 이와 같은 잠재력을 지니고 있다. 우리의 데이터를 분석함으로써 금융기관은 과거 그 어느 때보다 우리에 대해 잘 알게 되고 정확히 필요한 서비스를 제공받을 수 있도록 할 수 있다. 사실 이것이 바로 금융 서비스 업체와 우리 사이의 애증관계를 다시 쌓아 올릴 촉매제가 될 수 있는 것이다.

다음 절에서는 기계학습과 인공지능이 어떻게 금융 세상과 상호작용하는 방식을 바꾸고 저축 및 투자하는 방식을 변화시킬지 몇 가지 가능성을 살펴보자.

소비 경향 다스리기: 디지털 CFO를 채용하자

돈과 관련하여 언제나 합리적인 의사 결정을 내리기란 쉬운 일이 아니다. 매일 같이 잠시도 쉬지 않고 사야 할 물건들의 유혹이 쏟아진다. 모든 사람들이 호시탐탐 당신의 돈을 노리고 있다. 특가 할인 판매나 환상적인 (머스트해브!) 신상품이 눈길을 사로잡을 때도 있으며, 언변 좋은 판매원의 반드시 절대적으로 이러이러한 것들을 사야 한다는 꼬드김에 흔들릴 수도 있다. 의지가 박약하거나 헤프기 때문이 아니다. 소매업체들은 광고와 마케팅에 수백, 혹은 수천 파운드를 들이고, 동선을 고려해 가게의 배치를 완벽하게 꾸밈으로써 이동 시 확실히 시선을 빼앗길 수밖에 없는 상품 옆을 지나가도록 만든다. 때로는 유혹을 이겨낼 수 있겠지만, 결국 우리 모두 언젠가는 버티지 못하고 거의 굴복하고 만다. 그러고 나면 대개 며칠이 지나서야 슬슬 후회감이 밀려오며, 특히 물건 구입 탓에 수입보다 지출이 커져 매달 할부금이 월급으로 감당이 안 되는 상황에 몰리게 될 경우 후회는 더욱 깊어진다. 그리고 이때부터 모든 것이 허물어지기 시작한다. 선한 의도가 사라져 버리고 나면 얼마 지나지 않아 그 자리에는 빚만 남는다. 작은 실수 하나가 순식간에 재정 상황을 통제 불능의 상태로 몰고 가고 은행의 마이너스통장 청구액이 차곡차곡 쌓여가는 것을 그저 바라볼 수밖에 없게 만든다.

한때 이처럼 재정 상황이 악화되는 것을 진심으로 걱정하던 사람은 오직 한 사람, '당신' 뿐이었다. 한 사람의 개인으로서 매달 자신의 수입과 지출을 파악할 의무와 책임은 우리 스스로에게 있었다. 은행은 사실 그다지 신경 쓰지 않았다. 누구든 이렇게 경제적 통제력을 상실하고 나면 하늘 높은 줄 모르고 치솟는 마이너스 통장 청구액의 수혜자는 바로 은행이었기 때문이다. 영국 금융행위감독청은 각 마이너스통장의 요금을 누가 봐도 임의적인 수치가 아닌 단순하고 단일한 이율을 따라 매기도록 영국 시장의 개혁을 제안했지만 이 책을 쓰고 있는 현재까지도 여전히 논의 단계에 머물러 있다. 예정에 없던 마이너스통장 이용은 매우 비용이 많이 드는 여신 이용 방법이다. 하지만 항상 청구금액의 위협이 도사리고 있음에도 얼마를 썼고 얼마를 갚아야 하는지 스스로 파악하는 일이 쉽지만은 않다. 특히 사고 싶은 물건 앞에 서서 잽싸게 머릿속으로 계산기를 두드려야 할 때는 말이다. ('내가 이 신발/코트/티켓을 살 수 있나? 월급날까지 일주일 반이 남았고 이번 달 주택보험금도 내야 하는데...') 놀라운 일도 아니지만, 압박이 가해지면 계산이 안 맞는 경우가 생기고 실수가 발생한다.

곤경에 빠지게 되는 것은 부실한 산수 탓만이 아니다. 많은 사람들이 자신의 진짜 재정 상황을 자세하게 들여다보는 것 자체를 '지나치게 두려워'한다. 조사 결과에 따르면, 성인 10명 중에 4명은 현재 자신의 재정적 위치에 대한 이해도가 부족하거나 거의 없다시피 했고, 조사 대상의 3분의 2는 은행 계좌에 얼마가 있는지 확실하게 알지 못했으며, 64퍼센트의 사람들은 신용카드사에 얼마를 빚지고 있는지 정확한 수치를 대지 못했다. '평범한' 사람들만 전체적인 상황을 완벽하게 이해하지 못하는 것도 아니다. 마이너스통장에서 꺼내 쓴 돈에 대해 7파운드 당 1펜스를 내는 것쯤은 별 것 아니라고 말하는 한 금융 전문 기자와 이야기를 나누다 퍼뜩 깨달았다. 이 기자는 심지어 '싸다'고까지 표현했다. 나는 이 정도의 이율이라면 700파운드를 썼을 경우 매일 1파운드씩 내야 한다는 뜻이며, 계좌주가 이대로 마이너스통장을 영구적으로 유지한다면 이

자만 매달 30파운드가 된다는 계산이 나온다고 설명해줘야 했다.

많은 은행들이 혁신적인 마이너스통장 청구 구조와 일 균일가를 적용했다며 소란스럽게 광고한다. 하지만 이 또한 쌓이면 제법 비싸질 수 있다. 예를 들어 하루에 50펜스가 고정적으로 청구되는 마이너스통장에서 31일 동안 100파운드를 썼다면, 이자로 15.50파운드를 내야 한다.

청구 구조가 다양해지는 것도 마이너스통장에서 돈을 초과 인출해서 쓰는 일을 막는 데 전혀 도움이 되지 않는다. 이는 매달 청구된 요금을 갚는 데 얼마를 쓸 수 있는지, 혹은 신용카드 잔금을 모두 치르는 데 얼마나 걸릴지를 순전히 어림짐작만으로 판단하게 만들 확률이 높음을 뜻한다. 한 번씩 와르르 무너지게 되는 것도 당연하다.

그렇다면 당신에게 당장 소비에 쓸 수 있는 돈이 얼마 있다, 없다를 즉각적으로 알려주는 정보원이 바로 곁에 있다고 상상해보자. "자, 너 자신에게 이 정도는 선물해도 좋아"에 해당하는 말을 해주는 도구 말이다. 혹은 반대로 "그건 지금 사지 마. 다음 달까지 기다려"라고 경고를 해준다든지. 물론 그런 정보원이 존재한다. 바로 휴대폰이다. 상당수의 최신 모바일 뱅킹 앱들은 이렇게 얼마가 들어오고 어디로 빠져나가는지(또는 가까운 미래에 빠져나가게 될지)를 세분화해주어 마치 주머니 속에 디지털 CFO를 데리고 다니는 것과 같다. 사내 계급에 익숙하지 않은 독자들을 위해 설명하자면, CFO란 최고재무관리자(Chief Financial Officer)를 뜻한다. 대형 조직들은 CFO를 고용해 회사의 재무를 관리하도록 하는데, 여기에는 재무 설계, 회사 재원에 대한 모든 위험 관리, 정확한 금융 내역 기록 및 연례 보고가 포함된다. 이들은 예산관리, 손익분석, 미래의 금전적 수요 예측에 있어 절대적인 전문가라고 할 수 있다. 바로 우리가 재정 상황을 100퍼센트 올바른 방향으로 끌고 가고자 할 때 반드시 곁에 두어야 할 유형의 사람들이다.

대부분의 사람들에게 있어 삶이란 언제나 새롭다. 여기서도 디지털 CFO가 한몫을 한다. 일단 당신의 모든 세부사항을 파악하고 나면 디지털 CFO는 당신이 잊어버리고 있었을 비용까지 예측해준다. 또 모든 비용이 달단위로 계산될 수 없다는 사실도 알고 있다. 예컨대 한 달에 한 번 납입하는 대신 격주로, 혹은 매주 납부하는 항목도 있을 수 있다. 만약 당신이 오늘날의 긱 경제(gig economy, 비정기적인 임시직 경제)의 일원이라면, 이보다 더 드문드문 내는 일도 있을 수 있고 말이다. 한 달보다 길거나 짧은 주기로 반복적으로 빠져나가도록 특정 항목에 자동이체를 등록해 두었을 수도 있다. 이 또한 마찬가지로 디지털 CFO가 알아서 해결하고 그래서 결국 우리가 얼마를 쓸 수 있는지 보기 좋게 명확히 정리하도록 믿고 맡겨두자. 지금 당장.

추천: 100퍼센트 실시간으로 하루 지출 파악하기

모바일 머니 앱은 최대한 활용하면 나만을 위한 개인 디지털 CFO가 되어줄 수 있다. 오늘날의 뱅킹 앱은 단순히 잔고를 확인하고 계좌 간 돈을 이체하는 것보다 훨씬 다양한 기능을 제공한다. 가장 발전된 버전에서는 수입과 비용을 항목화해서 계좌주로 하여금 자신의 소비 습관을 쉽게 파악할 수 있게 해준다. 모든 수입원과 다달이 지출하는 내역을 비교해서 나열해주며, 알아보기 쉬운 그래프를 사용해 필수적인 비용, 이를테면 월세나 주택대출금, 식료품 구입비 등과 재량 지출, 즉 외식비나 의류 구입비 등을 구분해준다. 따라서 한눈에 바로 자기 돈의 흐름을 정확하게 그릴 수 있다.

스탈링(Starling)은행에서는 앱 기반의 기관들이 그렇듯, 지출과 동시에 실시간으로 뜨는 알림이 언제나 시각적으로 지출 사실을 상기시켜준다. 따라서 날마다 자신이 쓰는 돈이 얼마나 된다는 현실을 회피할 방법이 없다. 자신의 하루 소비 습관을 통찰하고 특정 가게에서 얼마를 지출하는지 쉽게 알 수 있다. 처음에는, 특히나 오랜 기간 자신의 자금 상황을 깊게 알기를 피했던 사람이라면 조금 쓰라릴 수도 있으나, 일단 자신의 재정 상태를 세세하게 알고 나면 이후부터는 확인하는 일이 훨씬 쉬워진다. 유사한 기능을 탑재한 다른 앱으로는 **몬조(Monzo)**, **레볼루트(Revolut)**, N26 등이 있다.

만약 벌어들이는 것보다 쓰는 돈이 많은 달이 지속된다면 지출 내역을 살펴보고, 디지털 CFO를 통해 자신이 돈을 주로 어디에 할당하는지, 수입지출 간극을 메우기 위해 어떤 영역의 할당량을 조정하면 좋을지 확인하자. 또 반대로 매달 지속적으로 돈이 남는다면, 이 여분의 돈을 어떻게 활용할 것인지 계획을 세우는 데 도움을 받을 수 있다.

절대 그냥 손 놓고 멍하니 앉아서 '내가 이걸 살 수 있을까?' 생각만 하지 말자. 방법을 찾아 나서라! 당신 손안의 디지털 CFO와 상의하라.

관련 앱: *Starling, Monzo, Revolut, N26*

추천: 과소비를 막기 위한 적극적인 개입

잘 만든 예산 관리 앱들은 대부분 '대시보드' 접근법을 취하는데, 사용자의 모든 계좌 정보들을 묶어 한 곳에 모아둘 수 있게 함으로써 입출금액을 정확하게 확인할 수 있도록 한다. 심지어 수치를 이렇게 저렇게 바꿔 넣어보면서 어떻게 하면 생활 방식을 크게 바꾸지 않으면서도 재정 상황을 개선할 수 있을지 따져보는 것도 가능하다. **머니 대시보드**(Money Dashboard)에는 조정 가능한 파이 도표가 그려져 있어, 예컨대 매일 아침 침대에서 20분씩 일찍 나와 그 날 먹고 마실 도시락과 커피를 준비한다면 매년 정확히 얼마를 아낄 수 있는지 한눈에 볼 수 있다. 앱상에서는 읽기만 가능하기 때문에 실제로 계좌에서 돈을 옮겨가면서 이 같은 변화를 줄 수는 없지만, 그날그날의 상황을 어떻게 개선할 수 있는지 시각적으로 확인하는 데 큰 도움이 된다. 다른 대안으로는 **욜트**(Yolt)가 있는데, 이 앱 또한 입출금계좌와 예금 계좌, 그리고 신용카드 데이터를 모두 묶어서 보여주어 모든 거래내역과 잔고를 한 곳에서 확인할 수 있게 해준다. 그래픽이 훌륭한 편이며, 다달이 재정 상태를 시각적으로 잘 파악할 수 있게 도와준다. 가장 쓸 만한 기능은 '스마트 잔고'로써, 전체 계좌를 통틀어 청구요금 및 필수적인 지출로 빠져나가는 돈이 얼마며, 소소한 행복 추구를 위해 쓸 수 있는 돈은 또 얼마나 남는지 보여준다.

　디지털 CFO가 보다 적극적으로 개입해주기를 원한다면 다소 엄한 사랑법을 실천하는 **스퀴럴**(Squirrel)도 괜찮은 앱이다. 이 앱을 사용하려면 우선 바클레이스 계좌가 있어야 한다.

월급을 앱과 연결된 계좌에 입금하고 나면, 앱이 알아서 조금씩 입출금 계좌로 넣어주기 때문에 가진 돈을 통째로 물 쓰듯이 펑펑 낭비해버리는 사태를 막을 수 있다. 매주 허용되는 금액은 원하는 만큼(혹은 적어도 쓸 여유가 되는 만큼) 설정할 수 있으며, 매달 필요한 요금은 반드시 제때 지불되고 불필요하게 돈이 새는 것은 막아 돈을 모을 수 있게도 해준다. 마이너스통장의 늪에서 헤어 나오지 못하는 사람들에게 정말 유용한 앱이다.

한편 **클레오**(Cleo)는 계좌에 대해 읽기 권한만 가지고 있는 챗봇 비서로, 소비와 저축에 관한 문의에 즉각적으로 답해줌으로써 사용자가 나중에 후회할지 모를 일을 저질러버리기 전에 잠깐 멈추고 심호흡을 한번 할 기회를 준다. 공포에 사로잡힌 채 자신의 잔액을 바라보며 '아니 대체 죄다 어디로 간 거야'라고 외쳤던 순간이 한 번이라도 있다면 이 앱이 꼭 필요할 것이다. 이 앱이라면 당신이 정확히 어디에다 돈을 다 써버렸는지 낱낱이 알려줄 테니까 말이다.

관련 앱: *Money Dashboard, Yolt, Squirrel, Cleo*

추천: 공동명의 계좌

사람들은 보통 정반대의 성향에 끌린다고 하지만, 만약 당신이 초절약쟁이인데 반해 상대는 제멋대로 흥청망청 써 재끼는 유형이라면, 공동명의 계좌에 돈을 모으는 일을 재고할 만한 충분한 이유가 된다. 아니면 적어도 그 계좌에서 정확히 얼마가 지출되는지 매의 눈으로 지켜보는 편이 좋을 것이다. **스탈링**(Starling)에서는 개인 계좌와 마찬가지로 쉽게 공동명의 계좌를 개설할 수 있다. 두 가지 종류의 계좌의 잔액을 모두 한 곳에서 관리할 수 있기 때문에 굉장히 편리하다. **머니 대시보드**(Money Dashboard)나 **스펜디**(Spendee), **민트**(Mint) 또한 고려해볼 만하다. 일단 각 계좌가 앱에 연결되고 나면, 거래 내역이 유형 별로 묶이고 분류되어 어디에 얼마를 쓰고 있는지 명확하게 알아볼 수 있게 된다. 모든 지출액을 완전히 투명하게 관리할 수 있는 완벽한 방법이며, 여러 계좌를 개괄적으로 볼 수 있는 것 역시 아주 유용한 기능이다. 공동명의자인 상대와 서로 돈에 관해 잘 알고 대화할 수도 있게 해준다. 정보를 공유하는 인물과 반드시 아주 친밀한 관계일 필요는 없다. 앱을 통해 지갑을 공유하는 일은 때로는 남인 룸메이트 같은 사람들과도 예산을 함께 관리하는 데 크게 도움이 된다.

계좌의 명의를 공유하는 사람들이 다들 실시간으로 계좌

내 돈이 어떻게 흘러가는지 정확하게 알게 되고 나면 미래의 재정적 의사 결정을 훨씬 현명하게 할 수 있을 것이다.

관련 앱: Starling, Money Dashboard, Spendee, Mint

구체적인 목표를 위한 저축

디지털 CFO라는 비유를 조금 더 확장해도 괜찮다면 사업 환경에서 실제 CFO는 두 가지 역할을 수행한다는 사실을 짚고 넘어가는 것이 좋겠다. CFO는 내역을 기록하고 수치에 대한 세세한 분석을 제공하는 등 회사의 그날그날 재정적 요구를 관리할 뿐 아니라, 미래의 추세를 예측하는 데에도 핵심적인 위치에 있다. 즉, 회사가 항상 필요한 일을 수행하기에 적절한 자금을 보유하고 있는지 확인하고 어떤 비상사태에도 항로를 이탈하지 않도록 경계하는 일을 한다. 또한 앞으로 몇 달, 혹은 몇 년 뒤에 크게 투자할 일이 있다면 이에 대해서도 미리 계획을 세우고 대비한다. 이 모든 일들은 당연히 충분한 양의 돈을 저축해두어야만 가능하다.

그리고 이런 일 역시 바로 우리 손안의 디지털 CFO가 해주기를 바라는 서비스이다. 앞의 절에서 언급했던 모바일 뱅킹 앱의 여러 유용한 기능들 중 하나로써 사용자가 매주 얼마씩 저축할 수 있는지 계산해주는 기능이 있었다. 그러고 나면 앱에서 자동적으로 그 돈을 별도의 예금 계좌에 '쓸어 담는'다.

대학교 등록금이든, 새 집 마련이든, 꿈에 그리던 연휴이든, 누구나 마음속에 하나씩은 이때까지 얼마를 모아야지 하는 목표 지점을 가지고 있다. 그리고 이러한 목표 대상들은 대부분 목돈이 들어간다. 뭔가 귀중한 것을 팔아 돈을 마련하지 않는 이상(그리고 가지고 있는 물건을 팔아 돈을 모으는 데에는 한계가 있기 마련이다), 필요한 금액을 채우기 위한 유일한 방법은 저축이다. 그것도 꾸준한.

저축은 언젠가 미래의 나 자신에게 보상하리라는 큰 꿈을 이루기 위해서만 하는 것도 아니다. 이상적으로는 우리 모두 예상치 못한 일이 발생할 경우 자신을 보호할 수 있는 대비책으로써 적어도 석 달 치의 월급분을 비축해두어야 하지만, 실제 그렇게 하는 사람은 많지 않다. 비상금으로 단 몇백 파운드만이라도 모아두면 갑작스럽게 돈이 나갈 상황을 마주했을 때에는 큰 도움이 된다. 하지만 이 같은 비상금을 쌓아두려면 스스로 절제할 줄 아는 능력이 필요하다.

작은 한 걸음 한 걸음이 커다란 변화로 이어진다. 즉, 건전한 저축 습관을 길러줄 앱을 사용하는 것이 미래의 전망을 바꾸어나가기 시작하는 데 도움이 된다. 사실 이것이 바로 앱 기반 기술이 인정받기 시작한 계기다. 목표 금액과 기한만 입력하자. 앱이 알아서 우리를 위해 매달 얼마씩을 모아야 할지 저축 일정을 짜줄 것이다.

추천: 저축 과정 시각화하기

저금통에 돈을 모으던 옛날 방식을 이어받아 이제 저축 앱들이 새로운 저축 방법으로 떠오른다. 과거에는 각 집마다 예산을 집세, 밥값, 비상금 등등 항목에 따라 모으는 통을 달리해 현금을 여러 더미로 나눠서 보관했다. **스탈링**은 이렇게 언제든 원하는 금액을 쟁여둘 수 있는 개별적인 저금통의 개념을 디지털 버전으로 옮겨와 '골즈(Goals)'라는 이름으로 서비스를 제공한다. 그렇게 갈망하던 캐리비안의 휴가지에서 보이는 해변의 금빛 모래나 항상 꿈꿔왔던 유려한 라인의 매력적인 스포츠카 등 사용자가 원하는 이미지를 '저금통'에 추가해 목표를 시각화하는 것도 가능하다.

그 외에도 **굿버젯**(Goodbudget)이나 **엠벨롭스**(Mvelopes) 같은 저금통 스타일 전용 앱이 있는데, 둘 다 사용자의 계좌와 연결해 지출을 유형별로 나누고 각 거래를 지정된 구역에 할당함으로써 실제 여러 개의 저금통에 나눠서 모으듯 안전하게 보관할 수 있게 해준다. **세이빙스 골즈**(Savings Goals) 앱을 활용하면 장기적인 저축 프로젝트를 위한 목표 금액과 언제까지 그 총액이 필요한지 날짜를 입력할 수 있다. 그럼 앱은 매달 혹은 매주 얼마씩 넣어야 목표치에 도달할 수 있는지 일정을 계산해주며, 진행 과정을 추적해 알려준다. 매일 거래 금액을 파운드 단위로 반올림해 나머지 잔돈은 지정한 저금통에 넣도록 설정할 수도 있다. 혹은 반올림 대신 두 배, 다섯 배, 열 배를 곱하도록 설정하는 기능도 사용해보고 저축 과정을 가속화하자.

이 중 어떤 앱을 사용하더라도 돈이 궁하다면 그 달은 기존에 설정했던 금액보다 적게 저금하거나(물론 습관이 되지 않게 조심해야 하지만), 만약 정말 예상치 못했던 큰 지출이 불가피할 경우 모았던 돈을 다시 입출금 계좌로 빼는 것도 쉽게 할 수 있다.

관련 앱: *Goodbudget, Mvelopes, Savings Goals*

추천: 자투리 돈 모으기

매달 상당한 금액을 따로 모으는 것이 불가능하다고 해도 걱정하지 말자. 티끌 모아 태산이다. **칩**(Chip)이나 **플럼**(Plum) 등 자동 예금 계좌를 이용하면 얼마씩 모을 경우 평소 소비 습관에 지대한 영향을 미치지 않으면서도 저축을 할 수 있는지 계산할 수 있다. 사용하려면 입출금 계좌에 연결해야 하지만, 거래내역을 읽어 들이기 위한 것이므로 이에 대한 읽기 권한만을 부여하게 된다. **플럼**은 페이스북과 연동이 되며, **칩**은 자체앱을 사용한다. 등록을 하고 나면, 앱의 알고리듬이 며칠 간격으로 연결된 계좌에 얼마가 됐든 여윳돈이 있는지 계산해, 자동으로 앱 계정으로 이체해준다. **칩**은 기본적으로 1퍼센트 이자를 제공하지만 친구에게 추천해 가입하게 하면 1퍼센트에서 5퍼센트까지 이율을 추가할 수 있다. 어쩐지 이번 주에는 돈이 흘러넘친다 싶을 때가 있다면 **칩** 저금통에 수동으로 돈을 넣는 것도 가능하다. 글을 쓰고 있는 현시점에서는 고객 유치를 위해 이자율이 제법 괜찮은 편이지만 납입금액은 하루에 최대 100파운드까지로 제한되어 있다.

관련 앱: *Chip, Plum*

추천: 돈의 흐름 놓치지 않기

물론 돈을 저축하는 것에는 또 다른 측면이 있는데, 바로, 음, 돈을 모으는 것이다. 그러니까 내 말은 쓸데없이 낭비하거나 자신의 재정 상태를 까맣게 모르게 되는 일이 사라진다는 뜻이다. 자기 돈의 흐름을 위에서 내려다본다는 것은 무리에서 가장 관대한 영혼이기를 즐긴다고 하더라도 누가 나에게 돈을 빌렸는지 잊음으로써 곤경에 처하는 사태는 발생하지 않도록 해야 함을 의미한다.

이런 일은 식당에서 밥값을 나누거나, 친구의 생일 선물을 사는 데 돈을 보태거나, 공동으로 식품을 구매할 때 쉽게 일어난다. 일처리를 빠르게 하기 위해 혼자서 한 번에 전부 결제했는데 남은 것이라곤 누구에게 얼마씩을 받아야 하는지 계산하느라 골치 아플 일 뿐인 상황 말이다. 이런 해묵은 문제를 처리해줄 디지털 해결책이 존재한다. **스플릿와이즈**(Splitwise)는 여러 친구들과 집단을 형성해 누가 얼마를 빚졌는지 계산해주는 앱이다. 속해 있는 모든 사람들의 비용과 차용증서가 한 곳에 기록되어 있으므로 각자 서로에게 얼마를 갚아야하는지 확인할 수 있다. **스플릿와이즈**는 일정 기간 동안 일어난 모든 채무관계를 추적하고, 매월 말 모두에게 알림을 보내 아직 청산하지 않은 밀린 돈을 갚고 다음 달을 다시 새롭게 시작할 수 있도록 한다. 지불은 페이팔이나 현금으로 할 수 있으며, 이 경우 앱에 수동으로 기입해줘야 한다.

플라이페이(FlyPay)는 대인원이 식당에서 음식 값을 지불할 때 큰 도움이 된다. 앱을 통해 식사를 주문할 수 있기 때문에 주문 후 바로 앱에서 각자 얼마를 내면 되는지 나눠서 알려준다. 또한 고메 버거 키친(Gourmet Burger Kitchen), 제이미스 이탈리안(Jamie's Italian), 와하카(Wahaca) 등의 식당에서는 앱으로 직접 결제가 가능해 웨이터를 불러 계산할 수고를 덜어준다. 그냥 휴대폰을 꺼내 결제하고 일어나서 나가면 된다.

끝으로 은행 앱에 자체적으로 내장되어 친구나 가족 간 돈을 주고받기 편리하게 해주는 **스탈링**의 **세틀 업**(Settle Up)과 **몬조**의 **미**(Me)도 잊지 말자. 은행 식별기호나 계좌 정보를 교환하고 확인할 필요도 없이 그저 몇 번 탭하는 것만으로 정산을 마칠 수 있다.

관련 앱: *Splitwise, FlyPay*

7장

페이고 보험을 활용하라

솔직히 말해보자. 보험의 가장 큰 문제는 사실 어느 누구도 보험을 정말 원해서 드는 것이 아니라는 점이다. 물론 우리에게 반드시 '필요하다'거나, 나름대로 '현명한' 투자방법이라거나, 운전자 보험의 경우처럼 '의무적'인 경우가 있다는 사실은 알고 있지만, 그렇다고 해서 꼭 우리가 즐겨 구입하거나 특별히 반기는 상품이라는 뜻은 아니다. 이처럼 사람들 사이에 널리 퍼져 있는 양가감정은 지금까지 보험 산업의 혁신이 다소 더디게 이루어지도록 만드는 데에도 한몫했다. 확실히 여러 유형의 보험들은 눈부신 핀테크 발전을 이룩한 다른 금융 부문들에 비해 디스럽터 지망자들의 관심을 별로 받지 못했다. 보험사를 빠르고 쉽게 고를 수 있게 해준다고 호언장담하거나 다양한 보험사들을 이리저리 비교해보고 가입할 수 있게 해주는 앱들이 등장하기는 했지만, 대중에게 만연해 있는 보험 가입을 향한 무관심을 해제하는 데 있어서는 그다지 서두르는 기색이 없다.

디스럽션의 경로 개척을 시도하는 이들에게는 또 한 가지 잠재적인 장애물이 있다. 다소 느리게 흘러가는 보험 세계를 뒤흔들 만큼 흥미로운 신상품을 내놓는 일에 있어서 해당 산업은 이미 자체적으로 어려움을 안고 있다. 이 부문과 관련된 정부 규제가 어마어마하게 많다는 점은 차치하고서도, 보장해야 할 상황들이 지독하게 예측 불가능하기 때문이다(그래서 보험이 필요한 거겠지만!). 쓰나미부터 산불, 지진, 홍수, 그리고 지극히 일상적으로 일어나는 교통사고까지, '천재지변'은 모든 일들을 전혀 예상할 수 없게 만든다. 좋든 싫든, 상당수가 데이터가 상정하는 영역 바깥에 존재한다.

하지만 그럼에도 오늘날에는 보험 시장이 가진 잠재력에 눈을 뜨기 시작하고 이 엄청나게 전통적인 사업을 개혁하려고 아주 좋은 방법들을 시도하는 기업들이 적지 않다. 사실 이 부문에 굉장히 많은 자본이 투입된 나머지 인슈어테크(insurtech)라는 자체적인 용어까지 생겨났다. 말하자면 보험(insurance) 산업에서의 핀테크인 것이다.

이미 인슈어테크 산업을 빠르게 키우는 데 제법 효과적이라고 입증된 것이 있는데, 바로 그 어느 때보다 개인 맞춤식 상품 및 서비스에 대한 수요가 널리 퍼져 있으며 지속적으로 증가하고 있다는 사실이다. 우리는 다들 무엇인가를 구입할 때 그게 무엇이 되었든지 자신이 값을 치른 만큼의 효용을 누리는지, 이게 과연 '나'라는 인간에게 딱 맞는 상품인지를 알고자 한다. 이 책의 첫머리에서도 이야기했듯이, 사물인터넷 및 극도로 연결성이 강화된 지금의 세상에서는 온갖 분야를 막론하고 개개인에게 꼭 맞춘 상품과 서비스를 받는 것이 점차 불가능한 일이 아니게 된다. 그리고 여기에는 보험도 포함된다. 보험사들은 이제 고객 한 명 한 명의 독자적인 상황을 고려하고 그에 맞추어 보험료를 다르게 책정할 수 있는 능력을 갖추었다. 이와 관련해서는 앞에서 실제 운전한 거리에 따라 보험료를 내는 자동차 보험을 소개할 때 이미 살펴본 바 있다. 텔레매틱스(telematics, 차량 내 무선 이동통신 서비스) 단말기를 설치해 얼마나 안전하게 운행하는지 추적함으로써 자동차 보험료를 할인받는 것도 가능하다. 특히 할인을 받지 못하고서는 보험료가 너무 비싸서 차를 끌고 도로로 나갈 엄두를 못 내는 젊은 운전자들에게 아주 큰 도움이 된다. 그밖에도 어떤 건강보험사들은 핏빗이나 스마트워치와 같은 피트니스 트래커를 착용한 고객들에게 헬스장 이용료를 돌려주기도 한다.

다만 그렇다고는 해도 보험 업계의 디스럽션을 논하기에는 시기상조이다. 그저 모든 가능성을 탐험하는 과정의 도입부에 서 있을 뿐이다. 하지만 이제 인슈어테크들이 해당 시장이 가지고 있는 잠재력에 눈을 뜨고 있기에, 온갖 굉장한 아이디어들이 등장하기 시작하리라는 것은 분명하다. 이를테면 어떤 생명보험 가입자가 어느 수준의 보장을 필요로 하게 될 지 평가하는 데 있어 안면인식 기술이 중요한 역할을 수행하게 될 것이라는 예상도 해볼 수 있다. 어쨌든 전문가들(그리고 사실상 컴퓨터들)은 이미 우리의 관상을 '읽는' 것만으로 우리의 다양한 정보와 생활 방식까지 알아낼 수 있으니 말이다. 아무래도 우리의 외모는 나이, 생활 방식, 건강 상태, 흡연 습관 등에 관해 열 장에 달하는 질문지만큼이나 많은 정보를 알려주는 모양이다.

사물인터넷과 생체인식을 통해 모은 데이터는 빙산의 일각에 불과하다. 보험사들은 정확한 견적을 내기 위해 고객들의 데이터를 모을 수 있게 해주는 라이프스타일 앱들을 받아들이려는 경향을 강하게 보이기 시작한다. 이는 우리 모두에게 희소식이 아닐 수 없다. 이제 보험사들이 진짜 위험이 어디에 도사리고 있는지 세부적인 정보를 얻을 수 있으므로 보험료 또한 더 섬세하게 책정하게 될 것이기 때문이다.

보험을 개혁하는 일은 쉽지 않으며, 앞서 말했듯이 혁신적인 사고 과정은 이제 겨우 시작되었을 뿐이다. 이 장에서는 몇몇 흥미로운 스타트업들, 그리고 현재 어디까지 발전이 이루어져 있는지를 소개한다.

보험의 개혁

보험 분야에서 최근 들어 가장 큰 도전과제로 꼽히는 문제는 말할 것도 없이 신뢰이다. 양측 모두에게 말이다.

진정한 의미에서 보험은 위험 분담을 목적으로 보험사와 가입자 사이에 자금을 모으는 일이어야 한다. 그런데 어째서인지 시간이 지나면서 이 같은 이상은 길을 잃어버리고, 보험사와 가입자가 하나의 돈주머니를 놓고 서로 가지겠다고 달려드는 형태로 경영 방식이 변질되었다. 그래서는 절대 제대로 운영될 리가 없었으며, 놀라울 것도 없이 그로 인해 보험금을 청구할 때마다 늘 어느 한쪽 또는 양쪽 모두 억울해하거나 상대측이 애초에 서로 정했던 약관대로 해주지 않는다고 느끼는 상황으로 치닫게 되었다.

어떻게 일이 이 지경이 되었을까? 역사적으로 보험사는 높은 매출원가 및 관리비용 탓에 아주 많은 간접비를 짊어져야만 했다. 이 때문에 보험 산업체들이 단체로 보험금 청구가 들어왔을 때 나가는 돈을 '최소화'하기 위해 나서게 되었던 것이다. 오래 지나지 않아 보험 회사들은 계약 약관에서 미묘하게 벗어난 건들에 대해서도 가차 없이 반려해버린다는 평판을 얻게 되었다. 그리고 더욱 큰 문제는 전적으로 문제가 없는 청구도 지급을 거부하는 일이 한 번씩 목격되었다는 사실이다.

당연히 그러한 상황들은 보험사와 가입자 간 신뢰를 갉아먹었다. 그리고 이제는 모든 사람들이 보험사라면 자동으로 보험 지급액을 깎으려고 들거나, 깎지 못할 바에는 아예 청구를 반려해버릴 것이라고 믿는 지경에 이르렀다.

돈을 내는 고객들은 대부분 자연스럽게 자신의 결백을 스스로 증명하는 어려운 관문들을 뛰어넘어야만 한 푼이라도 받아낼 수 있다고 느껴지는 위치에 몰려 있다는 점을 굉장히 불쾌하게 여긴다. 따라서 사람들 사이에서는 보험사에 청구한 금액이 깎일 가능성에 대비하여 몇 가지 항목들을 추가로 묶는 식으로 '선수를 치는' 방법도 잘 알려져 있다. 예를 들어 강도를 당했다면 빼앗긴 귀중품들에 더해 실제로 도난당하거나 잃어버리지 않은 품목들까지도 피해 목록에 끼워 넣는 식이다. 아마도 이들의 사고의 흐름은 이런 것 같다. 만약 보험 가입자가 피해 금액을 살짝 부풀려 청구하고, 보험사가 여기에서 약간 깎아서 지급한다면, 종국에는 어떻든 제로섬처럼 균형을 이루어 딱 맞아떨어지게 될 터라고 말이다. 하지만 이처럼 양측이 서로 청구액을 부풀리고 깎아내리고 하는 과정들을 거치게 되면 보험사의 관리비를 끌어올리고 문제를 지속시키는 상황으로 이어지는 꼴을 피할 수 없게 된다. 때로는 소비자가 이길 테지만, 대부분은 보험사가 이긴다. 그리고 어느 쪽의 결과가 나오든 결국 양쪽 모두에 상처만 남기고 문제를 악화시킬

따름이다. 최종적으로 대다수의 사람들은 보험 산업에 대해 상당히 좋지 않은 인식을 가지고 가능하면 최소한으로만 엮이려고 노력하게 된다.

오랜 기간 동안 사람들은 제 아무리 굉장한 기술이 개발된다고 해도 소비자의 기대와 보험회사의 영업 방침 사이의 이 같은 근본적인 불균형을 해결할 수는 없을 것이라고 믿었다. 디스럽터의 눈에 들어온 모든 산업들이 그랬듯이 결국 해결책은 극단적인 조치를 취하는 방법밖에 없다. 인슈어테크 혁신가들은 전통적인 보험을 디지털화하느라 시간을 버리는 대신 현재의 방식을 완전히 뜯어고치고 기존과는 철저하게 다른 방식으로 운영되는 전혀 새로운 보험 상품을 개발하기로 결정했다. 여기에서 가장 큰 모순점은 새로운 접근법이 위험 분담을 위해 자금을 모은다는 초창기의 관념에 찬성함으로써 보험 산업을 결국 처음의 상태로 되돌리려고 한다는 사실이다. 이러한 새로운 사고(혹은 오래된 생각의 부활) 덕분에 벌써 우리 주변에서는 신뢰 문제에 대한 몇 가지 아주 혁신적인 해결책들이 보이고 있다.

개인 대 개인, 혹은 P2P 시스템하에서는 보험 가입자 집단의 규모가 훨씬 작다. 심지어 가까운 친구나 가족끼리 집단을 구성하고 자원을 모아 구성원 중 누군가가 불행한 일을 겪게 되었을 때 힘을 보태주는 일도 가능하다. 특별한 사건 없이 보장 기간이 끝나면 모임에 속한 모두에게 그동안 걸었던 보험료를 다시 돌려줄 수 있다.

추천: 공제조합 가입하기

미국에 기반을 둔 보험 앱 **레모네이드**(Lemonade)는 어떤 경우에도 지급하지 않은 고객들의 보험료를 이용해 수익을 올리지 않는다는 점을 확실하게 함으로써 신뢰 문제를 없앴다. 보험료는 균일하게 받으며, 운영비는 매달 보험료의 20퍼센트를 떼어감으로써 충당한다. 이 앱의 핵심적인 운영 방침은 '기브백' 제도로써, 고객들이 찾아가지 않고 남은 보험금을 자선단체에 기부하는 방식이다. 운영 원리는 다음과 같다. 먼저 고객들이 앱을 통해 원하는 자선단체를 선택하면, 같은 단체를 고른 고객들이 하나의 집단으로 묶이게 된다. 그 후 각각의 가상의 집단에 모이는 보험료는 해당 집단 내 구성원이 신청한 보험금을 지급하는 데 쓰인다. 그렇게 쓰고 연말까지 남은 돈은 구성원들이 돕기로 선택했던 비영리 단체에 기부된다. 신뢰 관계는 양쪽 모두에게 긍정적으로 작용하기에, 앱의 사용자들이 지급 신청을 할 때 과도한 피해금액을 꾸며내는 일도 줄어들 것으로 예상된다. 신청 금액을 부풀리면 결국 단순히 '살찐

고양이(fat cat, 배부른 자본가, 즉 특권을 누리는 부자)'에게 돈을 뜯어내는 것이 아니라 사실상 자선단체로 갈 기부금액을 갉아먹는 짓이 되기 때문이다. 이 모든 과정이 직관적이고 단순하므로, **레모네이드**는 보험금 지급 또한 초고속으로 이행해줄 것을 보장한다.

개인끼리 위험을 분담하자는 개념은 다른 곳에서도 큰 인기를 끌고 있다. **프렌드슈어런스**(Friendsurance)는 소셜미디어를 활용해 친구들을 연결해줌으로써 기존의 보험사에 단체로 가입하도록 해준다. 누군가 새롭게 가입을 할 때마다 이미 알고 있는 사람들이 속해 있는 집단의 구성원이 되어 선불로 보험료를 지불한다. 계약 기간이 끝날 때까지 어느 누구도 지급 신청을 하지 않으면 구성원들 모두가 환급을 받는다. 해당 서비스에는 보험금 지급 신청 금액이 종래의 보험사와 비교해서 20퍼센트에서 40퍼센트까지 적게 들어온다고 한다. 그러한 방식은 과거에 사람들이 책임을 분담하여 서로의 요구와 위험을 살펴주었던 상호보험이라는 오래된 개념을 완벽하게 모방하고 있다.

관련 앱: *Lemonade, Friendsurance*

추천: 사회보험

팀브렐라(Teambrella) 시장은 모두의 이해관계가 하나로 모이기 때문에 그 자체로써 보험사의 필요성을 없애줄 뿐 아니라 위험 또한 없애주는 도구가 된다. 고객들은 앱과 함께 보험금 지급 신청을 승인하거나 반려하는 역할을 하기 위해 팀을 이루어 사용자 자치 커뮤니티를 형성하는데, 이는 현재 미국, 독일, 네덜란드를 비롯해 총 6개국에서 시범 운영되고 있다. **팀브렐라**의 각 '팀'의 구성원들은 서로의 보험금을 대줄 책임이 있으며, 보험 수혜자의 리스크 프로파일에서부터, 얼마를 보장해 줄지, 지급 신청은 타당한지까지 모든 것들을 결정한다. 또한, 누구든 느낀 점을 편하게 이야기할 수 있도록 전부 개방되어 있다. 팀원들이 보험료의 수준에 모두 동의를 하면, 팀의 각 구성원들이 자신의 '보험료'를 디지털 지갑에 넣는다. 에스크로 계좌(escrow account, 이체가 이루어질 동안 제3자가 돈을 보관하는 계좌)와 비슷하다고 보면 된다. 그렇게 모인 보험료는 전부 디지털 지갑에 보관되어 있으며, 팀원 중 누군가가 보험금을 신청하고 다른 팀원들이 승인을 하면 그 때 해당 팀원에게 주어지게 된다. 아무도 신청을 하지 않는 한, 돈은 계속 디지털 지갑 안에 머물게 된다.

영국 회사 **쏘슈어**(So-Sure)는 또 다른 형태의 '사회보험'을 내놓았다. 이 서비스를 이용하면 친구들끼리 함께 휴대폰의 보험을 들 수 있다. 가장 좋은 점은? 집단 내의 누군가가 휴대폰을 도둑맞거나 망가뜨리거나 잃어버리지 않는 한 매년 낸 돈의 80퍼센트를 돌려받을 수 있다는 점이다. 이 서비스의 장점은 내가 낸 돈을 돌려받는 것이 일면식도 없는 어떤 누군가가 아닌 바로 내 친구가 보험금 지급 신청을 했는지 여부에 달려 있다는 사실이다. 즉, 내가 잘 알고 믿는 사람들하고만 위험도 및 보상을 공유한다.

이 모든 새로운 보험 상품들은 공유 경제라는 개념을 완벽하게 활용한다. 이처럼 개인과 개인이 서로를 보장해주거나, 또는 공제조합을 구성하고 구성원들끼리 상부상조하는 형태의 보험 양상들은 보험금 지급에 있어 투명성과 공정성이 보증될 수 있음을 보여주며, 보험 산업에 필요한 신뢰의 바람을 불어넣는다.

관련 앱: *Teambrella, So-Sure*

커넥티드 홈, 집과 생활이 하나가 되다

주택보험을 둘러싼 최근의 분위기는 부동산이 단순히 '보험에 가입되어 있다'는 관념에서 벗어나, 우리의 집과 소유재산을 영구적으로 '보호한다'는 쪽으로 향하고 있다. 다시 말해, 수리하고 교체하는 것보다는 사고를 예측하고 예방하는 것이 목적이 되었다는 뜻이다. 사물인터넷은 여기에서도 아주 큰 역할을 한다. 집 안팎의 스마트 센서들은 온도부터 물과 전기 소비량, 혹시 모를 침입자의 존재까지 모든 데이터를 모으는 데 효율적으로 사용됨으로써 뭔가 문제가 포착될 경우 바로 집주인에게 알려주고 피해가 발생하기 전에 미리 손을 쓸 수 있도록 해줄 수 있다.

이처럼 예측하고 예방하는 방식은 보험료 또한 훨씬 정확하게(그리고 어쩌면 더 저렴하게) 책정되리라는 매혹적인 가능성을 보여주기도 한다. 같은 골목에 있는 모든 가구들이 똑같은 보험료 견적을 받는 대신, 훨씬 공평하게 개개인의 사정을 고려한 맞춤 견적을 받아볼 기회가 생기는 것이다. 스마트홈으로부터 모은 데이터는 고도로 개인화되어 있으며, 이를 종합하면 이리저리 비교해보고 더욱 경쟁력 있는 견적을 받아볼 수가 있게 된다. 기술이 발전할수록 보험료는 그 어느 때보다 정확해질 것이며, 바라건대, 덜 비싸질 것이다.

추천: 스마트홈을 이용한 스마트한 주택보험

네오스(Neos) 앱은 다양한 인터넷 연결 센서들을 설치함으로써 고객들이 자신만의 스마트홈을 만들도록 하며, 이 센서들의 설치비는 모두 보험료에 포함되어 있다. 그러고 나면 앱은 집에 부착된 여러 센서들을 관리 감독하고, 그것이 동작센서이든, 카메라이든, 혹은 연기 탐지기이든지 간에 센서에 연결된 일부 부속들을 직접 통제할 수도 있다. 물론 스마트홈에 있는 모든 것들은 고객의 휴대폰에 연결되어 있다. 따라서 현관문이 열린 채로 있거나, 부엌 개수대 아래에 물이 새기 시작할 경우(주택 보험금 신청 요인 중 누수로 인한 신청은 약 3분의 1가량으로써, 사실상 가장 큰 부분을 차지한다), 고객이 바로 알아차리고 큰 문제가 발생하기 전에 조치를 취할 수 있게 해준다. 또한, 연결성이라는 사고의 일환으로써, 고객들을 수리 서비스와도 연결시켜 주어, 만에 하나 최악의 상황이 펼쳐지더라도 전문가에게 쉽게 맡길 수 있도록 도와준다. 심지어 집주인이 집을 비운 사이 수리 기사에게 문을 열어줄 수 있는 믿을 만한 사람들의 정보도 기록해둔다.

이 같은 방향으로 나아가는 보험사는 **네오스**만이 아니다. 기존의 보험사 및 유사 스타트업들 역시 '스마트'한 주택보험을 앞으로 나아가야 할 길이라고 보고 집 안에서 어떤 일이 벌어지는지 면밀하게 주시할 수 있는 상품들을 개발한다. 이제 남은 도전과제는 각 가정마다 이러한 아이디어를 설득하고 센서들을 설치해 집의 연결성을 강화하는 일이다. 집주인들이 필요한 기기들을 집 안에 설치할 수 있도록 도우려면 적어도 단기적으로는 많은 회사들이 어떤 방식으로든 설치비용 등을 할인해줄 필요가 있을 것이다. 또 다른 주택보험 스타트업인 **폴리시캐슬**(PolicyCastle)은 고객들이 승인받은 스마트홈 보안 시스템이나 누수 탐지기를 설치하면 15퍼센트의 금액을 할인해주고 있다. 만약 이미 집에 해당 기기가 설치되어 있다면, 사진을 찍어 앱에 올리고 추후 계약 기간 중 해당 시스템을 추가할 시에도 보험료 할인을 받을 수 있다.

관련 앱: *Neos, PolicyCastle*

추천: 빠른 계약 연장

스마트 기기를 통해 모이는 데이터의 양이 증가한 것의 또 다른 이점은 주택보험의 연장이 쉬워진다는 사실이다. 다른 여러 형태의 보험들이 그러하듯이, 주택보험의 증서 또한 보장비용을 정하고 조항들의 합의가 이루어지기까지 관습적으로 엄청나게 많은 양의 서류를 작성해야만 했다. 그러나 점차 많은 데이터가 기록됨에 따라, 이러한 절차는 상당히 빨라지게 된다. 확실히 관료제가 많이 줄어들었다는 점 또한 인슈어테크 기업이 주택보험과 맞붙으면서 관찰되기 시작한 양상이다. **홈라이프**(Homelyfe)는 단 4분도 안 걸리는 짧은 시간 안에 고객들이 필요한 보험 상품을 찾아서 가입할 수 있다고 자신 있게 홍보한다. 또한, 외부 앱들, 이를테면 모바일 은행 등과도 협력 관계에 있으므로, 해당 앱들의 고객들은 자신이 원래 사용하던 뱅킹 앱을 벗어나지 않고도 **홈라이프**의 보험 서비스를 받아볼 수 있다.

관련 앱: *Homelyfe*

추천: 임차인

주택보험 시장에 관해 여기서 언급할 가치가 있는 신박한 아이디어가 한 가지 더 있는데, 바로 보증금 대체 보험 제도의 발달이다. 이는 임대 시장이 수 년 동안 고대하고 고대해오던 제도이다. 어떤 임차인이든지 간에 방을 확보하고 이사를 들어가기 전에 보증금을 마련하는 것이 애초에 임대할 부동산을 찾는 일만큼이나 어렵다고 이야기할 것이다. 부동산 중개업자의 복비를 더하면 최종 지불해야 할 금액이 너무나 큰 나머지, 임차인들로서는 실로 감당하기 어려울 정도로 어마어마한 어려움을 떠안게 될 수 있다. 그에 더해, 설상가상으로 이사를 갈 때 먼저 살던 집에서 보증금을 돌려받기 전에 새로 들어갈 집의 보증금을 마련해내야 하는 일도 심심치 않게 일어난다.

이제는 이러한 부분을 보장해주고, 합치면 몇 주치의 방세와 맞먹을 정도의 보증금을 마련하기 위해 이리저리 헤매고 다닐 필요성을 없애주는 보험도 등장했다. **딜라이티드**(Dlighted)**와 **캐노피**(Canopy)가 제공하는 보험 뒤에는 세입자가 방을 훼손하거나 방세를 내지 않을 위험성에 대해 보험사에서 손해배상을 해준다는 생각이 자리 잡고 있다. **딜라이티드**는 임차인이 아닌 집주인이나 부동산 중개업자에서 보험료를 낸다. 임대 계약기간이 끝날 때가 되면, 세입자와의 분쟁이 조기에 해결되는 편이지만, 만약 집주인과 조정이 이루어지지 않을 경우, 집주인이나 중개업자가 보험금 지급 신청을 할 수 있고, 그에 따라 세입자가 해당 비용을 지불해야 한다. **캐노피**는 이와 정반대로 세입자 측에서 보험료를 낸다. **캐노피**는 임차인에게 힘을 실어줄 것을 약속하고, 웹앱이나 스마트폰을 통해 보증금 보험료를 낼 수 있도록 해준다. 특히 '렌트패스포트

(RentPassport)'라는 일종의 신용증명서 같은 자체적인 서비스를 이용해 임차인의 신용 및 임대 이력 정보를 보관한다. 임대인들에게는 캐노피에서 일반적으로 세입자가 내는 보증금과 같은 금액을 보장해주며, 어떤 손상 또는 손해가 발생했거나 방세가 제대로 지불되지 않았을 시 계약 기간이 끝날 때 세입자가 모든 책임을 지도록 한다.

　이런 유형의 보험은 보증금을 구하느라 애를 먹는 이들에게 아주 큰 도움이 된다. 그러나 만약 이 초기비용을 쉽게 마련할 수 있는 사람이라면, 보험에 가입함으로써 처음에 드는 비용을 조금 아끼는 일이 얼마나 이득이 되는지 따져볼 필요가 있는데, 특히 보험에 들어가는 돈은 돌려받지 못하기 때문이다. 세입자로서 모든 의무를 지키는 유형의 사람은 기존의 시스템이 결과적으로는 더 절약하는 방법일 수도 있다.

관련 앱: *Dlighted, Canopy*

내 생활에 맞춘 생명보험

소셜미디어는 보험 회사에 뜻밖에 큰 도움이 되고 있다. 자신의 일상에 관해 무엇이든지 전부 기꺼이 공개적으로 게시하려는 마음가짐 덕분에 매우 유용한 정보들을 얻을 수 있음이 밝혀진 것이다. 대형 보험회사들에는 끝도 없이 쌓인 사랑스러운 고양이나 춤추는 아기 게시물들을 대대적으로 살펴보는 업무만을 수행하는 부서도 크게 가지고 있다. 왜냐고? 어쩌다 누군가가 방금 10킬로미터 달리기를 완주했다며 자랑하는 글을 발견하기라도 하면 제법 참고가 되기 때문이다. 게시글에서 숨을 헐떡이고 있는 이 작성자가 '건강 악화 탓에 사실상 바깥 출입을 못한다'는 명목으로 어마어마한 보험금을 신청한 바로 그 고객이라면 특히 말이다.

물론 극단적인 사례이긴 하지만, 보험회사의 소셜미디어 조사부서는 보험금 지급 신청 처리를 돕고 사기를 간파하는 데 있어 실제로 결정적인 수단이 되었다. 또한, 이는 전부 완벽하게 합법적이다. 소셜미디어 플랫폼에 작은 글씨로 적힌 약관을 확인해보면, 온라인에 게시된 내용들은 모두 조사관에 의해 수집될 수 있으며, 어떤 불법적인 행동을 했을 시 작성자에게 불리하게 작용할 수 있다고 명시하고 있다. 여전히 어떻게 그렇게까지 할 권리가 있는지 놀랍다면 그럴 것 없다. 이는 전혀 새롭거나 드문 일이 아니다. '빅 브라더'는 온라인 행동 추적 기법을 통해 언제나 우리를 감시하고 있다. 적당한 새 소파를 사기 위해 구글을 검색하며 한동안 기분 좋게 오전 시간을 보냈더니, 몇 주 동안이나 가구 광고 팝업이 쏟아졌다는 사실을 눈치 채지 않았는가? 오늘날 우리가 하는 어떤 행동도 오랜 시간 사적으로 남아 있는 것은 없다.

물론 우리가 좋든 싫든 관계없이 어쨌든 일어나는 상황이므로, 우리도 모두 이 신기술로부터 긍정적인 부분을 취할 수 있다는 시각으로 바라볼 수 있다. 그리고 실제로 긍정적인 면이 있다. 심지어 보험에서도 말이다. 우리가 지금 살아가고 있는, 모든 것이 하나로 연결된 이 세상에서 이제 찾아올 다음 단계는 사람들이 온라인에 자신의 생활 방식을 자유롭게 낱낱이 드러내는 상황을 이용해 생명보험회사들이 고객들의 생활양식을 잘 반영한 보다 정확한 보험 견적을 맞춤으로 내놓는 것이다. 다시 말하자면, 개인정보의 유출이 우리에게 불리하게 작용하는 대신, 정확하고 가성비 높은 생명보험을 확보할 수 있도록 돕는 것이다.

여기까지 읽으면서 아마 가장 먼저 보인 반응은 일종의 공포일 수 있다. 아마도 당신은 '남들이 내 사적인 정보들을 들여다보길 바랄 리가 없잖아? 내 소셜미디어 피드는 친구들이나 가족들을 대상으로 한 것이지, 생판 남을 위한 게 아닌데.'라고 생각할 것이다. 당신만 그런 것이 아니다. 생명보험 산업이 언제나 마주해야 했던 가장 큰 도전과제 중에 하나는 고객들이 보험회사에서 자신의 소셜미디어 게시글을 자세히 살펴보아도 좋다고 흔쾌히 승인하는 데 이르기까지 이야기를 끌고 가는 것조차 어렵다는 점이다. 사생활 문제를 차치하고서도, 대부분의 사람들은 일단 정말로 그 정도 수준까지 조사를 할 필요가 있다는 것을 믿지 않는다. 사실 대다수의 사람들은 애초에 자신이 생명보험을 필요로 하리라는 생각을 하는 것조차 탐탁치 않아한다. 그도 그럴 것이, 자신에게 나쁜 일이 닥칠지 모른다는 상상을 과연 누가 하고 싶어 하겠는가? 하지만 슬프게도 이런 일들은 현실에서 일어나고 있으며, 우리 대부분이 알려고 하는 것 이상으로 빈번하게 발생한다. 실제로 어린아이 29명 중에 1명은 성인이 되기 전에 어머니 혹은 아버지를 잃는다. 그리고 사건의 충격은 보통 그만큼의 수입 감소와 합쳐져 남은 가족들을 재정 위기의 소용돌이로 몰아넣을 수 있다.

자, 아직도 모르는 사람들이 내 파티광 같은 라이프스타일을 담은 게시글들을 염탐한다는 생각이 못마땅하다면, 걱정할 필요 없다. 이 같은 기술은 우리가 '선택'한 오픈뱅킹 스타일의 또 다른 종류일 뿐이다. 일단 개별적인 앱들을 설치하고 이용하기 시작하면, 이 앱들은 우리의 인터넷 생활을 이용해 더 많은 정보를 모을 수 있게 될 것이다. 이를테면 링크드인 데이터를 보고 소득계층을 파악한다거나, 페이스북을 통해 얼마나 위험한 일을 즐기는 사람인지 유추할 수도 있다. **히스콕스**(Hiscox), QBE, **멧라이프**(MetLife) 등의 보험사들은 이미 이 같은 데이터를 활용해 고객들 개개인에게 맞춤 상품을 추천하고 있다.

추천: 손쉬운 신청 절차

인슈어테크 산업은 이제 더 많은 사람들이 보호받을 수 있도록 하기 위해서는 생명보험에 관한 대화의 운을 어떻게 떼는 것이 가장 좋을지를 고민하는 데 집중하고 있다. 최근에는 기술을 활용함으로써 미래에 어떤 일이 발생할 가능성이 있는지를 아주 적절한 시기에 완벽하게 소개하는 방식이 제안되었다. 예컨대, 아기가 태어나거나 새 집을 구입한 직후에 이와 관련된 보험을 소개하는 식이다. 스스로를 '스마트한' 생명보험 설계사라고 홍보하는 **아노락**(Anorak) 같은 앱에서 선보이는 새로운 세대의 상품은 모바일 은행, 가격비교 사이트, 중개업체 등의 외부업체와 협력관계를 형성함으로써 '서류 작업'을 최소화하고 지원 절차를 꼭 필요한 내용만 담아 단순하게 만든다. **아노락**은 데이터 과학을 이용해 신청자의 집, 가족, 소득, 재정 상황과 관련된 데이터를 처리한 뒤 필요한 보장 유형을 산정한다. 그러고 나면 앱에서 대부분의 주요 보험사들의 보험상품을 조사하고 순위를 매겨 몇 분 이내로 고객들에게 완벽한 맞춤 상품 제안을 전달한다. 이 앱은 또한 복잡한 보험 용어들을 고객들을 위해 일반적인 영어로 '번역'하는 서비스를 제공해준다는 점에서도 스스로를 대견하게 여긴다.

관련 앱: *Anorak*

추천: 나만의 보험 만들기

셰르파(Sherpa)는 고객들로 하여금 스스로 자기에게 맞는 약관을 고르도록 해준다는 데에 자부심을 가지고 있는 앱이다. 구독 기반으로 운영되는 이 앱은 개인화된 전위험담보를 제공해주고, 보험에 가입한 고객들이 자신에게 필요한 만큼 보장 수준을 올리거나 내릴 수 있도록 하며, 추후 요구 사항이나 상황이 달라짐에 따라 쉽게 재조정할 수도 있게 해준다. 보험의 보장 혜택을 제대로 받기 위해서는 회원으로 가입하고 회비를 내야 한다. 유료회원이 되면 **셰르파**는 고객의 모든 생활방식 양상을 분석해서 딱 맞는 보장 서비스를 찾아내주는 나만의 디지털 보험설계사가 되어준다. 회원들의 정보가 모이고 나면, **셰르파**는 여러 고객들의 요구들을 하나로 묶고 재보험자로부터 도매로 보험을 구입한다.

스마트하게 운전하기

이미 이 책의 전반부에 자동차 보험 업계에서 가장 큰 발전이 이루어진 사례 중 하나를 다룬 바 있다. 바로 **쿠바**(Cuvva)나 **마일스**(Miles)와 같은 적시공급(just-in-time)이나 페이고 앱들의 도래이다. 이 같은 아이디어는 우리가 하는 모든 행동들을 쉽게 추적하고, 그에 따라 우리가 서비스를 이용한 만큼만 값을 지불할 수 있게 해주는 데이터 기술의 발달을 완벽하게 활용한다.

물론 모든 인슈어테크들이 자동차 시장에서 기대하는 큰 변화는 완전히 자동화되어 운전자가 필요 없는 자율주행자동차들의 출시로써, 도입이 되기만 하면 자동차 산업을 전부 뒤바꾸어놓을 것이다. 미래에는 전혀 새로운 유형의 위험들이 등장하게 될 것이다. 가령, 대규모의 해킹 사건이 발생하면 어떻게 될까? (다소 극적으로 들린다는 점은 인정하지만, 분명히 보험사들의 관심의 중심에 있을 터인 위험 가능성을 무시할 수는 없다.) 보통 자동차 도난이나 사고는 독립적인 사건으로써, 각기 다른 장소에서 일어난 사건들 사이에 연결성이 없다. 그러나 모든 것이 연결된 세상에서는 언제나 그러리라 단정 지을 수 없게 되기도 한다. 한편, 차의 소유자라는 개념 또한 모두 무너져 내릴지 모른다. 어딘가로 이동할 일이 생기면 그저 우버와 같은 서비스에서 고객의 문 앞까지 자율주행자동차를 한 대 보내줄 수도 있는 것이다. 이 경우 개개인의 보험은 완전히 불필요해지고 말 것이다. 오늘날, 그리고 가까운 미래의 인슈어테크들은 인간과 기계 사이의 상호작용을 고민하는 데 더 많은 시간을 할애할 것이며, 이는 단순히 이륜차나 사륜차만의 문제를 의미하는 것이 아니다. 디지털 기술이 다음에는 우리를 어디로 데려갈지 미리 예상하고 있어야 한다.

추천: 운전 스타일과 보험료를 연결하다

현재 자동차 보험 업계에서는 텔레매틱스가 가장 많은 주목을 받고 있는 듯하다. '블랙박스(black box)' 보험이라고도 알려진 텔레매틱스는 운전자가 자신의 차에 센서들을 부착하는 것에 동의함으로써 얼마나 안전하게 주행하는지, 어떤 유형의 도로를 달리는지, 어떤 시간대에 얼마나 먼 거리를 이동하는지 등을 기록한다. 보험에 가입하면, 보험 증서에 명시된 대로 자동차 내부에 블랙박스가 설치된다. 그리고 나면 운전을 할 때마다 다양한 측정이 이루어지고, 해당 정보가 보험사에 공유된다. 결과적으로 모인 데이터는 보다 정확한 보험료 계산을 제공하는 데 활용된다.

텔레매틱스 보험은 처음에는 보통 보험과 같은 비용이 들지만, 운전자에게서 수집된 데이터를 바탕으로 보험사에서 보험료를 조정할 수 있다. 이 때 비로소 이 기술의 가치가 빛을 발한다. 운전자들도 스스로 데이터를 모니터할 수 있기 때문이다. 일단 직접 모니터를 통해 자신의 '점수'를 알고 나면, 보험료를 줄이기 위해 이전보다 안전하게 운전하는 식으로 운전 스타일을 조정할 수가 있다. 운전을 이상하게 하고 있던 사람이라면, 사고를 내고 보험금을 신청할 위험이 높다고 여겨질 것이 뻔하기에 자신의 보험료가 인상될 위험에 처해 있다는 사실을 알게 된다.

아비바 드라이브(Aviva Drive), **우프**(Woop), **루트**(Root) 등의 텔레매틱스 보험사들은 모두 텔레매틱스가 안전운전자들에게는 최대 25퍼센트까지 보험료를 낮춰주는 데 도움이 된다고 말한다. 이는 흔히 주체할 수 없는 보험료를 마주하곤 하는 젊은 운전자들에게 특히 유용하다. 조사 결과에 따르면, 17세에서 24세의 운전자들은 그와 같은 방법으로 보험에 가입할 경우 363.25파운드를 절약할 수 있다고 한다. **아비바 드라이브**의 앱은 대시캠(블랙박스의 일종) 기능도 제공해주기 때문에 운전자들이 스스로 주행 중 화면을 기록하고 저장해두었다가 보험금을 청구할 때 보험사에 공유할 수 있다. 휴대폰은 그저 거치대에 놓아둔 채로 카메라가 앞의 도로를 비추게 하면 되는 것이다.

관련 앱: *Aviva Drive, Woop, Root*

추천: 계속해서 주시하라!

운전 관련 앱에서 언급되기 시작하는 또 하나의 큰 발달 분야는 자원의 공유, 혹은 공유 경제이다. 여기에는 보험금을 청구하는 경우에만 보험에 돈을 쓴다는 발상이 숨어 있다. 지급신청을 하지 않으면 돈은 쓰지 않는다. 이러한 개념을 이끌어낸 원동력은 부주의하게 운전하는 나쁜 습관을 가진 사람들 때문에 결국 높은 보험료를 내게 되어버리는 대다수의 가입자들이 느끼는 불평등을 해소하고자 하는 강한 열망이다.

지금 개발되고 있는 방식들은 앞서 다루었던 사회보험 제도, 즉 고객 스스로가 함께하고자 선택한 사람들과 소셜 네트워크를 통해 보험단체를 형성하는 방식과 유사하게 위험을 공유하고 분담한다는 생각을 기본으로 하여 이루어질 것이다. 지인들과 팀을 꾸리고 나면 보험료는 온라인으로 모으며, 서로가 서로를 알고 있기 때문에 다른 팀원들이 꼭 필요한 상황에서만 보험금 지급신청을 할 것이라 신뢰할 수 있다.

언제나 스트레스를 많이 받는 시간으로 악명 높았던 보험금청구 절차에서의 디지털 기술 발달 또한 계속 주시할 가치가 있다. 태국 기반의 스타트업 **클레임 디**(Claim Di)는 운전자와 이들이 가입한 보험사 간의 보험금청구 과정을 평탄하게 만드는 것을 목표로 하는 앱으로서 전체적인 과정을 확 단축시켜줄 수 있다. 따라서 사소한 사고가 발생한 경우, **클레임 디**에 가입한 운전자가 상대 운전자의 휴대폰 근처에서 자신의 휴대폰을 흔들기만 하면 양측의 보험사가 **클레임 디** 플랫폼을 통해 알아서 보험금 지급신청서를 올려줄 것이다. 손상 부위의 사진 또한 같은 앱을 통해 촬영할 수 있다. 심지어 일처리를 돕기 위해 주변에 차량 정비소가 있는지 찾아봐줄 수도 있다.

이미 말했듯이 아직은 상당히 초기이긴 하지만, 지금까지 살펴본 사례들은 자동차 보험을 잠식해나가는 혁신적인 사고를 겨우 단편적으로만 보여줄 뿐이다. 곧 있을 더 많은 디스럽션을 기대해보자. 우리가 자동차 보험에 가입하는 방식도 크게 변화할 것이다.

일괄적인 보험

물론 보험산업에 진정한 디스럽터 처방을 내리기 위해서는 인슈어테크 기업들이 다소 고루한 이 분야 전반을 완전히 다른 시각으로 바라볼 필요가 있다. 그리고 예상할 수 있듯이 이미 그렇게 하고 있다. 오래된 보험 상품에 단순히 '기술적인' 업데이트를 추가하고 보기에 그럴싸한 앱으로 포장하는 대신, 인슈어테크 스타트업들은 보험이 가지고 있는 명제 자체에 대해 생각하기 시작했다. 예를 들면, 자동차 보험 따로, 주택보험 따로, 생명보험 따로 가입할 필요가 있을까? 이 모든 것들을 개별적으로 판매하고 다시 처음부터 시작하자는 주장이 있지 않은가?

올인원(all-in-one) 보험이 고객의 관점에서는 훨씬 납득이 간다. 한 번에 모든 것들을 보장해주는 단 하나의 보험사하고만 관계를 맺어도 될 것이다. 매년 보험 갱신일도 딱 하루만 기억하면 되고, 심지어 규모의 경제도 이룰 수 있을지 모른다. 거기에 더해, 모든 보험 증서가 한 보험사에서 전부 관리되므로 해당 보험사는 고객에 관한 정보 및 위험률을 더 잘 파악할 수 있는 기회를 얻게 되며, 따라서 고객의 개인적인 필요에 맞춘 최고로 경쟁력 있는 가격으로 보험을 제공할 수 있게 될 것이다.

이 장을 생명보험부터 주택보험, 자동차 보험까지, 우리가 살아가면서 구입할 법한 보험들의 여러 유형에 따라 배열해두긴 했으나, 결국 중요한 점은 보험 산업이 고객들이 보험의 보장을 필요로 할지 모르는 다양한 시기나 적용 범위가 아닌 고객 그 자체에게만 집중함으로써 실제로 우리의 삶이 더 나아질지 아닐지에 관한 논쟁을 오랜 기간 계속해왔다는 사실이다. 사물인터넷을 둘러싼 신기술과 우리 한 명 한 명에 관해 활용 가능한 데이터의 양에 비추어 보건대, 이 같은 논쟁은 과거 그 어느 때보다 시의적절하다.

당연히 나는 대부분의 대형 보험회사들이 상정할 수 있는 모든 상황에 대비한 보험들을 내놓고 있다는 사실을 알고 있다. 물론 집, 자동차, 생명까지 다양한 영역들을 보장해주는, 이를테면 **아리바**(Arriva)나 **애드미럴**(Admiral) 등을 통해 손쉽게 여러 가지 보험들에 한 번에 가입할 수도 있다. 하지만 고객이 같은 이름으로 같은 회사에서 다수의 보험에 든다고 하더라도, 각각의 보험증권은 보험사 내에서 완전히 다른 부서가 관리하고 발행하며, 이들 사이에 어떠한 정보의 공유도 이루어지지 않는다. 즉, 결국은 각 보장 내용별로 각각의 부서가 담당하며 그에 따라 저마다 보험증권과 보험료를 하나씩 관리한다는 것이다.

추천: 얼리 어댑터

그와 같은 올인원 보험에 가장 먼저 뛰어든 인슈어테크 중의 하나는 독일 회사, **겟세이프**(Getsafe)이다. 처음에는 사용자가 자신의 모든 보험증권 정보들을 한 곳에서 관리하도록 해주는 디지털 보험 보관 장소로서 사업을 시작했다. 그리고 이제는 소위 '전생애' 접근법을 통해 자사의 회원들을 위해 모든 보장들을 아우르는 하나의 단일한 보험증권을 만들기 위해 힘쓰고 있다. 이 앱의 회원들도 앞서 소개했던 **레모네이드** 앱과 유사하게 포괄적인 보험 서비스에 대해 균일한 보험료를 내며, 남은 보험료는 회원이 선택한 자선단체에 기부된다. **겟세이프** 앱은 사용자가 보험의 보장 범위를 파악하고 필요에 따라 생명보험부터 건강보험까지 어떤 보장 서비스든 더하거나 빼서 자신에게 맞도록 변형할 수 있게 도와준다. 여기에는 부가적으로 다른 유형의 보험을 더할 수 있는 권한이나 앱을 통해 지급신청서를 제출할 수 있는 서비스도 포함된다. 보험 가입자는 앱을 통해 어떤 것들이 보장되고 어떤 것들이 보장되지 않는지 정확히 확인할 수 있을 뿐 아니라, 앱 자체도 개개인의 위험 성향을 반영하고 초과 한도를 지정할 수 있도록 설정을 바꿀 수 있다.

 겟세이프 앱은 전통적으로 다소 지루하게 느껴졌던 보험 세계에 사용자들이 푹 빠져들게 하는 것을 목표로 한다. 그렇기에 이를테면 치과 보험 부문에서 정기검진 예약일을 잊지 않게 알려주는 서비스를 제공하거나 건강을 유지하는 회원들에게 인센티브를 주기도 하는 것이다.

이 모든 일들을 가능케 하는 것은 이른바 디지털 어드바이저이다. **겟세이프**와 같은 앱들을 움직이는 디지털 두뇌는 데이터 수집, 기계학습, 인공지능을 결합함으로써 고객 개개인이 높거나 낮은 수준의 위험을 감수하는 경향이며, 정적이거나 활동적인 생활을 영위하려는 성향, 그리고 그 밖의 여러 요인들을 모두 고려할 수 있는 대규모 위험 평가 도구로서 자리를 잡아가고 있다. 이 모든 요인들이 하나로 합쳐져 고객 한 명 한 명에 대해 유일무이하고 고유한 관점을 제공하는 것이다. 이처럼 고도로 개인화된 관점은 보험사에게 있어 마치 금싸라기와 같이 귀중하지만, 사실 우리 고객들에게도 큰 이로움을 가져다준다.

관련 앱: *Getsafe*

8장 주택대출금을 청산하라

여론조사에서 '살아가는 동안 가장 스트레스 받는 경험' 1위에 이혼, 사별, 실직 등 인생에서의 다른 모든 힘겨운 사건들을 제치고 주택 구입이 꼬박꼬박 오르는 데에는 이유가 있다. 사무 변호사와 만나서, 서류 작업을 하느라 몇 주, 심지어 몇 달을 흘려보내고, 혹여 매매 계약이 언제든 틀어질지 몰라 전전긍긍하며, 지속적으로 부동산 중개인을 쫓아다니면서 새로운 소식이 있는지 묻는 이 모든 과정이 모여 상당히 기가 빨리고 정신적으로 힘든 시기가 되는 것이다. 현재 돌아가는 상황에 대한 정보가 전무하다는 사실은 내 집 마련을 꿈꾸는 이들의 좌절감을 증폭시키며, 특히 오늘날 이를 제외한 일상 속 거의 모든 영역에서는 상황 보고를 실시간으로 꼼꼼하게 받아볼 수 있다는 사실과 대비되어 더욱 최악으로 느껴진다. 배송업체들은 택배의 모든 이동 경로를 조회할 수 있게 해주며, 심지어 도중에 희망하는 배달 시각이나 장소를 변경할 수도 있다. 피자를 한 판 주문해도 도착 예정시각을 알려주는 메시지가 여러 차례 날아온다. 상당수의 소매업체들은 고객들의 아주 사소하고 간단한 문의사항이라도 친절하게 도와줄 수 있도록 유능한 직원들을 고용해 실시간 고객 지원 서비스센터를 운영한다.

그런데 대체 왜 주택담보대출자들은 인생에서 가장 중요한 매매 거래를 하는 데 있어 거래업체로부터 이러한 서비스를 받지 못할까?

수 년 동안 주택 거래 시장에서 유일하게 눈에 띄는 기술 발전은 포털 사이트에 집중적으로 몰려 있었다. 하지만 **주플라**(Zoopla)나 **라이트무브**(Rightmove) 등의 검색 엔진들이 확실히 나에게 딱 맞는 완벽한 집을 찾는 과정을 훨씬 쉽게 만들어주기는 했어도, 다음 단계인 실제로 선택한 집을 구입하는 과정은 수십 년이 흘러도 여전히 상당 부분 변하지 않고 그대로였다. 주택담보대출 시장 역시 인터넷 붐에 대해 모르는 것이 약이라는 태도로 일관해 디지털 설비를 받아들이는 데 있어 가장 기초적인 문턱을 넘지 못하는 듯 보였다.

주택담보대출 산업의 입장에 있어서도 공평하게 이야기하자면, 왜 고객들에게 더 나은 경험을 선사하도록 앞으로 나아가는 일이 쉽지 않았는지를 설명하는 나름대로 그럴듯한 이유가 있다. 집을 산다는 것은 상상할 수 없을 만큼 복잡한 과정이다. 검토해야 할 서류가 산더미 같고, 세심하게 주의를 기울여야 할 규제 항목들이 잔뜩 있으며, 모든 방면의 의견을 수렴해 결정을 내려야 하는 일도 많다. 굳이 말하라고 하면 대출업체들은 틀림없이 주택대출만으로는 고객의 경험을 두드러지게 향상시키기 위해 필요한 만큼 직원의 수를 늘리는 것을 정당화할 정도로 충분한 돈이 되지 않는다고 말할 것이다.

업계의 발전 속도가 더딘 이유가 하나 더 있다. 거의 대부분의 사람들이 주택 구입 경험이 인생에서 가장 견디기 힘들었던 일 중 하나라는 사실에는 이견이 없을 테지만, 이러한 어려움은 보통 주택 구입자가 일단 현관문 열쇠를 손에 넣고 이삿짐 속에서 주전자를 찾다 보면 금세 잊히게 된다. 대다수의 사람들의 경우, 그 뒤로는 주택대출업체와 얽히는 일이 드물다. 실제로 인구의 절반은 자신의 주택대출 계좌를 일 년에 한 번도 확인하지 않는다. 이처럼 사람들이 관심을 가지고 깊게 관여하지 않는 탓에 변화를 위한 추진력이 부족하게 되었다. 쉽게 말해, 아주 시끄럽게 불만을 제기하는 사람이 하나도 없었기에 아무런 일도 일어나지 않은 것이다.

물론 이 같은 현상은 언제까지고 계속되지 않을 것이며, 특히 오늘날 우리가 살아가는, 예전과 크게 달라지고 고도로 연결되었으며, 극도로 의사소통이 잘 이루어지는 세계에서는 말할 것도 없다. 지금의 기술 지원 세대는 예전 세대와 달리 흐리멍덩하고 분명하지 못한 서비스를 견디지 못한다. 우리의 금융 생활의 모든 양상들이 변화를 겪고 있기에, 주택담보대출만 지나치게 오래도록 관심 밖에 머물 리가 없다. 특히 우리의 소득에서 주택대출금에 쏟아 붓는 비율이 이렇게 높은 상황에서는 더욱 말이다.

변화는 틀림없이 일어나기 시작했다. 주택대출기관들은 주택 매매 과정의 속도를 높이고 거슬리는 면들을 부드럽게 다듬기 위해 점차 기술을 활용하고 있다. 조심스럽고 신중한 속도로 나아가고 있기는 하지만, 주택담보대출 시장이 이전에 다른 모든 금융 부문에서 이미 거쳐 갔던 길을 그대로 따르기 직전에 이르러있으며, 지금부터는 점진적으로 변화가 일어날 것이라는 예측이 나오고 있다. 핀테크 발달은 주택 매매 시장의 다양한 영역에 커다란 영향을 줄 것으로 예상된다. 이는 모두에게 희소식인데, 디지털이 사람들이 좋아하는 모든 요소를 다 갖추고 있기 때문이다. 투명하고, 안전하고, 안심할 수 있고, 단순하고, 개개인에게 맞춤 서비스를 제공해줄 수도 있다.

결국 주택담보대출은 단지 목적을 위한 수단일 뿐이다. 우리가 원하는 집을 구입할 수 있도록 도와주는 수단 말이다. 그 과정을 덜 힘들고 번거롭게 만들어주고, 그에 더해 가능한 최고의 선택지까지 제시해줄 수 있는 것이라면 무엇이든 환영할 일이다.

디지털 주택담보대출 중개업체

예비 주택 구입자들이 주택대출 시장을 조금 자세히 들여다보면 곧 알게 되듯이, 시장에 나와 있는 대출 상품이 정말 셀 수 없이 많다. 그렇지만 그 수에 짓눌려 무작정 처음 본 상품으로 섣불리 계약하려고 해서는 절대로 안 된다. 자신에게 꼭 맞는 주택대출 조건을 찾으면 매달 지출되는 금액의 상당 부분을 절약할 수 있는데, 일 년 동안 쌓이면 제법 큰 차이가 나게 되며, 특히 25년이라는 주택대출 기간 전체를 놓고 보면 무시할 수 없는 수준이 되기 때문이다.

자신에게 가장 잘 맞는 주택담보대출 상품을 찾으려고 할 때, 가능한 한 그물을 넓게 치라는 조언이 언제나 가장 잘 먹히곤 한다. 주택대출의 유형은 아주 다양한데, 특히 지극히 중요한 이자율에서 가장 뚜렷한 차이가 발생한다. 상당 부분은 주택 구입자가 낼 수 있는 보증금의 크기와 구입하려는 부동산의 가치에 좌우된다.

그동안은 관례적으로 뭐가 뭔지 자문을 구하고 나만의 고유한 상황에 딱 맞는 주택대출 상품을 추천받기 위해서는 중개업체와 상의하는 것이 가장 쉬운 방법이었다. 중개업체들은 주로 독립투자자문업자나 부동산 중개인을 통해 시내 중심가에서 찾아볼 수 있는데, 시장을 샅샅이 뒤져 최적의 대출 상품을 찾아줌으로써 주택 구입자들이 다수의 대출기관에서 제시하는 다양한 선택지를 비교해볼 수 있게 해준다. 또한, 헬프 투 바이(Help to Buy) 주택대출이나 공동 소유권 등의 다른 제도들에 대한 조언도 해줄 수 있다.

이 중개업체들이 시장에 나와 있는 모든 상품들을 검색해본다고 믿는 것이 얼핏 타당해 보인다. 하지만 언제나 그런 것만은 아니다. 일부 중개업체들은 고객들에게 제공해줄 수 있는 것에 한계가 있다. 특정 대출기관에 묶여 있을 수도 있고, 소수의 기관하고만 협력 관계에 있을 수도 있다. 당연히 전체 시중에 풀린 상품들 중에서 제한적으로 선택된 일부만 제공해줄 수 있다는 것을 의미한다. 혹은 자기네는 '중개업체에게 공개된' 모든 상품을 고객들에게 제공한다며 고객들을 안심시킬 수도 있다. 즉, 틀린 말은 아니지만 살짝 빠져나갈 수 있도록 미묘한 함정이 숨겨져 있다. 더불어 대출기관에서 대중에게 직접 제공하기만 하는 상품들은 거래를 성사시켜도 수수료를 전혀 받지 못하기 때문에 제외하기도 한다. 이처럼 직접 제공만 하는 상품을 찾는다고 하더라도 서비스 이용료를 부과할 수도 있다.

분명 중개업체들이 서비스 이용료를 계산하는 방식 또한 혼란스럽기 짝이 없다. 어떤 업체들은 대출기관으로부터 받는 수수료 외에 고객들에게 직접 요금을 청구한다. 그 대신, 이용료를 청구하기는 하지만 대출 절차가 마무리되고 나면 수수료를 환불해주기도 한다. 심지어 이용료를 낼 것인지 아니면 수수료를 낼 것인지 주택 구입자가 선택하도록 하기도 하는데, 즉 이런 중개업체들은 스스로를 '독립적'이라고 칭할 수 있음을 의미한다. 업체에서 사전에 분명하게 공지하는 한, 요금은 대출의 전 과정 중에서 언제고 청구될 수가 있다. 어떤 경우에는 중개업체들이 거래 성사 전에 이용료를 청구하고는 주택 구입이 무산되더라도 여전히 구입자에게 지불 의무를 지우기도 한다.

이렇게 보면 얼핏 나에게 맞는 중개업차를 찾는 일이 나에게 맞는 주택대출 상품을 찾는 일만큼이나 어려운 것만 같다! 디지털 중개업체의 세계에 입문하라. 이 새로운 유형의 중개업체는 최신 기술을 활용해 수천 가지의 주택대출 상품을 검색해준다. 결과적으로 추천해주는 상품은 오로지 고객에게 최적의 조건을 찾아준다는 기준을 최우선적으로 고려하여 중개업체에게만 공개되는 상품 및 직접 제공하는 상품들 전체에서 선별한다.

디지털 중개업체의 또 다른 장점은 일처리가 빠르다는 사실인데, 집을 살 때의 스트레스와 부담감을 낮춰주는 것과 더불어, 예측불가능하고 경쟁적인 주택 시장에서도 쓸모가 있다. 주택 구입을 희망하는 어떤 사람이 드디어 꿈에 그리던 집을 발견하고는 다른 누군가가 눈독을 들이기 전에 서둘러 계약을 하고 시장에서 빼내오고 싶어 안달이 났다고 하더라도, 예전에는 주택대출기관에서 지금 구입하려는 주택이 대출 신청을 한 금액만큼의 가치가 있다고 납득하기를 기다리는 과정에서 고통스러울 정도로 일이 지체가 되곤 했다. 어쨌든 부동산은 대출기관이 빌려주는 돈에 대한 담보이니까. 만약 집을 구입한 사람이 나중에 대출금을 갚지 못하게 된다면 대출업체에서는 집을 압류해서 그 판매액으로 빌려준 돈을 메꿀 수 있다. 그러한 상황에서 디지털 중개업체가 진가를 발휘한다. 이 모든 절차를 단숨에 빠르고 평탄하게 만들어줄 수 있기 때문이다.

디지털 중개업체의 효율성은 상당 부분 대출기관에서 즉각적인 의사결정을 내릴 수 있게 해주는 자동가격산정시스템(AVMs, automated valuations) 이용이 증가한 데에서 비롯된다. 이 시스템 하에서는 가치 평가가 같은 구역 내의 비슷한 부동산을 기반으로 해서 이루어진다. 현재 후순위담보대출에서 최대 4분의 3, 그리고 주택 구입 전체에서 최대 5분의 1이 이러한 방법을 이용해 가격을 산정한다. 이 같은 경향은 자동가격산정

핀테크 혁명

시스템 수의 지속적인 증가로 나아갈 것으로 예상된다. 또 다른 대안은 일정 자격을 갖춘 조사관들이 주어진 디지털 정보만으로 부동산의 가치를 검토하는 '드라이브바이' 가격산정시스템(drive by valuation, 차를 타고 근처를 지나며 슬쩍 둘러보고 가듯, 겉으로 드러난 정보만으로 집의 가치를 평가하는 방법)으로써, 이 역시 증가하는 추세에 있다.

모든 것들이 고도로 자동화되어 있기에 과거에는 며칠, 심지어 몇 주씩 걸리곤 했던 승인 과정의 대부분이 수 분 내에 완료될 수 있다.

그렇지 않고 만약 아직 이상적인 집을 찾지 못한 상태에서 일단 최대 얼마까지 돈을 끌어다 쓸 수 있을지 알고 싶다면, 여기에서도 디지털화된 절차가 중요한 역할을 한다. 신청 절차를 거쳐 미리 자동화된 승인을 받는 것도 가능하기 때문이다. 이러한 '사전 승인'은 주택 구입자들로 하여금 자신의 지불 능력에 높은 자신감을 가지도록 해주며, 부동산 중개업자에게 구체적으로 보여줄 만한 것을 제공해주기도 한다. 또한, 신청자의 재정 상태에 대해 철저하고 완전히 정확한 디지털 검색을 바탕으로 승인을 내주었기 때문에 바위처럼 견고하고 믿을 수 있다.

주택 구입 절차의 개선이 영향을 미치는 범위는 고객이 적당한 대출 상품을 찾고 이사를 들어가는 데에서 그치지 않는다. 기술의 발전에 힘입어 디지털 중개업체들은 고객들과 지속적인 관계를 맺는 것을 목표로 하게 되었다. 그러니 이들이 당신과 라포를 형성하기 위해 할 수 있는 모든 노력을 기울인다고 해도 놀랄 필요 없다. 전통적인 주택대출기관들이 흔히 그러하듯 고정 금리 기간이 끝나기 몇 달, 혹은 몇 주 전까지 대출자들을 내팽개쳐두는 대신, 그러한 디지털 중개업체의 앱들은 고객들이 적절한 상품을 제공받고 있는지 확인하기 위해 고객들의 대출을 지속적으로 검토한다. 만약 더 낮고 고객에게 적합한 금리 조건이 나온다면 고객들에게 연락을 취해 이를 추천한다. 이미 고객들의 재정 상황, 잠재적인 해지 위약금, 가장 유리한 현행 이율 등 필요한 정보는 모두 가지고 있다.

디지털 중개업은 주로 가상 세계에서 이루어진다. 하지만 예비 주택 구입자들이 원할 경우 언제든지 사람과 직접 이야기하는 방법도 택할 수 있다. 그렇다고는 해도 꼭 그렇게 할 필요는 없다. 결국 이 모든 것들은 신속하고 편리한 서비스로 귀결된다. 집을 사야겠다고 처음 마음을 먹는 바로 그 시점에서부터 디지털 주택대출 신청은 이전보다 훨씬 덜 스트레스 받는 일이 된다. 그만큼 수고스러움이 덜어진 덕분이다.

추천: 이미 입지를 다진 디지털 중개업체

소비자들이 이미 디지털 주택대출 중개업체를 얼마나 많이 받아들이고 있는지 단번에 알려주는 사실이 있다. 미국에서는 주택대출 앱 **로켓**(Rocket)을 내세운 퀴큰론즈(Quicken Loans)가 이미 주택대출 시장의 가장 몸집이 큰 창시자로서 오랜 시간 두각을 나타내왔던 웰스파고(Wells Fargo)를 넘어서버린 것이다. 2016년에 출시된 **로켓**은 처음으로 고객들이 온라인상에서 그것도 단 수 분만에 대출의 전 절차를 마칠 수 있도록 해준 주택담보대출 앱의 시초 중 하나이다.

로켓은 주택담보대출을 받는 절차를 가능한 한 직관적이고 격식에 얽매이지 않게 만드는 것을 목표로 한다. 뭐, 비격식적이라고는 해도 십만 달러 단위의 돈이 오갈지도 모르는 대출 절차에서 할 수 있는 한도에서 최대한으로 말이다. 주택 구입 예정자들은 우선 자신의 기초 정보들을 입력하고 '월지출금액 줄이기' 등의 목표를 선택한다. 부동산 주소지의 세부 정보를 모두 입력하고 나면, **로켓**이 대중적으로 공개된 데이터를 이용해 미리 서류의 대부분 항목들을 채워 넣는다. 대출 신청자의 자산과 신용기록은 98퍼센트의 미국 금융기관에서 온라인으로 바로 확인할 수 있으며, 수입과 고용 정보도 같은 방법으로 다운로드하면 된다.

신청 절차가 명확하게 와 닿지 않는다면, 언제든 물음표 아이콘을 클릭해 구체적인 질문의 답을 찾거나, '고객 센터' 항목으로 가서 실제 중개업자 직원과 대화를 할 수 있다. **로켓**에서 찾은 주택대출 선택지를 나열해주는 '솔루션 보기' 페이지까지 도달하는 데에는 겨우 몇 분밖에 걸리지 않는다. 해당 페이지는 풀다운 메뉴로 구성되어 대출 신청자들이 약관을 변경하거나 고정금리와 변동금리를 비교하는 등 대출 옵션을 입맛에 맞게 바꿀 수 있게 해준다. 만족할 만한 상품을 찾았다면, '승인 가능 여부 확인하기'를 클릭할 수 있다. 이 단계에서 **로켓**은 입력된 모든 정보의 진위 여부를 확인하고 자동심사시스템(AUS, automated underwriting system)에 신청서를 투입한다.

대출 신청은 30분 내외면 끝마칠 수 있다. **로켓**에서는 사실 그보다는 어디까지나 고객들 한 명 한 명이 자기에게 맞는 속도로 일을 처리할 수 있다는 점이 가장 중요한 부분이라고 강조하기를 더 바라지만 말이다. 심사 단계에 이르고 나면, 신청자들은 모든 정보가 '작업관리 목록'의 형태로 명확하게 배열되어 있는 페이스북 스타일의 페이지로 이동한다. 그리고 이곳에서 대출이 무사히 끝날 때까지 처리 과정을 확인할 수 있다.

영국에서는 **아톰(Atom)**이 사람의 수동적인 개입을 최소화하고 가능한 한 많은 절차를 디지털화하고자 하는 목표를 내세운 주택대출 상품을 보유하고 있다. 이 글을 쓰고 있는 시점에서 이 모바일 주택대출기관은 세 시간 안에 신청자에게 맞는 상품을 제공해줄 수 있으며 영업일 기준 9일이면 신청이 완료되는 데까지 발전했다고 한다.

관련 앱: *Rocket, Atom*

추천: 신속한 대출 신청과 승인

영국 기반의 회사인 **하비토**(Habito), **트러슬**(Trussle), **모조**(Mojo), **모기지짐**(MortgageGym)은 모두 디지털 중개업체 앱이다. 이 같은 디지털 서비스를 이용하는 고객들은 단 한 푼도 돈을 내지 않는다. 이들은 대출자가 주택대출을 완료하고 나면 대출기관으로부터 요금을 받는다. 신청 절차는 신청자의 수입, 현재 재정 상태, 부동산의 유형 및 가능한 보증금의 크기에 관한 기초적인 내용을 다루는 온라인 질문지를 작성하는 것에서부터 시작되며, 여기에서 입력한 정보는 모두 고객의 프로필을 완성하는 데 이용된다. 질문지 작성은 15분이 채 걸리지 않으며, 정보를 모두 기입한 다음에는 자동화된 엔진이 이를 넘겨받아 종합하고 진위를 확인한 뒤, 고객에게 맞춤 대출 상품을 추천해주기 위해 분석한다.

당연히 대출기관들은 신청자가 대출을 해주어도 좋을 만한 사람인지 확인할 필요가 있는데, 이는 곧 신청자의 재정 상황을 완전히 파악해야만 한다는 뜻이다. 따라서 디지털 중개업체의 앱에 등록을 하고 나면 평소 이용하는 금융기관 및 은행과 연결이 된다(물론 사용자의 허가하에). 예컨대, **하비토**는 스**탈링**이 제공하는 마켓플레이스에 소속되어 있는 반면, **로켓**을 비롯해 그 외 **루스티파이**(Roostify)나 **베터 모기지스**(Better Mor-gages) 등 미국 기반의 경쟁업체들은 신청자들의 금융 정보를 신청자의 은행에서 직접 열람한다. 다시금 오픈 뱅킹이 가져온 연결성의 증가가 관련 일처리를 더욱 빨라지도록 만드는데 결정적인 역할을 한다는 사실을 잘 보여주는 사례라고 할 수 있다. 이는 주택대출 신청자들이 난해한 서류 무더기를 샅샅이 살펴보는 일에 시간을 덜 쏟아도 된다는 것을 의미할 뿐 아니라, 번거롭게 은행 계좌의 입출금내역서와 신분증 사본을 여러 차례 보내야 할 필요성도 제거해주었다.

고객 기록에 보관된 데이터는 자산과 채무관계를 확인하는 절차도 한결 쉽게 만들어준다. 절차를 간소화한다는 말은 또한 처리 비용을 낮추고, 정확도를 높이며, 일이 실수로 잘못되어 차후 처리 속도를 늦추게 만들 위험을 줄여준다는 것을 의미한다. 모든 일을 온라인으로 처리하는 것의 묘미는 각각의 과정이 소화할 수 있을 만큼의 덩어리로 나뉘어 모든 것이 간단히 한눈에 파악 가능해지며, 따라서 스트레스를 덜 유발하게 된다는 점이다.

관련 앱: *Habito, Trussle, Mojo, MortgageGym, Roostify, Better Mortgage*

부동산 양도법을 타개하다

주택대출 승인을 따내는 것만으로도 아주 초조한 경험이 될수 있지만, 사실 가장 자주 문제가 발생하는 곳은 부동산 양도법이다. 부동산 양도법이란 부동산의 소유권을 한 사람에게서다른 사람에게로 이전하는 계약을 둘러싼 법적인 절차를 말한다. 부동산의 양도가 일어날 때에는 고도로 복잡한 일련의 단계를 밟아야 하는데, 모든 법적 서류를 담당하는 부동산 전문변호사가 이끄는 대로 토지 등기 및 지방의회를 알아보고, 계약서 초안을 작성하고, 돈을 주고받는 절차를 거쳐야 한다. 이과정에서 변호사들은 어떤 건축규제 문제는 없는지, 근방의도로 계획은 어떠한지, 심지어 인접한 지역에 오염된 땅이 있음으로써 환경적인 문제가 있지는 않은지 등 고객이 알고 있어야 할 모든 정보들을 알아봐주는 고된 업무를 맡는다. 해당 부동산과 연쇄적으로 맞물려 있는 매매 계약들을 모두 조사해서 사기나 자금세탁방지 확인도 해야 한다. 처리해야 할 서류가 수백 장씩 되므로 처리 시간이 길어질 수밖에 없으며, 당연히 늘어난 작업관리 목록의 길이만큼 모든 단계가 늘어지다 못해 정지상태로 대기하게 된다. 작업의 규모가 어마어마하다는 말은 곧 금액이 비싸다는 것을 뜻하는데, 도합 1천 파운드 단위까지도 우습게 들어가곤 한다.

이제 당신이 진정한 디지털 주택대출을 경험하고자 한다면, 신청서류를 만들고, 자금을 이체하고, 저장하는 등 대출의 전 과정이 컴퓨터로 이루어지게 됨에 따라 단 한 장의 종이도 쓰지 않고 대출을 끝낼 수 있게 될 것이다. 더 이상 무거운 대출 서류나 계약서에 수기로 서명할 일도 없게 될 것이다. 사실 아직 완전히 이 정도까지 도달하지는 못했지만, 이를 향해 제대로 나아가고 있다는 분명한 신호들이 존재한다. 확실히 대출의 처리 과정에서 가장 중요한 요소들 대부분은 이미 핀테크의 시야에 들어와 있거나 순조로운 발전 단계에 있다.

흥미롭게도 이러한 발전 중의 일부는 정부 주도하에 이루어졌다. 보통은 그런 경우, (냉소적인 사람이라면 대놓고 이야기하겠지만) 최첨단에 있다는 명성을 결코 얻지 못한다. 하지만 이번에는 권위자들이 기술이 급증하는 속도를 따라잡겠다는 마음이 대단한 듯하다. 영국에서는 잉글랜드와 웨일스 내의 모든

핀테크 혁명

토지 및 부동산 소유권과 주택담보대출 내역을 기록해두는 왕립 토지 등기소(HM Land Registry)가 규정을 바꾸어 부동산 양도 증서에서도 전자서명을 사용할 수 있게 함으로써 부동산 양도 절차의 완전한 디지털화로 나아가는 길을 닦았다. 그리고 2018년 4월 6일 이래, 드디어 종이로 된 증서에 의존하지 않고도 집을 사고 파는 일이 가능해졌다. 핵심은 주택 구입 과정의 마지막 단계에서 처리 속도가 빨라진다는 점이며, 이제 집의 새로운 주인이 양도 서류에 수기로 서명하는 동안 물리적으로 곁에서 지켜봐주는 사람이 없어도 부동산 매매가 무리 없이 성사될 수 있다.

가까운 미래에 나머지 절차 전체가 완전히 디지털화되지 않을 경우, 기술적 개입을 가장 필요로 하는 영역은 현재 상황이 이렇게 진행되고 있는지 모두가 언제나 정확히 알 수 있도록 해주는 시스템의 도입이다. 단어 선택이 다소 조심스럽기는 하지만, 실제로 영국의 일부 사무 변호사들은 고객을 염두에 두기 보다는 자신만의 페이스로 일을 끌고 가는 경향이 있다. 고객들에게 제공해주는(혹은 제공될) 정보의 투명성을 향상시킴으로써 이 사무 변호사들에게 일을 맡긴 채 초조함에 떨고 있는 주택 구입자들도 각 단계에서 정확히 어떤 일이 벌어지고 있는지 알 수 있도록 도와줄 방법이 분명히 존재한다. 이처럼 주택 구입자들의 뿌옇던 시야를 선명하게 만들어주기만 해도 불확실한 이사 일정이나 마지막 순간에 일이 틀어지는 문제를 둘러싸고 오랜 시간 받아온 스트레스를 조금이나마 덜 수 있을 것이다.

추천: 디지털 상황 조회 서비스

디지털 상황 조회 서비스는 온라인에서 점차 보편화되고 있기는 하지만, 아직 사람들이 바라는 것처럼 모든 내용을 상세한 부분까지 확인할 수는 없다. 주택 구입 예정자들은 여전히 절차상 특정한 주요 관문을 통과했는지 여부도 알지 못하는 절망적인 위치에 내팽개쳐져 있으며, 동시에 자꾸 법적 대리인에게 전화를 걸면 너무 귀찮게 구는 것은 아닐까 걱정한다. 다행히 이 과정을 보다 투명하게 만들어줄 앱이 몇 가지 존재한다. 영국 기반의 **웬유무브**(When you move)는 판매자와 구매자가 현재 진행 중인 부동산 거래의 각 단계를 처음부터 끝까지 실시간으로 조회할 수 있게 해준다. 부동산 중개업자, 주택대출 중개업체, 사무 변호사 등 그 외 관계자들 또한 새로운 소식이 있을 경우 모바일 앱을 통해 바로바로 확인할 수 있다. 관련 문서나 증명서, 조사 자료들은 전부 앱에 업로드되어 필요시 양측 모두에서 열람이 가능하다. **웬유무브**는 부동산 양도 전문 변호사들로 하여금 '아직 부동산 중개업체로부터 매매 확인서를 기다리는 중'이라는 말 뿐일지라도 적어도 매 72시간마다 내용을 갱신하기를 권장한다.

또 다른 앱으로는 마이홈무브(My Home Move)사의 **이웨이**(eWay)가 있는데, 이 또한 **하비토**와 협력 관계에 있는 영국산 앱이다. **이웨이**는 주택 구입자들이 24시간 언제든 모바일이나 태블릿을 통해 자신의 신청 건을 관리할 수 있도록 해주는 온라인 관리 도구이다. 여기서도 앱에 문서들을 업로드할 수 있으며, 관계자들이 진행 상황을 파악할 수 있도록 정기적인 알림 서비스를 제공해준다. 또한 모든 서비스를 한 지붕 아래에 통합하여 제공하기 위해 경험 많은 부동산 양도 전문 변호사 네트워크와도 협력 관계를 맺고 있다.

미국 주택대출 앱 역시 이와 유사한 행보를 보이고 있으며, **로켓**이 **파바소**(Pavaso)와 협력 관계를 맺어 소유권 이전 절차를 디지털화함으로써 주택 구입자들이 모든 절차를 온라인으로 마칠 수 있게 되었다.

예비 주택 구입자가 이사를 생각하거나 이상적인 꿈의 집을 포착하는 데서부터 현관문의 열쇠를 손에 쥐게 되는 그 날까지의 전 과정을 컴퓨터로 끝낼 수 있도록 하는 것이 많은 공급자들이 지향하는 바이다. 앞으로 더 많은 핀테크들이 이리로 향하게 되리라 예상한다.

판매 전 서비스와 판매 후 서비스

주택대출을 받는 과정의 규모가 복잡하다는 사실은 여전히 대부분의 사람들이 어떤 식으로든 인간과의 상호작용이 개입되는 것을 중시하리라는 것을 뜻한다. 적어도 지금은. 이 장에서 언급한 앱들은 모두 긴급한 일이 발생했을 때 실제 상담원과 소통해서 바로 처리할 수 있는 기능을 제공하는 것이 중요하다고 여긴다. 시간이 흐르면 인간과의 상호작용에 대한 중요성도 분명 변하게 될 것이다. 현재 고객의 5분의 3이 주택대출에 관해(디지털 신청서 작성과 더불어) 상담원과 직접 이야기하기를 선호하는 한편, 나머지 5분의 2는 로보어드바이저를 이용하는 편이 훨씬 빠르고 편리하다는 사실을 깨닫고 있다.

우리가 점점 로보어드바이저에 익숙해지기 시작하고, 지인이며 식구들 또한 로보어드바이저의 도움을 받는 모습을 지켜보면서, 이 시장의 영역도 점차 팽창해 단순한 주택대출 거래를 넘어서게 될 것으로 예상한다. 사실 주택 구입 여정의 모든 것들은 누구에게나 커다란 가능성으로 열려 있다. 추천 상품을 현재 당장 고객이 감당할 수 있는 자금의 범위 내로만 제한하는 대신, 디지털 중개업체들은 자동화된 어드바이스를 통해 필연적으로 투자처로서 좋은 집들을 고객에게 추천하기 시작할 것이며, 과연 해당 부동산이 고객의 더 넓어진 금융 프로필 내에서 어디쯤에 위치해 있는지를 논하게 될 것이다. 집이란 어쨌든 아주 중요한 자산이니까 말이다. 로보어드바이저들은 나아가 매매 과정 도중이나 이후에 생명보험 등의 보완적인 금융 서비스 상품들을 제안하거나 심지어 사전승인을 해주기도 할 것이다. 모든 절차가 마무리될 즈음, 집에서 가까운 현금인출기의 위치를 알려주거나, 주택 개조를 원할 경우 여기에 들일 돈을 마련할 수 있도록 가격 경쟁력이 높은 대출 상품을 소개해주기도 한다. 이사를 하면서 필요한 모든 자질구레한 물품들의 구입비를 댈 수 있게 현재 이율이 가장 괜찮은 신용카드 정보를 제공해줄 수도 있다. 관련 정보를 모두 가지고 있는 어드바이저와 이미 돈독한 관계를 맺은 상태일 테니 이를 활용하지 않을 이유가 뭐가 있겠는가?

관련 앱의 출시는 앞으로도 계속해서 지켜보도록 하자!

9장 　　　　　아낌없이 베풀어라

디지털 세대를 자신에게만 몰두한, 셀카만 찍어대는 나르시시스트라며 무시해버리기 쉽지만, 사실은 전혀 그렇지 않다. 기술의 발전이 우리를 이기적인 인간으로 만들었다는 말은 사실무근이다. 정보를 많이 기지고 있다는 말도 맞고, 연결성이 더욱 강화되었다는 말도 맞지만 이기적이라고? 턱도 없는 소리다.

일단 기술, 특히 소셜미디어는 우리로 하여금 공유하고자 하는 마음을 더욱 키우게 만들었다. 대부분의 사람들은 연애 상태이든, 흥미로운 영상이든, 업무상 또는 개인적으로 중대한 뉴스거리이든, 적어도 무엇인가를 온라인에 공유한다. 그리고 우리가 공유하는 모든 것들이 우리가 누구인지와 직접적으로 관계되어 있다.

이렇게 사람들의 자기인식이 커지면서 가장 큰 이득을 보는 수혜자는 바로 자선 사업이다. 사람들이 무엇인가에 열정적으로 몰두할 때면 종종 옥상에서 소리치고 싶은 충동을 느끼거나, 아니면 최소한 다른 사람들이 자신의 마음에 공감해주기를 바란다. 이 같은 행동을 디지털상에서 할 수 있는 기회가 생기게 되면서 자선기금에 수백만 파운드 및 달러가 모이는 효과를 불러일으켰다. 2014년 여름 내내 소셜미디어를 지배했던 아이스버킷 챌린지와 같은 바이럴 이벤트들을 기억할 것이다. 이 이벤트는 진행성 신경병성 질환 연구를 후원하기 위한 ALS협회(ALS Association)의 모금을 돕겠다고 시작되어, 미화 1억 1,500만 달러를 모으는 데 성공했다. 마크 저커버그부터 빌 게이츠, 오프라 윈프리, 저스틴 비버, 그리고 셀레나 고메즈에 이르는 다른 수십 명의 거물들과 더불어, 심지어 과거 미국 대통령이었던 조지 부시도 이 챌린지를 받아들였다. 같은 해, '노메이크업 셀피'가 유행을 하면서 암 인식에 대한 대중의 관심을 높이는 데 일조했다. 일반인들이 '과감하게' 수백만의 자선기금을 내놓은 것은 물론, 킴 카다시안이며 제니퍼 로페즈 등의 유명인들도 여기에 참여했다. 그러는 사이, 2000년대 초에 호주에서 시작된 모벰버 운동은 모벰버 재단(Movember Foundation)의 세계적인 행사가 되어 남성의 건강 증진을 위해 자선기금을 모으고 있다.

이렇듯 유명한 바이럴 이벤트들이 들불처럼 번져나가기

는 했으나, 그렇다고 해서 우리가 후원하는 자선단체를 까다롭게 고르지 않는다는 의미는 아니다. 사실 그 반대에 가깝다. 인터넷 덕분에 우리는 일반적으로 과거보다 더 많은 정보를 얻고 있으며, 이제 모든 사람들, 그리고 모든 것들에 관해 훨씬 더 많이 알게 되었기에, 뭐든지 더욱 면밀하게 조사하고 그 본래의 모습을 알아차리는 데 익숙해졌다. 이제 대형 조직이나 기관이 단순히, 그러니까 그저 해당 부문에서 덩치가 가장 크다는 이유만으로 기금을 모을 수 있던 날들은 지나갔다. 소비자들은 그보다 훨씬 더 비판적이고 모금된 돈이 어디에 어떻게 쓰이는지 자세히 알려고 한다. 우리에게는 자신의 기부금이 어떻게 쓰였는지를 알고 그로 인해 '고무되는' 느낌을 받고자 하는 압도적인 열망이 있다. 생생한 이야기를 보고 들음으로써 우리가 믿고 있는 것이 무엇이든 정말로 진실인지를 확인하고 싶은 것이다. 여기에서도 자선 운동이나 이를 지지하는 사람들과의 개인적인 연결이 결정적이다.

이러한 철학은 또한 우리가 지지하는 회사로까지 뻗어나간다. 만약 어떤 대형 사업체가 스스로를 사회적 가치를 위해 헌신하는 기업이라고 주장하고자 한다면, 전심을 다해 헌신하는 편이 나을 것이다. 진실된 마음이 핵심이다. 진심을 다했다는 사실이 증명될 경우 그에 대한 보상은 자명하다. 실제로 세계적으로 90퍼센트의 소비자들이 두 경쟁사의 제품이 가격 및 품질에서 동등할 경우 대의를 위하겠다는 목표를 가지고 있지 않은 회사의 제품 보다는 자선 운동과 관계되어 있는 회사의 제품을 구입하겠다고 말했다.

흥미롭게도 우리가 보고 있는 새로운 디스럽션 회사의 상당수는 보다 서로를 신뢰하고 배려하는 사회를 만들어가는 데 중점을 둔다. 일례로 에어비앤비를 한번 생각해보자. 에어비앤비는 사용들로 하여금 숙박업소 목록을 추리고 방을 예약할 수 있게 해주는 마켓플레이스로, 우리가 다른 사람들을 자신의 집에 머물도록 허락할 만큼 서로를 충분히 신뢰한다는 믿음을 바탕으로 설립되었다. 이것 참 대단한 일이지 않은가? 엄청나게 유용한 새로운 금융 앱들의 급증을 몰고 온 새로운 오픈뱅킹 시대가 자신의 데이터를 엄선된 협력기관에 기꺼이 공유하려는 우리 고객들에게 의존하고 있다. 보험에 관한 이야기를 했던 7장에서 다수의 새로운 인슈어테크 앱들이 어떻게 집단 사이의 공동체 의식과 신뢰에 바탕을 두고 사업을 운영할 수 있는지 설명한 바 있다. 이처럼 신뢰를 향한 추세는 자선 부문에서는 모두 희소식이다.

하지만 우리 모두가 점차 가진 것들을 나누고 남을 배려하는 사람이 되어간다고 하더라도, 그 돈이 자연스레 누구의 노력도 없이 자선단체에 흘러들어가는 것은 아니다. 비영리단체들은 '시대정신'에 맞추어야 하지만, 디지털 세상 속에서 쉽게 기부할 수 있도록 만들기도 해야 한다. 오늘날에는 속도와 편의성이 핵심이다. 기부를 할 마음이 있는 사람이라면 누구든, 기부를 빠르고 간단하게 할 수 있는 방법이 있을 경우 실제로 행동에 옮길 가능성이 높다. 그렇기 때문에 자선단체들이 기부활동을 마치 우버를 부르는 것만큼이나 간단하게 만드는 데 주안점을 두고 있는 것이다. 혁신적인 지불 방식을 갖춘 디지털 기술은 우리가 믿을 만하다고 생각하는 자선단체에 쉽게 접속하여 일회성 혹은 정기적인 기부를 할 수 있도록 해준다.

자선기부의 디지털 디스럽션은 아직 초기 단계에 있다. 블랙보드(Blackbaud)가 2017년에 발표한 자선기부 보고서에 따르면, 온라인 기부가 자선기금에서 차지하는 비율은 고작 7.6퍼센트 밖에 되지 않는다고 한다. 하지만 이 비율은 빠르게 증가하고 있으며, 지난 한 해에만 12퍼센트가 넘게 올랐다. 가장 크게 성장한 영역 중의 하나는 스마트폰을 통한 기부이며, 현재 온라인 기부의 21퍼센트를 차지하고 있다. 오늘날 현금을 지니고 다니는 사람이 점점 줄어들고 있으므로 이러한 비율은 더 늘어날 것으로 예상된다. 실제로 이미 길거리에서 자선모금을 하는 자원봉사자들이 비접촉식 단말기며 칩앤핀(chip and pin) 단말기들로 무장하고 있는 모습이 제법 눈에 띈다. 지금까지의 초기 결과상으로는 후원자들이 비접촉식 결제 방식을 이용할 때 '세 배'나 많은 금액을 기부하는 것으로 나타났다.

다음 절에서 그밖에 자선단체들이 기부를 쉽게 만들기 위하여 도입한 다른 혁신적인 방법들을 몇 가지 더 살펴보도록 하자.

마이크로도네이션: 한 푼 한 푼이 지니는 가치

수표나 신용카드 결제를 처리하는 비용 탓에 그동안 자선단체들은 늘 소액 기부는 받을 엄두도 내지 못했다. 디지털의 좋은 점 중 하나가 바로 기관들에서 기부금액이 얼마가 되었든 상관없이 아무리 적은 금액이라도 받을 수 있는 가능성을 단번에 열어준다는 것이다. 기부자들 또한 좋은 마음으로 기부한 돈이 은행의 과도한 처리 비용으로 뜯기는 대신 의도했던 자선기관으로 곧장 간다는 사실에 만족감을 느끼게 된다.

마이크로도네이션(microdonations)의 세계에 온 것을 환영한다. 이는 세상을 바꾸는 힘은 우리 개인의 지갑 크기에서 나오는 것이 아니라는 생각을 바탕으로 생겨났다. 만약 모두가 각자 1파운드, 혹은 1달러씩 어떤 자선단체에 기부하고 주변 사람들에게도 그렇게 하도록 권한다면 모금액은 금세 불어날 것이다.

마이크로도네이션의 잠재력을 가장 먼저 알아본 초창기 핀테크 중 하나는 영국의 **페니즈(Pennies)**였다. 스스로 '디지털 모금함'이라고 칭하는 **페니즈**는 소매업체들과 협업하여 계산대에서 마이크로도네이션을 할 수 있도록 만들었다. 우리가 카운터에서 흔히 보던 전통적인 모금함과 매우 흡사한데, 그때는 요금 계산 후 받은 잔돈을 털어 넣기에 최적의 장소였지만, 지금 이 경우에는 최종 결제 금액에 소액을 더하는 방식으로 이루어지게 된다. 어떠한 데이터를 넘겨줄 필요도 없다. 그저 예나 아니오 중에서 고르기만 하면 계산대의 결제 단말기에 1펜스부터 99펜스 사이의 기부액을 설정하는 화면이 뜬다. 2010년 11월, **도미노 피자(Domino Pizza)**가 온라인 주문 창에 기부 버튼을 넣음으로써 그와 같은 기부 방법을 처음으로 도입했다. 오늘날에는 **에반스 사이클즈(Evans Cycles)**, **디 엔터테이너**(The Entertainer), **스크류픽스(Screwfix)**를 포함하여 50개 이상의 회사에서 이를 시행하고 있다.

논리적으로 디지털 마이크로도네이션이 밟아야 할 다음 단계는 기술을 바로 우리 손안에 쥐어주는 것이다. 문자 그대로 손안에 말이다. 이제 우리가 기분이 내킬 때 우리가 원하는 곳에 소액을 기부할 수 있도록 해주는 앱이 점점 많아지고 있다.

추천: 정기적인 기부

영국 기반의 **스팟펀드**(Spotfund)는 기부자들로 하여금 자신이 참여하고 있는 여러 자선기관들의 모금 행사를 소셜미디어를 통해 공유하도록 장려한다. 사용자들은 그저 마음에 드는 사연에 미화 1달러, 2달러, 혹은 3달러를 기부하겠노라고 표시를 한 후, 사람들 사이에 널리 퍼져나가 흥하기를 바라는 마음을 담아서 앱을 통해 공유하기만 하면 된다. **스팟펀드**는 심지어 사용자가 직접 기부한 금액과 친구들에게 모금한 금액을 합하여 '영향력 점수'로 나타내 보여줌으로써 이러한 과정을 게임처럼 즐길 수 있도록 만들었다. 사용자가 의미 있는 곳에 쓸 수 있도록 스스로 모금함을 만드는 방법도 가능하다. 이와 유사한 앱으로는 **구글 원 투데이**(Google One Today)가 있는데, 사용자가 하루에 1달러씩 기부를 하면 전액을 자선단체에 전달해준다. 또한 연말정산에 쓸 수 있도록 모든 기부 내역이 기재된 기부금영수증을 제공한다. **셰어더밀**(ShareTheMeal)은 세계식량계획을 위한 마이크로도네이션을 모금한다.

관련 앱: *Spotfund, Google One Today, ShareTheMeal*

추천: 디지털 '잔돈'

마이크로도네이션의 또 다른 접근법은 우리의 디지털 '잔돈'을 모아 자선단체에 보태는 방식이다. **코인업**(Coin Up)은 애플의 앱스토어 승인을 받은 최초의 모바일 기부 앱 중 하나였다. 이 앱을 사용하면 신용카드나 체크카드를 이용해 물건을 구입할 때 총액이 반올림되어, 반올림된 만큼의 금액을 앱의 사용자가 선택한 기관으로 직접 보낼 수 있다. 앱에 가입하고, 계정을 만든 뒤, 특정 기관에 기부할 때 사용할 결제 수단 정보를 입력하는 과정이 포함된 세 단계의 절차만 마치면 된다. 열쇠고리나 팔찌처럼 비접촉식 결제 도구로 사용할 수 있는 온갖 액세서리들의 활용에 대한 실험도 진행 중에 있으며, 실생활에 적용된다면 기부자들이 물건을 구입할 때마다 자선단체에 잔돈을 기부하는 절차가 한결 쉬워질 것이다. 원리는 다음과 같다. 우선 기부자들이 비접촉식 액세서리를 구입하고 신용카드와 연결하여 돈을 충전해둔다. 그러고 나면 커피부터 열차 할인권까지, 어떤 상품이든 구입 대금을 치르기 위해 해당 액세서리를 사용할 때마다 기부가 발생하게 된다. 이러한 절차는 모두 사용자들이 직접 관리할 수 있으며, 매달 특정 금액을 넘어가지 않도록 기부금 한도를 설정할 수도 있다. 잔돈 기부 앱은 그 외에도 **기브타이드**(GiveTide), **체인지업**(ChangeUp), **라**

운드업(RoundUp) 등이 있다.

*관련 앱: **Coin Up, GiveTide, ChangeUp, RoundUp***

추천: 충동 기부

핀테크 자선 산업 또한 그 어느 때보다 혁신적으로 변해가고 있다. **스냅도네이트**(Snapdonate)라는 앱은 사람들이 적은(때로는 많은) 금액을 충동적으로 기부할 수 있도록 만든다. 자, 당신이 기차에 타고 있던 중에 이를테면 맥밀런 암 지원센터(Macmillan Cancer Support)의 광고가 눈에 띄었다고 가정해보자. 휴대폰을 자선단체의 로고에 향한 뒤, **스냅도네이트** 앱을 통해 사진을 찍고, 얼마를 기부할지 고르기만 하면 그것으로 끝이다. 순식간에 기부를 한 것이다. 문자메시지를 보내기 위해 번호를 따로 적어두거나 QR 코드를 가지고 이리저리 조작할 필요도 없다. 밖에서 돌아다니는 중이거나, 열차에 탑승 중이거나, 집에서 잡지를 읽고 있던 중이거나 할 것 없이 어디에서든 가능하다. **스냅도네이트**는 수십 가지의 자선기관 로고들을 자동으로 인식할 뿐 아니라, 저스트기빙(JustGiving)에 등록된 1만 3천 개 이상의 자선단체 중 어디로든 기부금을 보낼 수 있게 해준다.

이 앱에서는 각 기부활동에 대해 수수료를 한 푼도 받지 않지만, 저스트기빙은 평소대로 5퍼센트의 금액을 수수료 명목으로 청구한다.

관련 앱: Snapdonate

추천: 비금전적 기부

마이크로도네이션의 또 다른 측면에서는 현금을 기부하지는 않지만 자선기부가 이루어지도록 '영향을 주는' 앱이 개발되어 있다. **도네이트 어 포토**(Donate a Photo)와 **채리티 마일스**(Charity Miles)가 미국에서 시도되고 있는 대표적인 두 가지 사례이다. **도네이트 어 포토**는 사용자가 촬영한 온갖 사진들을 자선단체에 보내는 현금으로 바꾸어줌으로써 사진을 활용한 기부를 할 수 있게 해준다. **도네이트 어 포토**를 통해 사진을 공유할 때마다 미화 1달러가 자선단체에 기부되는 방식이다. 공유한 사진은 **도네이트 어 포토**의 갤러리의 일부가 되지만 앱을 홍보하는 목적 외에 상업적인 용도로는 절대 쓰이지 않는다. **채리티 마일스**는 그저 앱을 다운로드 받고는 이후 운동 기록을 소셜미디어에 공유하기만 하면, 걷거나, 뛰거나, 자전

거를 타고 이동한 거리에 따라 사용자가 선택한 자선기관에 돈이 기부된다. '가만 있어보자.' 아마 이런 생각이 들 것이다. '이 세상에 공짜가 어디 있어.' 맞는 말이다. 여기에서 기부되는 돈은 기업 스폰서로부터 나온다. **도네이트 어 포토**는 존슨 앤 존슨(Johnson & Jognson)에서, **채리티 마일스**는 존슨 앤 존슨(여기도), 델몬트 프레시(Del Monte Fresh), 브룩스 러닝(Brooks Running)을 포함한 여러 기업에서 후원을 하고 있다. 조직들은 보통 수익의 일부를 자선단체에 기부하곤 하므로, 직접 돈을 보내는 대신 앱을 통하는 방법을 택했을 뿐이다. 앱의 사용자로서 우리가 취하는 행동은 그저 돈이 어디에 쓰일지(그리고 해시태그를 공유함으로써 사람들을 모으는 데)에 영향력을 행사하는 것이다.

관련 앱: *Donate a Photo, Charity Miles*

돈, 그 이상의 기부

돈을 기부하는 것은 가치 있는 일에 힘을 보태는 많은 방법들 중 그저 한 가지 수단에 불과하다. 뭔가 가치 있는 일을 하고자 하는 마음이 강하다면, 이에 참여할 수 있는 방법은 아주 다양하며, 여기에서도 디지털이 우리로 하여금 남을 돕는다는 개념에 있어서 전혀 새로운 관점을 가질 수 있도록 하는 기반을 닦아주었다.

추천: 안 쓰는 물건에 새 삶을

곤포굿(Gone for Good)은 사용하지 않는 잡동사니들을 자선단체에 넘기는 일을 수월하게 만들어줌으로써 집과 손을 가볍게 할 수 있게 해주는 앱이다. 이 앱은 사용자들이 집 근처의 자선기금 마련을 위한 중고품 가게에 기증하기 위해 옷가지며 책을 꽉꽉 채운 가방을 힘겹게 나르던 날들에 마침표를 찍을 수 있도록 하는 것을 목표로 한다. **곤포굿**은 기부 절차를 완전히 최신식으로 탈바꿈시켰다. 영국 심장재단(British Heart Foundation), 영국 암연구소(Cancer Research UK), 마인드(Mind), 옥스팜(Oxfam), 셸터(Shelter), 구세군(Salvation Army)을 포함하여, 광범위한 자선기관들과 협력관계를 맺고 있는 **곤포굿**을 이용하면, 그저 필요 없는 물건의 사진을 앱에 올리기만 하면 된다. 그러고 나면 앱에서 알아서 사용자의 집에 방문해 해당 물건들을 수거해갈 여러 자선단체들을 섭외해준다.

이 앱은 소파처럼 덩치가 커서 이런 방법이 아니면 치울 때 오히려 돈을 지불해야 하는 물건들을 처리할 때 특히 유용하다. 또한, 매립되어 버려지는 의류의 양도 확실히 줄일 수 있다. 앱의 제작자들은 버려질 운명에 처한 물건들의 단 6퍼센트만 이 앱을 통해 재활용할 수 있게 방향을 바꾸어주어도 자선기금이 두 배로 뛸 것이라고 말했다. 사용자들은 기프트 에이드(Gift Aid, 영국 납세자들이 기부를 하면 신청 여부에 따라 기부금을 받은 단체에서 기부자의 소득세의 비율만큼을 추가로 국세청에서 지급받을 수 있게 해주는 제도)를 선택함으로써 자선단체에서 추가 비용을 들이지 않고 더 많은 돈을 모을 수 있게 해줄 수도 있다.

관련 앱: *Gone for Good*

추천: 자원봉사

단순히 돈을 기부하는 것 이상으로 큰 도움을 주고 더 깊게 참여하고자 한다면, 봉사활동을 하는 것도 좋은 선택일 수 있다. 자원봉사는 굉장히 보람 있는 일이다. 실제로 미국의 봉사 앱 **기브갭**(GiveGab)의 설립자는 한 달에 한 번 봉사활동에 참여하면 우리가 느끼는 행복은 월급이 두 배로 인상되는 것보다 더 큰 폭으로 증가한다는 연구 결과를 읽고 난 뒤에 이 같은 앱을 만들겠다는 생각을 떠올렸다고 한다. 앱을 이용해 프로필을 만들고 나서 마음이 끌리는 활동을 후원하는 기관과 함께 할 기회가 있는지 찾아보자. **기브갭** 앱은 온라인으로 봉사 신청을 할 수 있도록 해주거나 조직의 연락처를 제공해준다. 사용자들은 봉사활동을 하면서 시간을 기록해둘 수 있으며, 앱의 소식란 '더갭(The Gab)'에 실리도록 사진과 감상을 공유할 수도 있다.

영국에도 이와 유사한 선구자적인 앱이 몇 가지 있다. **팀 런던(Team London)**은 사람들이 청소부터 행사장 봉사까지 다양한 지역사회 봉사활동에 참여하도록 장려한다. 시각장애인 이용자들을 비시각장애인 자원봉사자들과 연결해줌으로써 비디오 링크를 통해 소통하며 어떤 도움이든 줄 수 있는 **비마이아이즈(Be My Eyes)**와 같은 전문적인 앱도 있다. **굿샘(GoodSam)** 역시 훈련된 응급처치요원 자원봉사자들에게 직접 알림을 보내 응급의료현장에 출동하도록 하는 훌륭한 앱이다. 봉사를 하게 된다면 즐거운 경험을 쌓고 나 자신이 뭔가 값진 활동을 해냈다는 기분을 만끽한 뒤, **리필(Ripil)** 앱에서 후기를 나누어 다른 사람들도 봉사에 참여하도록 장려해보자.

관련 앱: *GiveGab, Team London, Be My Eyes, GoodSam, Ripil*

10장 요금 관리를 수월하게 하라

뭔가에 대한 값을 지불하는 행위의 근본적인 관념은 수백 년 동안 변함이 없다. 양자 간 합의한 금액만큼의 돈을 한쪽에서 다른 한쪽으로 이전하는 능력에 중점을 둔 유쾌하리만치 단순한 관념 말이다. 하지만 지불을 이행하는 방식은 오늘날 눈이 핑핑 돌 정도로 빠르게 변화하고 있으며, 훨씬 단순하고 직관적으로 변해가고 있다. 실제로 해당 분야에서는 2010년대 동안에만 해도 지난 25년을 합친 기간 동안보다 더 큰 변동이 있었다. 1994년 처음 암호화된 온라인 결제 방식이 도입되었던 이래로 우리는 아주 먼 길을 떠나왔다. (관심 있는 독자들을 위해 덧붙이자면, 처음으로 그러한 방식이 적용되었던 거래는 스팅의 〈텐 서머너즈 테일스〉 앨범의 구입이었다.) 그 때부터 우리는 온라인 쇼핑이 대대적으로 유행하고, 전자납부가 증가하고, 비접촉식 및 문자 결제와 모바일 지갑이 성장하는 모습들을 지켜보았다. 이제 시장에는 무려 350가지가 넘는 다양한 지불 방식이 존재하며, 앞으로 이보다 더한 변화를 가져오려는 빠른 움직임이 나타나고 있다.

디지털 청구서 관리

가끔가다 한 번씩 요금 납부를 놓치는 일은 그다지 중요하지 않을 것 같지만(인간은 누구나 실수를 하지 않는가?), 그런 일이 지나치게 잦다면 신용점수가 엉망이 되어버릴 수 있다. 신용점수는 일단 한번 나빠지고 나면 예전의 좋은 상태로 회복하기까지 상당한 노력이 필요하다(이와 관련해서는 4장 '신용점수를 확인하라'를 참조하기 바란다). 물론 달력에 납부 기한을 기록해놓고 그에 따라 행동할 수도 있겠지만, 현실적으로 단순히 기록을 해두는 것만으로는 실제로 그 날 반드시 납부를 하도록 하는 충분한 동기 부여가 되지 않기도 한다. 더구나 어딘가에 내팽개쳐져 있던 청구서를 찾는 일부터 시작해서 직접 납입을 하러 나가야 하는 귀찮은 상황에 있다면 일처리를 위한 추동력은 더욱 흐지부지되어 버리고 만다.

요금 납부 앱은 한 곳에서 우리가 이용하는 다양한 서비스 공급자들에게 언제나 정확하게 제때 요금을 지불할 수 있도록 해주는 훌륭한 수단이다. 대부분 무료로 이용할 수 있지만, 간혹 계좌이체를 하는지 신용카드로 납부하는지에 따라 달라지는 경우도 있기는 하다.

현재 시중에 나와 있는 여러 납부 앱들은 각기 다른 장점을 지니고 있다.

추천: 단순 알림 서비스

가장 단순한 형태의 앱은 **빌트래커**(BillTracker)로써, 기본적으로 달력에 기반을 두고, 수도 요금, 자동차 할부금, 또는 모바일 구독료 납입 기한이 다가오면 알려주는 서비스이다. 지금까지 밀린 납입금과 더불어 앞으로 내야 할 청구서 정보들을 모두 항목별로 나누어 한눈에 훑어볼 수 있는 기능도 있어 사용자들이 다음에 어디에 얼마를 내야 할지 확인하고 대비할 수 있게 해준다.

관련 앱: *BillTracker*

추천: 적극적인 청구서 및 납부 관리

빈(Bean)은 사용자의 은행 계좌 및 신용카드에 연결해 모든 정기적인 요금 납부 정보와 넷플릭스(Netflix), 스포티파이(Spotify), 애플 뮤직(Apple Music) 등의 서비스 구독료를 관리해준다. 납입금은 항목별로 쪼개서 깔끔한 대시보드에 보여주므로 언제 얼마가 빠져나가는지 사용자가 쉽게 파악할 수 있다. 이 앱의 재미있는 부분은 사용자가 단순히 구독 취소하는 것을 잊은 듯 이용하지 않는 구독 항목들을 신속하게 탐지해서 보여줌은 물론, 사용자가 원할 경우 빈이 직접 나서서 구독을 취소해주기도 한다는 점이다. 전통적으로 구독 신청을 한 조직들에 각각 연락을 취해 취소 의사를 알리는 일은 사용자의 몫이었으므로, 사람들은 보통 귀찮고 번거로워서 실행에 옮기지 않은 채 그냥 지내곤 했다. 이 앱이 추산한 바에 의하면 연간 최대 223파운드가 원치 않는 구독료로써 낭비되고 있다고 하니, 이를 통해 상당한 금액을 절약할 수 있음을 알 수 있다. 또한, 사용자가 현재 이용 중인 공익사업 서비스들을 다른 곳에서 더 저렴하고 괜찮은 조건으로 계약할 수 있는지, 혹여나 지금보다 더 경쟁력 있는 이율로 신용카드를 쓸 수 있는 기회를 놓치고 있지는 않은지 알려주기도 한다. 빈은 자사의 서비스를 이용하면 가구당 연간 672파운드를 추가로 절약할 수 있다고 추산한다. 앱의 사용자들은 간단한 신청을 통해 자산을 운용하는 팁을 얻을 수 있을 뿐 아니라, 현재보다 더 절약할 수 있는 방법이 생길 때마다 스마트폰으로 알림 서비스를 받아볼 수 있다.

미국의 청구서 관리 앱인 **하이에이터스**(Hiatus) 역시 우리가 체험 기간 동안 무료 이용을 위해 가입해놓은 채 무심코 구독을 유지하고 있는 서비스들에 집중한다는 점에서 **빈**과 유사한 요소들을 많이 갖추고 있다. 무료 체험 신청을 한 것들을 포함하여 현재 매달 구독 중인 서비스들을 추가하기만 하면, 서비스 이용료가 자동으로 부과되려고 할 때마다 앱이 알림을 보내준다. 이제 더 이상 구독을 원치 않거나 '실수로' 이용료가 지불된 서비스가 있다면, 해당 서비스 제공 업체에 연락을 취하지 않고도 앱에서 바로 취소할 수 있도록 도와줄 것이다. 또한 주택대출금이나 보험료 등의 지출액의 이율을 지켜봄으로써 사용자가 최선의 조건으로 계약을 유지할 수 있도록 해준다.

관련 앱: *Bean, Hiatus*

추천: 청구서 관리를 넘어

개인 금융 앱 **민트**(Mint)와 **원독스**(Onedox)는 둘 다 청구서를 관리하고 지불하는 기능과 더불어, 폭넓은 예산 편성 및 신용 정보 확인 서비스도 제공한다. 대부분의 청구서 관리 서비스들과 마찬가지로 이들 앱 또한 모든 정보를 한 곳에 정리해줌으로써 전반적인 절차를 간소화해주며, 청구서들을 검토하고, 관리하고, 납부 기한에 맞춰 납입할 수 있도록 해준다. 이는 **민트** 앱의 금융과 관련된 여러 다양한 기능들 중의 하나일 뿐이며, 나아가 사용자의 지출이 그 외의 다른 모든 재정적 의무며 목표와 어떻게 관련되어 있는지를 한눈에 볼 수 있다.

    프리즘(Prism)도 지출 분석을 제외하면 이와 유사한 양식을 따르는데, 그에 더해 외부 환경을 통하지 않고도 이 무료 앱에서 바로 납부할 수 있는 기능까지 추가되어 있다. 그저 요금을 납부할 때 사용할 결제 계좌를 연결해주기만 하면 끝이다. 새로운 청구서가 도착하면 **프리즘**에서 사용자의 휴대폰으로 알림을 보내 결제 일정을 잡아야 한다고 알려준다. 사용자들은 즉시 납입을 완료하거나 추후 특정 일시에 자동 납부되도록 설정할 수 있다. 그리고 외부 결제 시스템을 거치지 않으므로 못 보고 지나쳤던 청구서에 대한 납부도 즉각적으로 완료할 수 있다.

     핀테크 혁명

다른 여러 청구서 관리 앱들과 마찬가지로, **프리즘** 또한 청구서를 검토해보고 이전 사용 내역에 비해 비정상적으로 많거나 적은 금액이 청구되었을 경우 사용자에게 알리는 기능을 포함하고 있다. 청구서를 다시 한 번 확인하고 필요할 경우 문제를 바로 잡을 수 있도록 해주는 아주 유용한 장치이다.

관련 앱: *Mint, Onedox, Prism*

추천: 정확한 기록 관리

오래 전에 날아왔던 공과금 청구서를 찾기 위해 여기저기 들쑤시고 헤매본 적이 있다면 요금 납부의 중추이자 일종의 디지털 서류 보관함과 같은 역할을 하는 **독소**(Doxo)의 진가를 알아볼 것이다. 미국 기반의 앱인 **독소**는 공공사업체에서부터 은행에 이르기까지 다양한 서비스 제공업체로부터 발행된 전자 청구서들을 자동으로 한데 모아서 하나의 중앙 계정에 전부 저장해준다. 그 밖의 다른 가족 및 가계 서류들을 업로드하고 자신의 온라인 서류 보관함에 저장하는 것도 가능하다.

관련 앱: *Doxo*

에너지와 공공사업

에너지 회사와 은행은 굉장히 비슷한 전통을 공유하고 있다. 둘 다 중앙에 집중되어 있고, 복잡한 절차를 기반으로 하며, 심하게 규제된 구조로 이루어져 있는 것이다. 흥미롭게도 현재 에너지 사업은 아직 초기이기는 하지만 과거 은행이 그랬던 것과 똑같이 디스럽션의 대대적인 개혁 과정을 거치고 있다.

지금이 바로 기술을 도입하여 에너지나 공공사업과 같은 서비스에 요금을 지불한다는 관념을 완전히 뒤바꾸어 놓을 적기라는 견해가 널리 퍼져 있다. 지금까지 나온 아이디어들 중 가장 흥미로운 생각은 전통적인 방식을 전부 바꾸자는 것이다. 고객이 소수의 대형 공공사업체 중 하나에 현금이나, 자동이체, 심지어 비트코인으로 요금을 납부하게 하는 대신, 아예 이런 회사에 돈을 내지 않도록 하면 어떨까? 이를 테면 지인이나 이웃들 간에 에너지를 사고 팔 수 있게 된다면 어떻게 될까? 우리 모두가 자신만의 에너지 공급자가 되는 것이다.

중간에 낀 중개인의 존재를 완전히 잘라낸 개인 대 개인의 에너지 거래는 현재 탐색 중인 여러 운영 방안 중 하나에 불과하다. 이제 시장을 움직이는 힘은 에너지의 소비자(consumer)이자 동시에 '생산자(producer)'가 된 우리의 손안에 있다. 이러한 새로운 유형을 가리켜 프로슈머(prosumer)라고 한다. 프로슈머는 각 가정에 에너지 및 공공사업 서비스를 팔며 중간상인 역할을 하는 단일한 대형 공급자를 통해서만 서비스를 구입하지 않는다. 그 대신 프로슈머는 단순히 서로 간에 전기를 거래하고 전적으로 자동화된 시스템을 통해 그 자리에서 실시간으로 요금을 받는다. 그저 지붕에 태양광 패널을 설치하고 에너지를 사고 팔 기술만 갖추면 된다.

추천: 에너지 공급업체 갈아타기

만약 아직 스스로 에너지 공급자가 될 준비가 충분치 않다면, 최소한 자기가 가능한 한 가장 좋은 조건으로 필요한 모든 에너지를 공급받고 있는지는 확인해야 한다. 우리는 모두 자신이 내는 요금 청구서를 살펴보고 얼마를 지불하고 있는지 빠삭하고 꿰고 있어야 할 의무가 있다. 살펴보는 것을 잊으면 연간 수백 파운드의 손해를 보게 될 수도 있다. 편리하게도, 시중에는 에너지 공급업체들을 확인하는 번거로운 작업들을 모두 떠맡아 해주고 필요한 경우 새로운 업체로 갈아탈 수 있도록 도와주는 회사들이 굉장히 많다. **룩애프터마이빌스**(lookaftermybills), **래브라도**(Labrador), **스위치크래프트**(Switchcraft)와 같은 자동 전환 앱들은 가격 비교 사이트들과 약간 비슷한 방식으로 운영되기는 하지만, 가장 좋은 조건들을 죽 나열해주기만 하는 데 그치는 것이 아니라, 시장을 관찰한 뒤 지금보다 나은 가격대의 서비스가 있을 경우 자동으로 모든 전환 절차를 밟아준다. 이 모든 서비스는 무료이며, 앱은 에너지 공급업체로부터 수수료를 받아 수익을 올린다. 고객들은 갱신이 가능한 에너지 공급업체를 선호하는지와 같은 몇 가지 항목들에 대해 선호하는 바를 설정할 수 있다.

관련 앱: *lookaftermybills, Labrador, Switchcraft*

추천: 태양에너지 공유

미국 기반의 **LO3에너지**(LO3 Energy)는 자기 집 지붕이나 땅에 태양광 패널을 설치한 사람들로 하여금 남는 에너지를 일명 스마트 그리드(smart grids)를 통해 근처에 사는 다른 사람들에게 팔 수 있도록 해주는 시스템을 개발했다. 서비스를 이용하기 위해서 우선 사용자는 자신이 설치한 태양광 패널이 생성하는 에너지 대 자신의 가정에서 소비하는 에너지량을 추적해주는 스마트미터를 설치해야 한다. 그리고 나면 전자 장부가 남는 에너지의 양을 꼼꼼하게 기록하고 가까이 사는 이웃들에게 잉여 에너지를 판매하는 일을 관리해줌으로써 거래가 원만하게 이루어지도록 돕는다. 그러한 방식은 효율적일 뿐만 아니라, 에너지를 장거리 송신하는 것보다 이처럼 분배하는 편이 보다 효율적이고 환경 친화적이라는 점에서 환경을 보호한다는 이점도 추가된다. 지금까지 브루클린과 뉴욕에서 성공을 거두었으며, 이제 다른 곳으로도 뻗어나가고 있다. 독일에도 이와 비슷하게 수백만 가구가 자기 집 지붕에 단 태양광 패널의 덕을 보도록 하는 프로젝트가 두 가지 진행되고 있다. 하지만 여기에서는 남는 전력이 발생하면 소비자들이 의무적으로 주요 공공사업기관에서 지정한 가격으로 그리드에 되팔아야 한다.

관련 앱: *LO3 Energy*

추천: 에너지 거래

영국에서는 **일렉트론**(Electron)이 공공사업자들끼리 협력하여 수요와 공급의 균형을 맞추는, 일명 '에너지 이베이(energy eBay)'라는 것을 개발하고 있다. 기획한 바에 따르면, 소비자들은 재생 에너지 공급이 풍부한 기간에는 더 많은 에너지를 쓰고 공급이 상대적으로 적을 때는 적게 쓰도록 소비량을 조정한 것에 대해 보상을 받게 될 것이다. 따라서 세탁기나 식기세척기 등의 가전제품들을 '비수기'에 작동시킴으로써 낮은 요금을 적용받을 수 있다. 이러한 절차는 모든 당사자들 간에 직접적인 거래를 가능케 하고 전 과정을 스마트홈 기술과 연결시켜주는 블록체인 기술에 기대어 이루어진다. 이 글을 쓰고 있는 시점에는 아직 출시되기 전이지만, 에너지 업계에서 거물급인 지멘스나 내셔널그리드로부터 후원하에 개발이 진행되고 있다.

추천: 전기차 소유주

독일에서는 **셰어앤차지**(Share&Charge) 앱이 전기차들을 거주자용이든 상업용이든 현재 사용할 수 있는 충전소와 연결해준다. 전기차를 운전하는 사람들은 도로에 나가있는 동안 쉽게 충전소를 찾을 수 있으리라는 사실을 인식하고 안심할 수 있다. 또한 차주들은 자신만의 충전소를 등록하고 서비스 이용료를 직접 결정할 수도 있다.

앱의 바탕에 있는 기술이 충전소 네트워크를 조율하고,

운전자들에게 가까운 충전소가 어디에 위치해 있는지, 사용 중인지 여부를 대화형 지도상에 표시해준다.

관련 앱: *Share&Charge*

11장

노후 자금을 준비하라:
스트레스 덜 받는 방법

우리가 돈과 상호작용하는 방식을 탈바꿈시킬 온갖 종류의 디지털 혁신들이 굉장한 속도로 쏟아져 나오는 상황에서 아직까지 돈의 혁명에서 늑장을 부리고 뒤처져 있는 부문이 하나 있었으니, 바로 연금이다. 실제로 오늘날까지도 연금 납부자들은 여전히 여러 파일들 속에서 서면으로 작성된 정보들을 통해 계좌를 관리하느라 허둥댄다고 말할 것이다. 몇몇 서류들은 수 년 전으로 거슬러 올라가야 하므로, 아주 잘 정돈된 집에서도 필요한 정보를 바로 바로 찾기란 쉬운 일이 아니다.

연금 지급 절차를 현대식으로 바꾸는 일에 절박함이 부족한 데에는 몇 가지 이유가 있다. 우선 단순하게 예산이나 은행 등 여타 기존의 금융상품들이 더 잘 되어 있기에 연금 개혁을 요구하는 목소리 자체가 그다지 널리 퍼져 있지 않았다. 디지털에 정통한 세대, 특히 젊은 층에게 있어 상당 부분 연금의 필요성은, 뭐랄까, 너무 멀게만 느껴진다. 연금 부문이 이렇듯 명백한 무기력 상태에 빠지도록 부추긴 데에는 기존 시스템이 남기고 간 문제도 한 몫 한다. 이전 세대의 대부분의 사람들은 얼마를 받을지가 미리 정해져 있는 퇴직연금제도에 미래를 맡길 수 있었다. 은퇴를 몇 개월 앞둔 시점이 되기 전까지는 연금에 대해 신경을 쓸 필요조차 없었던 것이다. 모든 사람들이 정확히 자신의 위치가 어디쯤이고 얼마를 지급 받게 될지 제법 잘 알고 있다고 자신할 수 있었다. 심지어 대부분의 퇴직연금제도가 공룡의 전철을 밟아 역사의 뒤안길로 떠나간 지 오래인 오늘날에도 '모두 다 정해져 있다'는 관점은 별로 사라지지 않았다. 보통 사람들은 50세가 될 때쯤, 혹은 더 나이가 들어서야 은퇴라는 단어가 서서히 현실로 보이기 시작한다. 현재의 상황을 바꾸기 위해 서두를 필요가 전혀 없었던 것이다.

연금이란 언제나 명쾌하게 이해하기 어려운 것이라고 악명이 높았던 점도 문제를 악화시켰다. 실제로 우리가 언제, 얼마를 받게 될지 계산해내려면 길고, 느리며, 손이 많이 가는 과정을 거쳐야만 한다. (우리가 여기저기 숨어 있는 종이 쪼가리들을 찾아낸 뒤) 누군가, 어딘가에서 우리가 가입해둔 모든 연금 제도의 정보들을 한데 모아주고 혹여나 깜박 잊고 있는 증권은 없는지 확인해주어야 한다. 영국에서는 2015년 4월 이래, 지급 절차를 약간 쉽게 만들고 55세 이상의 국민들이 노후 자금을 자기가 원하는 대로 쓸 수 있도록 완전한 자유를 주기 위한 목적으로 연금법이 완화되었다. 이전에는 안을 제시하고, 선택지를 비교하고, 다양한 변수의 영향을 고려하게 하는 등의 일들을 모두 보험사 측에 맡김으로써 퇴직자들은 연금 제도에 억지로 끼워 맞추어지는 느낌을 받곤 했다. 오늘날에는 개인 연금에 가입한 55세 이상이라면 누구나 자신의 연금의 4분의 1을 세금 없이 우선 일괄 지급받은 뒤, 나머지는 은퇴를 하고 나서 여생 동안 쓰는 것도 가능하다. 이는 선택의 폭이 더 넓어진다는 것을 뜻하는데, 물론 그 자체로는 좋은 일이지만, 행여나 일이 잘못되거나 계산을 실수할 위험도 그만큼 높아지므로 연금 사업 전반을 둘러싼 분위기에 긴장감만을 더해줄 뿐이다.

서류를 이리저리 돌리던 비효율적인 일처리 과정이나 사람들 사이에 일반적으로 깔려 있던 혼란에 이제 막 변화가 찾아오려고 한다. 앞으로 펼쳐질 변화의 상당 부분은 우리가 연금을 모으는 데 있어 아주 큰 도움이 되는 API의 덕분이다.

API, 즉 응용 프로그램 인터페이스는 이미 《돈의 혁명》에서 몇 차례 언급한 바 있지만, 여기에서 배경 설명을 조금 더 하고 넘어가는 편이 도움이 될 듯하다. API란 소프트웨어의 구성 요소들끼리 대화를 주고받거나, 서로 다른 시스템 사이에서 상호작용이 일어날 수 있도록 해주는 표준 규칙들의 모음이다. 어떤 시스템의 API를 공개하게 되면, 그로써 전 세계의 개발자들이 자체적으로 개발한 소프트웨어에 해당 시스템의 기술을 이용할 수 있도록 허용해줄 수가 있다. API 덕분에 사용자들은 어떤 앱에서든 손쉽게 이메일이나 문자를 보낼 수 있고, 식당이나 호텔 검색 시스템이 무수히 방대한 데이터베이스에 접근할 수 있으며, 구글맵(Google maps)이 간편하게 가져다 쓰임으로써 이를 활용한 앱들의 사용자 인터페이스의 질을 높이게 되었다. 이처럼 다양한 사업들이 서로 방해되는 요소 없이 순조롭게 소통할 수 있는 것은 말하자면 **부킹닷컴**(Booking.com)을 통해 손쉽게 스리랑카의 매리어트(Marriott) 호텔에서의 일박을 예약할 수 있게 해주는 기술과 같다. API의 공개는 앱 개발자들의 일을 훨씬 쉽게 만들어준다. 최첨단의 뛰어난 앱을 만들고 싶다고 해서 매번 백지에서부터 다시 시작할 필요가 없기 때문이다. 원하는 상품을 만들고 해당 앱이 원하는 기능을 실행하도록 하기 위해서는 그저 필요한 API들을 모두 통합하기만 하면 된다. 풍부하고 정교한 API들을 쉽게 구할 수 있게 된 것이 최근 금융 기술 상품들의 급증 및 다양화를 이룩한 비결 중의 하나라고 할 수 있다. 개발자들뿐만 아니라 우리에게도 마찬가지로 이로움을 가져다 준 공유 과정은 오픈뱅킹 혁신의 또 다른 업적이기도 하다. 모든 사람들이

API를 공용하면, 우리 모두가 그 덕을 보게 된다.

잠깐 옆길로 새서 기술적인 이야기를 한 이유는 드디어 연금 문제가 해결되었다는 사실에 감사해야 할 대상이 API(그리고 API의 공유)라는 점을 설명하기 위해서이다. API는 우리가 이토록 중요한 장기 저축 계획과 씨름하던 중에 혹시라도 문제가 발생할 위험성을 관리해주는 기술적 발전의 중심에 있다.

API는 모든 관계자들을 서로 묶어주고, 다양한 증서들을 전부 연결해주고, 수많은 시스템과 선택지 사이의 간극들을 모조리 메워줌으로써 연금과 관련된 모든 일들을 훨씬 수월하게 만들어준다. 연금에 API를 적용하자 갑자기 모든 것들이 한결 선명해지고 간단히 관리할 수 있게 되었다. 모든 연금 기관에서 API를 쓸 수 있게 된 덕분에 개발된 앱들이 있기에, 우리는 이제 더 이상 노후 계획의 전체 그림을 그리기 위해 필요한 온갖 서류들을 찾느라 시간을 허비할 필요가 없게 되었다.

이는 단순히 흩어져 있던 증권들을 더 잘 관리하고자 한곳에 모으기에 앞서 내가 어디에 얼마를 보관하고 있는지를 정리해두는 차원의 일이 아니다. 이러한 기술을 활용함으로써 기업들은 특정한 정보 및 소비자 데이터를 더욱 많은 잠재적 보험사들과 공유할 수 있게 되며, 따라서 가격결정에 대한 선택지가 더 빠르고 경쟁적으로 밀려들어오게 되어 경쟁력 있는 가격대를 형성하게 된다. 마찬가지로 연금 증서들을 검토하고 모아두는 일이 너무나도 쉬워지므로, 시간이 흘러도 쉽게 효율적인 추적이 가능하고 필요에 따라 조정을 할 수도 있다. 연금과 같이 장기적인 투자를 하는 것의 잠재적인 장점 중 하나는 대부분의 사람들이 최선의 결과를 얻기 위해 방향을 조정하고 바꿀 시간이 있다는 사실이다. 기술의 발전은 이러한 과정을 훨씬 더 쉽게 만들어준다.

또한, 이 모든 변화는 마침 꼭 적절한 시기에 일어나고 있다. 최근 들어 새로운 직장 연금에 자동으로 가입하는 사례들이 대량으로 목격되고 있다. 이러한 새로운 제도들은 각 개인들이 자신의 돈을 어디에 투자할 것인지에 대한 중대한 결정을 스스로 내릴 수 있도록 한다. 연금 기술이 새롭게 발달하면서 우리는 자신이 최선의 노후 연금을 준비하고 있는지 확실히 하기 위해 자신의 노후 자금에 보다 깊게 관여하게 된다.

연금의 시각화 및 통합

가장 단순한 수준에서 보면, 새로운 세대의 연금 앱들은 온라인 대시보드를 통해 연금 저축액을 즉시 한눈에 볼 수 있게 해줄 것이다. 연간 검토를 기다리거나, 심한 경우 은퇴를 겨우 몇 달 앞둔 시점까지 속 편하게 연금에 대해서는 새까맣게 모르는 채 지내는 대신, 휴대폰을 이용해 언제 어디서든 잔액을 확인할 수 있다. 이런 종류의 앱들이 가지고 있는 유용한 기능 중 하나는 현재 나이와 월급을 토대로 앞으로 얼마를 투자해야 희망하는 노후 자금 액수를 채울 수 있는지 계산해주는 기능이다. 영국에서는 2019년 안에 정부에서 사람들로 하여금 온라인상 대부분의 장소에서 자신의 정보를 열람할 수 있도록 해줄 자체적인 연금 대시보드를 출시할 것으로 예상하고 있다. 하지만 해당 서비스는 상당히 기초적일 것으로 보이며, 어떤 식으로든 여러 다양한 연금들을 통합할 수 있는 기능은 제공하지 않을 것이다.

기존의 제도들 사이에서 연금을 이전하는 데에는 분명 위험이 따른다. 만약 현재 가입되어 있는 연금의 약관에 중도해지 위약금이 포함되어 있다면, 앱에서 이러한 사실을 알려줄 것이다. 연이율을 보장해주거나 퇴직금을 지급하기로 계약하는 등 특정 보장 내용이 포함된 연금을 이전할 경우에는 모든 선택지들을 충분히 고려해보고 결정할 수 있도록 이전하기에 앞서 관련 서류들을 미리 받아보게 될 것이다. 기존의 연금들 중 하나가 3만 파운드가 넘는 금액을 보장해준다면 이전을 실행에 옮기기 전에 필수적으로 이전 전문가나 금융 상담사에게 자문을 구해야 한다. 이 모든 사항들은 앱에서 자세히 강조해 줄 것이다.

추천: 연금 관리를 간결하게

시중에는 자신의 현재 상황을 파악함으로써 노후 계획을 향한 첫 걸음을 뗄 수 있도록 도와주는 무료 도구들이 얼마든지 있다. 이는 좋은 출발이다. 오늘날 자신이 가진 자산 상황을 제대로 인식하는 일은 자기 돈에 대한 통제권을 손에 넣는 과정의 시작이다. 또한, 자신의 연금을 관리하는 데 있어서 적극적인 역할을 수행할 수 있는 기반을 닦아주는데, 대부분 이미 되돌리기에는 너무 늦어버린 상태가 될 때까지 아무것도 모르고 지내던 상황에 비하면 훨씬 진보한 것이다. 여기에서 도움이 될 앱에는 **리타이어먼트 카운트다운**(Retirement Countdown)과 **리타이어 로직스**(Retire Logix) 등이 있다. 기본적인 개념은 사용자로 하여금 지금까지 저축한 금액을 확인하고 안락한 노후 생활을 확보하려면 얼마씩 저축을 부어야 할지 알 수 있게 해준다는 것이다.

관련 앱: *Retirement Countdown, Retire Logix*

추천: 흩어진 연금 통합하기

대부분의 성인들이 몇 년에 한 번씩 이직을 하면서 결과적으로 다양한 직장 연금 제도 아래 여러 개의 소액 연금 가입자가 되곤 한다. 이렇게 되면 각각을 추적하기가 어려울 뿐더러, 묻어둔 돈의 일부가 부실 자금이 되면서 높은 비용이 들어가, 추후에 일괄적으로 지급받아야 할 돈을 갉아먹는 이중고를 겪고 결국 연금의 가치가 떨어질 수 있다는 사실도 놓치기 쉽다. **펜션비**(PensionBee)는 과거 및 현재의 고용회사 이름을 통해 흩어져 있는 여러 연금들을 모두 추적할 수 있도록 돕는다. 그리고 제각각이던 모든 연금 저축 상품들을 하나의 저비용 상품으로 통합해준다. 사용자들은 앱을 통해 현재 연금 상품의 규모와 예상 수령액을 확인할 수 있다. 또한 클릭 몇 번만으로 정기적인 추가납입을 설정할 수 있다. 휴대폰으로 쉽게 접근할 수 있는 디지털 연금과 함께라면, 지속적으로 자신의 연금 정보를 확인함으로써 목표금액에 미달될 가능성을 즉시 알아차릴 수 있으며, 문제 발생 시 대처할 수 있도록 도와주는 정기적인 알림 서비스는 결국 긍정적인 결과를 가져올 수밖에 없다.

펜션비의 연금 상품에는 총 네 가지의 선택지가 있지만, 앱에서 특정한 상품을 추천하거나 구체적인 조언을 해주지는 않는다는 점을 짚고 넘어가는 것이 좋겠다. 앞에서 언급했듯,

이는 퇴직 연금이나 3만 파운드 이상을 보장해주는 연금에 가입되어 있어 상담이 필요한 사람들에게는 문제가 된다. 서비스 이용에 청구되는 비용은 연금 상품과 투자 금액에 따라 0.25퍼센트에서 0.95퍼센트까지 다양하다.

관련 앱: *PensionBee*

연금 계획

이제 더 이상 평생 직업이라는 개념은 존재하지 않으며, 은퇴 후의 삶을 제대로 준비하지 않은 가정은 최고 수준의 재정 건전성을 확립할 수가 없다. 세계경제포럼(WEF, World Economic Forum)에 의하면, 세계적으로 연금 시스템에는 미화 70조 달러 상당의 공백이 존재한다고 한다. (여기서 말하는 공백이란 각 개인에게 은퇴 전 연봉의 70퍼센트에 해당하는 금액을 연금으로 지급하기 위해 필요한 돈의 총량이다.) 이 중의 28조 달러는 미국에서 차지한다. 한편, 경제협력개발기구(OECD, Organization of Economic Co-operation and Development)에서 실시한 조사 결과를 보면, 전체 선진 경제권 중에서 영국의 국가 연금이 가장 박한 것으로 나타났다. 지금 같은 상황이라면 무려 천만 명 이상의 국민들이 은퇴

후 빈곤한 삶을 맞게 될 것으로 추산된다. 더구나 밀레니엄 세대들이 연금 수령을 심각하게 고려하기 시작하는 2050년 무렵이면, 이 모든 수치들이 눈에 띄게 오를 것이라고 예상된다.

저축과 투자의 수단으로 무엇을 택하든, 연금 계획을 최우선으로 해야 한다. 은퇴 후에도 지금과 같은 생활수준을 유지하고 싶다면, 소득의 변화에서 오는 차이를 메우기 위해서는 개인연금이 아주 중요하다. 평균적으로 노후에 안락한 생활을 영위하는 데에는 최종 급여의 3분의 2 가량이 필요하다.

좋은 소식을 하나 전해주자면, 연금이 세금 측면에서 가장 유리한 저축 상품 축에 든다는 사실이다. 예를 들어 영국에서는 75세 미만의 주민들은 개개인의 세금 공제액의 한도에 따라 조금씩 다를 수는 있겠지만, 최대 세전 연봉의 100퍼센트까지 납입하고 20퍼센트의 세금을 감면받을 수 있다.

고용주와 고용인 모두가 고용 기간 동안 고용인의 급여의 일정 비율에 해당하는 금액을 분담하여 납입할 의무가 있고(영국에는 2012년에 자동 가입 제도가 도입되었다), 직장 연금이 점차 노후 계획에서 실질적으로 중요한 부분을 차지하고 있기는 하지만, 그게 전부는 아니다. 최소한의 분담금은 그야말로 최소한을 의미한다. 계속해서 영국을 예로 들자면, 2019년 4월을 기준으로 고용주는 의무적으로 3퍼센트를 분담하며 고용인은 거기에 추가로 5퍼센트를 납입하도록 되어 있다. 연금에 납입함으로써 고용인들은 세금을 면제받을 수 있기 때문에 이렇게 납입하는 것도 물론 충분히 그만한 가치가 있지만, 겨우 이 정도 수준의 투자로 만사가 다 해결되었다고 생각하는 것은 어리석은 일이다. 직장 연금 제도에 참여한다는 사실로 인해 스스로를 거짓된 안도감에 젖게 만들지 않기를 바란다. 매년 수입의 한 자릿수 비율만큼 연금에 부어봤자 바라 마지않던 안락한 노후 생활을 손에 넣을 가능성은 극히 희박하다.

다시 말하지만, 모자라는 연금을 보충할 최선의 방법이 무엇일지 결단을 내리기란 아주 어렵게 느껴질 수 있다. 그리고 바로 그렇기 때문에 사용자 개개인의 상황에 꼭 맞는 서비스를 제공해주는 새로운 세대의 연금 앱이 굉장히 유용한 것이다. 다른 모든 연금 관련 상담과 마찬가지로, 이 서비스에도 이용 요금을 지불해야 하기는 하지만, 일반적으로 디지털 연금 매니저들은 전통적인 자문업자들에 비해 훨씬 적은 비용이 든다. 보통 기존의 독립투자자문업자의 초기 검토 비용은 최대 500파운드인데다, 노후 연금 상담을 받고자 할 경우에는 10만 파운드의 자금에 대해 1천 파운드의 자문료를 지불해야 하는 일도 생길 수 있다.

디지털 서비스 이용료는 연금의 규모 및 어느 정도의 맞춤 서비스를 신청했는지에 따라 달라지며, 일반적으로 총 연금의 일정 비율을 계산하여 연회비의 형식으로 지불하게 된다.

여기에는 보통 연금이라는 장기적인 투자를 돌봐줄 매니저들에 대한 수수료도 포함되어 있다. 바로 이 이용료의 규모가 그러한 온라인 서비스를 제법 경쟁력 있게 만들어준다. 이쯤에서 당연하게 드는 의문은 '과연 안전한가?'일 것이다. 어쨌거나 디지털 서비스 또한 잠재적으로 큰돈을 다루게 될 것이고, 그 돈이 우리의 지극히 중요한 노후 자산을 형성하게 될 테니까 말이다. 이 책에서 언급한 다른 모든 앱들과 마찬가지로, 연금 앱도 높은 수준의 암호화를 이용해 사용자들의 모든 정보를 보호하므로 데이터 보호 측면에서는 걱정할 필요가 없다. 더구나 만에 하나 앱의 제공업체가 문을 닫는 일이 발생한다고 해도 가입자의 자산은 금융 서비스 보상 제도의 보호를 받게 될 것이다. 하지만 모든 투자가 그렇듯, 자금운용이 부실할 경우, 일부, 혹은 심지어 모든 돈을 잃게 될 위험도 항상 존재한다.

추천: 연금 운영을 유연하게

넛메그(NutMeg)는 가장 먼저 로보어드바이저를 활용한 디지털 서비스 중 하나이다. 개인종합자산관리계좌(ISA, individual savings account) 및 종합투자계좌로 첫 선을 보인 뒤, 2015년에는 연금 부문으로 옮겨갔다. 앱에서 연금 설정을 시작하려면, 우선 사용자들은 자신의 성별, 나이, 그리고 은퇴 예정일을 입력해야 한다. 넛메그의 연금 계산기에 희망하는 연금 수령액과 현재 저축액에 관한 기록을 입력하면, 매달 얼마씩 납입해야 수령을 희망하는 시기까지 목표치를 달성할 수 있을지 계산할 수 있다. 그러고 나면, 최저 1에서 최고 10까지의 각기 다른 위험도 선택지 중에서 어느 것을 적용할지 고를 수 있다. 연금 계산기에서 각각의 위험 수준을 선택할 경우 목표로 한 금액에 도달할 가능성이 어떻게 변하는지 직접 눌러보고 눈으로 확인할 수 있다. 그 후 본인의 투자 경험, 위험과 손실에 대한 이해, 증권 시장의 전망에 기반한 프로필을 작성하기 위해 위험도 평가를 거친다. 그리고 여기에서 응답한 내용에 따라 열 개의 서비스 목록 중 하나를 추천받게 된다. 연금이 운영되기 시작하고 난 뒤라도 언제든 사용자들이 원한다면 납입금액이나 위험 수준을 변경할 수 있다.

최소 초기 투자금액은 5천 파운드로써, 다른 서비스들과 비교하면 높은 편에 속한다. 수수료는 10만 파운드까지는 0.75퍼센트, 그 이상에 대해서는 0.35퍼센트가 붙는다.

또 다른 유사한 앱으로는 **머니팜**(Moneyfarm)이 있는데, 이 또한 연금에 로보어드바이저를 활용한 새로운 유형의 앱이다. 이 서비스는 위험도를 여섯 단계로 나누며, 최소 초기 투자금으로 500파운드를 요구한다. 투자자들은 처음 2만 파운드에 대해서는 0.7퍼센트, 2만 파운드에서 10만 파운드까지는 0.6퍼센트, 그리고 10만 파운드에서 50만 파운드까지는 0.5퍼센트의 수수료를 지불한다.

관련 앱: *Nutmeg, Moneyfarm*

은퇴 자금 흐름의 미래

은퇴를 하는 사람이라면 누구나 마주하는 가장 큰 걱정거리는 과연 자신이 모아둔 돈이 얼마나 오랫동안 버텨줄 것인가 하는 문제이다. 연금자유제도들(연금의 25퍼센트만 무과세로 일괄 지급받을 수 있고 나머지는 평생 동안 나눠서 써야 했던 기존의 제도와 달리, 55세 이상의 연금 가입자들이 연금 전체를 언제든 원하는 방식으로 자유로이 쓸 수 있게 해주는 제도)이 도입된 이래, 많은 사람들이 자신이 죽기 전에 돈이 바닥날 수도 있겠다는 가능성을 생각하게 되었다. 더불어, 60대 이상의 이혼율이 증가하고, 부채를 지는 일이 흔해지면서, 이제 우리의 삶은 더욱 복잡해지고 쉬운 일이 없어졌다.

과거에는 퇴직연금제도 덕분에 우리 모두 자신이 은퇴를

하고 나서 '여생 동안' 매달 얼마만큼의 돈을 받을지 미리 알수 있었다. 예전 고용주들은 해야 하는 한 계속해서 충실히 남은 금액을 납입할 것이고, 은퇴는 언젠가 다가올 숙명이니만큼 별달리 걱정의 대상이 아니었다. 하지만 오늘날의 노동자들은 대부분 확정기여형 연금제도를 따르고 있는데, 즉 은퇴할 나이가 되었을 때 적립금이 충분히 모여 있기를 바라는 수밖에 없다는 뜻이다. 물론 여전히 매년 고정된 금액을 지급해주는 연금에 가입하는 방법도 있다. 그렇지만 여기에도 나름의 단점이 존재하며, 수령액이 다소 낮을 수 있다. 현재 가장 괜찮은 연금 상품은 5퍼센트 언저리이므로, 10만 파운드를 납입했다고 가정하면 매년 겨우 5천 파운드 밖에 수령하지 못한다. 그렇지만 적은 금액일지라도 연금 수령자가 죽는 날까지 무기한으로 계속 지급될 것이다.

그 대안으로 나온 것이 DIY(do-it-yourself) 버전이다. 이를테면, 앞서 언급한 조건으로 연금 보험을 수령하는 대신, 그 10만 파운드에서 연간 7퍼센트만큼씩 빼서 쓰기로 결정할 수 있다. 다시 말해, 매년 7천 파운드를 출금하는 것이다. 그렇게 14년이 지나면 연금 계좌는 동이 날 것이다. 기대를 낮추어 6퍼센트를 쓴다고 하더라도 겨우 16년 조금 넘게 지속될 뿐이다.

이쯤에서 한 가지, 만약 65세부터 연금을 받는다면 남성은 그 후로 평균 18.5년, 여성은 20.5년 동안 연금으로 은퇴 생활을 꾸려나가야 한다는 점을 짚고 넘어가는 것이 좋겠다. 이러한 계산에 기초해서 따져보면, 시원찮은 국가연금만으로는 노후에 사실상 다소 가난한 생활이 펼쳐질 확률이 아주 높다.

DIY 접근법을 취하면, 처음에는 낮은 금액을 수령하면서 전체 자금을 자기자본 수익 펀드에 투자하는 것도 가능하다. 이렇게 투자한 돈은 모든 일이 잘 풀린다는 가정하에 시간이 지날수록 점차 불어날 것이다. 더 중요한 사실은 자금이 완전히 마르게 될 확률이 낮다는 점이다. 아니면, 더 좋은 방법은 은퇴라는 사건이 벌어지기 한참 전부터 차근차근 계획을 세우고, 디지털 기술을 활용해 연금의 예상 규모를 예측하며, 그에 따라 실제 노후에 연간 수령액이 어떻게 될 것인지 미리 계산하는 것이다. 매년 얼마까지 꺼내 쓰면 돈이 부족해질 위험 없이 쓸 수 있을까?

어떤 방법을 살펴보더라도 연금 운영을 오롯이 혼자서 꾸려나가기란 매우 어렵다. 단순히 몇 가지만 나열해보아도 투자 수익금, 부채, 세금 등 다양한 요인들이 있는데, 이들을 모두 충분히 고려해야 하며, 이 중 어디에서든 조금의 변화만 생겨도 계산이 크게 벗어나는 결과가 발생할 수 있다. 이 글을 쓰고 있는 현재까지도 여전히 이 모든 과정을 쉽게 만들어줄 모바일 앱의 수는 비교적 적은 편이지만, 가까운 시일 내에 디지

털 스타트업의 중심부는 물론, **아리바**(Arriva), **스코티시 위도우
즈**(Scottish Widows), **아혼**(Aegon) 등 다수의 대형 연금 회사들에
서 개발하여 내놓을 것으로 전망된다. 조직들은 디지털 연금
전략에 엄청나게 투자를 하고 있기에, 앞으로 몇 년간 혁신적
인 새로운 아이디어들이 속속 등장하리라 확신한다.

　이 또한 앞으로 어떻게 발전해나갈지 계속해서 추이를 지
켜보도록 하자.

12장   프로처럼 투자하라

자산 관리는 채권과 주식이든, 부동산이든, 상품이든, 해외 투자이든 간에 전통적인 예금 계좌보다 높은 이율의 수익을 가져다 줄 투자로 여윳돈을 돌리는 방법을 말한다. 전통적으로 이런 형태의 자금 운용은 고액의 순자산을 보유한 고객들의 전유물이었다. 지금까지는 말이다. 이제 놀랍지도 않겠지만, 자산 관리 또한 디스럽터의 눈에 들어온 개인 금융 부문 중의 하나이다. 어쨌거나 보다 넓은 투자자 층에 기회를 열어줄 수 있는 가능성이 명백하게 존재하기 때문이다. 그리고 지금이 바로 적기이기도 하다. 조사 결과, 현재 인구의 80퍼센트가 규칙적으로 저축을 하지 않는다는 사실이 밝혀졌다. 영국의 금전교육단체(The Money Charity)에 따르면, 영국 내의 무려 960만 가구가 위급할 때 기댈 수 있는 저축금이 전혀 없다고 한다.

많은 사람들이 저축이나 투자에 대해 이야기하거나 생각하는 것을 지루하게 여긴다는 점 또한 문제이다. (민텔(Mintel)에 의하면, 영국 소비자의 3분의 1이 어떤 형태의 재정 관리에 관해서든 '낮음' 혹은 '매우 낮음'에 해당하는 관심 수준을 보였다.) 아마도 관심이 없다고 이야기하는(그리고 실제로 관심이 없는) 사람들 중 상당수가 재정 관리란 이해하기 어렵다거나 괜히 사람을 주눅 들게 만든다고 여기기도 할 것이다. '금융가의 인싸'가 아니라면, 과연 나 스스로가 제대로 된 곳에 투자하고 있는지 어떻게 알 수 있을까? 아무리 최소한의 위험 부담만 진다고 하더라도 혹시 전 재산을 몽땅 잃어버리게 되지는 않을까?

그 해답은 물론 사람들로 하여금 소액을 정기적으로 쉽게 투자할 수 있게 해주고, 견실한 투자처를 고르기 위해 검색하고 서류 작업을 하는 데 쏟아 붓는 시간을 전부 줄여 주는 것이다. 그리고 진입 장벽이 극단적으로 낮은 새로운 세대의 자동화된 투자 자산 구성 관리 덕분에 이제 이런 이상적인 상상은 현실이 되었다. 투자자들이 원하는 옵션만 설정해두면 나머지는 전부 로봇이 알아서 처리해줄 수 있다. 투자를 하고 싶다면 (아주 적은 금액이라도) 바로 시작해보자. 앱으로서는 소액거래 수천 건을 다루나 거액 몇 건을 다루나 별반 다를 것이 없다. 한 계좌에서 다른 계좌로 돈을 옮기는 일이 말도 안 되게 간단하기 때문이다. 디지털 문화 또한 최소 진입 요건 등 투자에 대한 전통적인 장애물들을 깔끔하게 없애주었다.

이러한 유형의 디지털 전략이 과연 큰 금액을 투자하는 경우나 작은 금액을 투자할 때 모두 얼마나 효과적인지 판단하기 위해서는 금융가의 주요 기관들 일부가 실제로 이를 얼마나 중요하게 여기고 있는지만 알면 된다. 골드만삭스(Goldman Sachs)나 뉴욕 헤지펀드(hedge fund)인 투시그마(Two Sigma)와 같은 대형 금전관리기관들은 이제 매매전략에 인공지능과 기계학습을 활용하고 있다. 앞으로 25년이면 99퍼센트의 투자 관리가 이 같은 방법으로 이루어지리라는 예측도 나온다. 그러지 못할 이유가 뭐겠는가? 컴퓨터는 사람들이 놓친 투자 기회를 포착하는 데 있어서 스스로의 유능함을 거듭 증명해왔다. 기계는 광대한 양의 데이터를 샅샅이 살펴 의미 있는 경향성을 찾아낼 수 있다. 데이터를 훨씬 깊게 파 들어가서 가설을 세우고 이를 검증할 수도 있으며, 이 모든 일을 일개 인간이 할 수 있는 수준을 크게 웃도는 속도로 해낼 수 있다.

로보어드바이저에게 물어보자

과거 수년간, 장기 투자와 관련해서는 오직 두 가지 선택지만이 존재했다. 직접 하거나, 자신을 도와줄 독립투자자문업자를 고용하거나. 전자는 비용이 적게 드는 반면 업무량이 많으며, 올바르게 투자한다는 보장이 어디에도 없다. 경험이 적거나 아예 전무한 상태에서는 완전히 최악의 시점에 시장에 뛰어들거나 빠져나오게 되어 가진 돈을 전부 잃게 되기 십상이기 때문이다.

후자, 즉 독립투자자문업자를 고용하는 방안은 앞서 언급한 것과 전혀 다른 종류의 문제를 안고 있다. 우선, 이들이 '무료'로 상담을 해준다며 홍보를 하던 때로부터 그리 오랜 시간이 지나지 않았다. 실상을 들여다보면 결코 무료가 아니었다. 자문업자들은 펀드 매니저를 통해 지급된 수수료로 돈을 벌었다. 따라서 투자자들은 자신이 고용한 자문업자들에게 연간 1퍼센트 혹은 2퍼센트(어쩌면 그보다 더 높은 비율)까지 지불하는 경우가 발생할 수 있었다. 여기서 단점은 이 수수료가 의미하는 바가 고객이 어느 투자 대상에 자금을 투입하더라도 시장보다 1퍼센트나 2퍼센트는 높아야 그나마 현상 유지를 할 수 있다는 사실이다. 그에 더해, 이 자문업자들이 언제나 고객의 이익을 최우선으로 생각해준다고 믿고 싶어도 실제로는 그렇지 않다는 것이 역사적으로 증명되었다. 자신의 잇속을 채우려는 유혹에 넘어간 일부 자문업자들이 신중하지 않고 부적절한 조언을 해주었다는 사실이 일련의 사건들을 통해 드러난 것이다. 이에 금융가의 감시자인 영국 금융행위감독청(과거 금융 서비스 당국)은 결국 2012년, '무료 상담'의 끝을 선언하고 해당 산업의 직업기준을 개선했다. 하지만 이러한 움직임에 예상치 못한 단점이 있었으니, 자문업자들이 독립투자자문 사업을 대거 이탈해버림으로써 유능한 전문가가 부족해지는 상황이 벌어지게 되었던 것이다. 그리고 우리 모두가 알다시피, 무언가가 부족해지면 남아 있는 자원에 대한 비용이 상승하게 된다. 독립투자자문은 이제 많은 돈을 투자할 수 있는 사람이나 상당한 순자산을 보유한 사람들만이 이용할 수 있는 서비스가 되었다. 기본적으로 보통 사람들 상당수가 투자에 범접할 수 없게 만들어버린 것이다.

하지만 이제 로보 투자자 덕분에 상황이 달라졌다. 또한, 로보 투자자는 절대 차선책이 아니다. 사실상 인간 투자자보다 접근성이 좋고 저렴한 서비스를 제공함은 물론, 그 자체로서도 제법 효과적인 역할을 수행하고 있다.

로보 투자자들은 소프트웨어를 사용하여 자산을 자동으로 사고팔면서 시간의 흐름에 따라 자산 구성의 균형을 재조정한다. 절대 '적극적인 투자자'는 아니다. 무슨 말인고 하니, 자신의 뛰어나고 통찰력 있는 투자처 선정 능력을 이용해 시장에서 과도한 이익을 취하려고 하지는 않는다는 뜻이다. 로보 투자자들은 소극적인 방법을 택하는데, 즉 전체의 비율을 흐트러뜨리지 않는 선에서 증권을 구입하고 대체로 다양한 구성 범위의 자산을 보유한다는 뜻이다. 시장의 균형을 무시하고 어마어마한 초과이익을 벌어들이는, 소위 '비트 더 마켓(beat the market)'하는 대신, 시간이 흐르면 자금이 전체 시장의 이익과 균형을 이루도록 하는 것이다.

로보어드바이저는 비교적 쉽게 투자를 시작할 수 있게 해준다. 고객의 재정에 있어서 사소한 측면 하나하나까지 꼬투리잡고 투자 전략을 세우기도 전부터 모험을 감행하려는 태도를 가지고 닦달하느라 기나긴 시간 동안 서로 마주보고 초기 면담을 진행하는 것을 당연시하는 전통적인 독립투자자문업자들과 일하는 것에 비하면, 분명 훨씬 빠르고 간단하다. 로보 투자자는 통상적으로 밤낮 할 것 없이 어느 때고 실시할 수 있는 온라인 질문지를 통해 정보를 수집하므로 모두에게 아주 간편하다. 그리고 이 응답 결과에 따라 고객의 위험도 프로파일이 작성된다. 알고리듬에 고객의 데이터를 넣으면, 적합한 투자 자산 구성을 계산하고 그에 맞는 추천을 해준다. 고객들은 이를 보고 원하는 대로 조정하여 받아들일 수 있다.

로보 투자자는 투자 자산을 구축하려는 모든 이들에게 도움이 되는 것은 아니다. 투자총액이 예를 들어 10만 파운드가 넘는다면, 인간의 손을 타는 것이 더 이익일 수도 있다. 왜냐고? 로보어드바이저는 현재 자산을 사고 파는 일에는 더없이 훌륭하지만, 이들이 추천해주는 내용은 고객이 온라인 질문지에 기재한 정보에만 전적으로 의존하기 때문이다. 다른 몇 가지 정보 중 특히 얼마나 투자하는 것이 좋을지를 고려한다고 할 때, 이 자동화된 서비스는 고객의 투자 전략이 그 외에 집이나 연금에 묶여 있는 다른 자산이나 부채와 일으킬 상호작용은 계산에 포함하지 않을 것이다. 간단히 말하자면, 로보어드바이저는 질문지에 기재된 문항에 대해 고객이 제공한 정보를 벗어나지 못하는 반면, 독립투자자문업자들은 언제나 더 큰 그림을 본다. 고객과의 일 대 일 소통을 하면서 필요한 경우 후속 질문을 한다. 그렇기에 사업을 시작한다거나, 집을 산다거나, 생활방식의 커다란 변화를 감당하는 등, 미래에 있을 큰 사건을 기획해야 하는 훨씬 복잡한 상황에서 여전히 인간 어드바이저가 할 일이 있는 것이다.

하지만 만약 이제 막 투자에 발을 들여놓았거나 투자 자본이 적다면, 로보어드바이저가 이 시장에 대한 완벽한 입문서가 되어줄 수 있을 것이다. 명확한 목표를 세우고(얼마만큼의 돈을 얼마나 자주 투자해야 할지) 자산을 배분하는 데(어디에 투자할지) 있어서 확실히 뚜렷한 장점이 있다.

추천: 입문자용 로보 투자

넛메그(Nutmeg), 머니팜(Moneyfarm), 이브스터(evestor), 물라 (Moola), 스케일러블 캐피탈(Scalable Capital), 웰스심플(Wealth-Simple), 웰시파이(Wealthify) 등의 로보 투자자들은 모두 진입 비용이 상대적으로 낮은 편이다. 일반적으로 연회비는 자문을 구한 자산 가치에 대해 최저 0.45퍼센트가 청구되며, 여기에 자문료, 자산 구성 관리, 행정 업무 처리비용이 포함되어 있다. **웰스심플**은 최소 투자금액이 없으며, **머니팜, 이브스터, 웰시 파이**는 1파운드를 최소 투자금으로 정해두어, 특히 초보 투자 자들이 접근하기 쉽게 해준다. 그러나 일부는 이보다 최소 투 자금액 문턱이 높은 편이다(**넛메그**는 500파운드를, **물라**는 100파운드 를, **스케일러블 캐피탈**은 1만 파운드를 요구한다). 투자금은 일시불 또 는 분할 납입이 가능하다.

투자자들은 어떤 투자 상품이 자신의 요구에 가장 잘 맞 을지(각 앱에서 관리하는 투자 상품의 개수는 앱마다 차이가 있다) 개인 맞춤 추천을 받기에 앞서, 현재 자신의 재정, 투자 경험, 위험 에 대한 태도를 묻는 온라인 질문지를 작성해야 한다. 자신이 투자한 상품 목록은 앱을 통해 확인할 수 있지만, 실시간 채팅 이나 스카이프를 통한 상담 일정을 잡음으로써 인간의 도움을 받는 것도 여전히 가능하다.

청구되는 비용을 주의 깊게 관찰하는 것이 중요한데, 아무리 적은 금액이라도 매년 계속해서 내다보면 결국 투자액을 좀먹을 수 있기 때문이다. 또한, 투자 가치는 높아질 수 있는 만큼 낮아질 수도 있다는 격언이 여기에도 적용된다.

관련 앱: Nutmeg, Moneyfarm, evestor, Moola, Scalable Capital, WealthSimple, Wealthify

자투리 돈으로 무엇을 할까?

이쯤 되면 의심의 여지없이 알아차렸겠지만, 핀테크란 전부 베일에 가려져 있던 돈이라는 존재를 이해하기 쉽게 도와줄 방법을 찾고, 보다 단순하고 비용이 적게 드는 저축 및 투자 방안을 제공하는 것이 목표이다. 과거에는 시장, 혹은 심지어 ISA에 투자한다는 것은 많은 이들에게 너무나도 먼 남의 일처럼만 느껴졌을 것이다. 상당수의 사람들이 초기 자본이 너무 많이 들지는 않을까 우려하거나, 그냥 이 모든 개념이 너무 헷갈리고 어려워 주눅이 든다고 느끼곤 한다. 유능한 전문가의 도움을 받지 않고는 똑똑한 결정을 내리기란 사실상 불가능하지 않겠는가?

또 다시 앱 기술이 이러한 생각을 바꾸기 위해 힘쓰고 있다. 디지털 CFO라는 우리의 친구가 투자를 쉽게 만들어줄 것이며, 심지어 감히 단언컨대 즐거운 일이 되도록 해줄 것이다. 그래서 가장 좋은 점은? 마이크로 투자가 완전 자동화되어 손하나 까딱 않고도 이익을 얻을 수 있게 될 것이다.

마이크로 투자는 기본적으로 아주 소액을 정기적으로 모으는 행위로써, 노력 없이 저축액을 불릴 수 있는 최고의 방법이다. 사용자의 주머니에서 가상의 자투리 돈을 모아 투자 상품에 직통으로 넣어준다는 개념을 바탕으로 이루어진다. 이같은 방식의 좋은 점은 그렇게 이동한 액수가 너무나도 작은 나머지 돈이 빠져나갔다는 사실을 거의 알아차리지도 못할 정도라는 것이다.

소액을 자주 투자한 것도 시간이 흐름에 따라 점차 눈에 띄게 쌓이는 법이다. 하루에 20펜스씩 한쪽에 쌓아두다 보면, 한 달이면 6파운드, 일 년이면 72파운드가 된다. 별로 큰 금액이 아닌 것처럼 보일 수도 있지만, 이는 시작일 뿐이다. 더구나 이렇게 차츰 저축하는 습관을 기르게 되는데, 좋으면 좋았지 결코 나쁜 일이 아니다.

상당수의 투자 플랫폼이 여전히 최소 초기 한도로 500파운드 이상을 요구하고 있으나, 앞으로 수개월 혹은 수 년 이내에 더 많은 기관들이 진입 수준을 1파운드까지 낮출 것으로 예상한다. 이 업계에서 잘 알려진 것처럼 투자자들이 전체 지분 중 일부를 판매하여 주식을 사들이는 '부분 매도' 역시 납득이 가는 방식이다. 누구나 쉽게 접근할 수 있어 시장에 더 많은 고객들을 유치할 것이기 때문이다. 하지만 흔히 말하는 '투자의 가치는 높아질 수 있는 만큼 낮아질 수도 있다'는 말에 한 마디 경고를 덧붙여야겠다. 내가 투자하고 있는 것의 진짜 가치에 대해 현실적으로 생각할 필요도 있다고 말이다. 사실은 매달 기껏해야 몇 파운드씩 모으고 있으면서 뭔가 대단히 많은 돈을 벌고 있다는 생각을 하도록 스스로를 속이기가 쉽다. 또 반대로 지금보다 훨씬 큰 금액을 투자하기 시작한다면 결국은 높은 수수료를 지불하게 될 것이다.

이제는 아주 소액으로 주식에 투자할 수 있게 해주는 자투리 돈 투자 앱도 몇 가지 출시되어 있다.

추천: 생애 첫 저축

머니박스(MoneyBox)는 젊은 세대에게 투자라는 개념을 소개하고자 만들어졌다. 이 앱의 사용자는 자신의 입출금 계좌나 신용카드에 앱을 연동한 뒤 채권 주식 ISA에 투자할지 종신형 ISA에 투자할지 선택할 수 있다. 위험 감수 범위는 '신중', '균형', '모험' 중에서 한 가지로 설정할 수 있다. 그러고 나면, 매주 얼마씩 투자를 할지 선택하는데, 사용자가 지정한 은행 카드로 일상적인 구매활동을 하면서 발생한 금액을 자동으로 반올림하여 그 차액을 납입해주는 기능도 있다. 따라서 만약 2.70파운드에 카푸치노를 구입했다면, 이를 3파운드로 반올림해서 그 차액인 30펜스를 채권 주식 ISA에 투자할 수 있다. 왠지 돈이 조금 넘치는 듯한 기분이 들 때를 위해 10파운드 '간편 추가' 버튼도 있다.

또 다른 앱 **트루 포텐셜**(True Potential)은 사용자로 하여금 최소 1파운드라는 적은 금액으로도 멀티에셋펀드(multi-asset fund)에 투자할 기회를 준다. 이 앱의 평균적인 투자금액은 10파운드이며, 앱의 전체 투자 건 중 75퍼센트가 50파운드 미만이다. 약간의 진입 비용만으로 골드만삭스, 슈뢰더(Schroders), 알리안츠(Allianz), 세븐아이엠(7IM) 같은 거물급 회사가 운용하는 펀드에 투자할 수 있게 되는 것이다.

이 같은 서비스의 주목할 만한 점은 투자자들에게 완전히 새로운 자유를 선사한다는 사실이다. 예전에는 '적어도' 단일 회사의 한 주를 통째로 매입할 만큼의 비용, 예컨대 한주에 56.98파운드와 같이 특정한 금전적 액수를 투자해야 했다면, 이제는 최저 1파운드까지 고정된 액수로도 얼마든지 투자가 가능하다. 이렇게 하면 모든 일이 훨씬 수월해진다. 10파운드를 투자하고 싶은가? 좋다. 그렇게 하라. 충분히 가능하다. 그 것도 아주 쉽게.

다만 이용료가 들어간다는 점은 확실히 짚고 넘어가야겠 다. **머니박스**를 예로 들자면, 매달 1파운드의 이용료에, 플랫 폼 이용료가 0.45퍼센트가 들어가며, 펀드 이용료는 0.22퍼센 트에서 0.24퍼센트 사이에서 책정된다. 소액 투자일 경우 이것 만 해도 쌓이면 제법 크게 느껴질 수 있지만, 투자 습관을 들이 기에 이보다 쉽고 빠른 방법이 없다는 사실을 감안해야 한다.

관련 앱: *MoneyBox, True Potential*

13장

해외에서도 저렴하게 즐겨라

해외여행은 자기 자신의 능력에 도전하고, 기존과 다른 경험을 쌓고, 그 과정에서 새로운 기술과 지식을 습득할 수도 있는 좋은 기회이다. 배워야 할 새로운 언어도 있고, 미각에 생기를 불어넣어줄 완전히 낯선 음식들이 있으며, 멋진 신문화도 발견할 수 있다.

그런데 흥미롭게도, 이렇듯 다양한 경험을 즐길 수 있는 해외여행에서도 왠지 금전적인 측면에 있어서는 대다수의 여행객들이 뭔가 익숙한 방식을 고수하고자 한다. 차갑고 딱딱한 현금 말이다. 비접촉식 결제부터 애플페이에 이르기까지, 이미 많은 사람들이 오래 전부터 일상 속에서 현금 없는 지불방식을 이용하고 있지만, 이국땅을 밟으려는 계획을 세우기 시작하는 순간부터 이 모든 것들이 저만치 사라지는 듯하다.

실제로 75퍼센트의 여행객들이 여행 계획을 짜면서, 본국을 떠나기 전이나 목적지에 도착한 뒤 현금을 언제, 어떻게, 얼마나 찾을까 궁리를 하는 일에 에너지를 집중한다. 그 중 사람들이 가장 선호하는 계획 중의 하나가 목적지에 도착한 뒤 공항 내의 ATM에서 인출하는 방안이다. 실제로 영국 여행객의 31퍼센트가 목적지에 도착한 직후에 휴가 중에 쓸 현금을 인출한다. 또 다른 사람들은 그렇게 멀리까지 가지도 않고, 국내의 공항에서 허둥지둥하다가, 결국 임박해서 이용하는 대가로 비싼 환율을 적용 받아 웃돈을 주고서 터미널 안의 외환거래소에서 거액의 돈을 인출한다.

외국의 ATM을 통해 돈을 꺼내는 것도 엄청나게 비싸게 먹히는 방법이다. 실제로 그러한 방법으로 여비를 충당함으로써 영국 여행객들이 은행 수수료 및 해외 거래 수수료로 지출하는 비용이 연간 1억 2,500만 파운드에 달하는 것으로 추산된다. 겨우 한 번의 인출만으로도 다양한 항목에서 공제액이 발생한다. 은행에서 외화거래 수수료 명목으로 최대 3퍼센트까지 청구할 수 있으며, 해외 ATM 이용료에 대해 2퍼센트의 요금이 추가될 수 있다. 왠지 손해 보는 기분이 들게 하는 것은 이뿐만이 아니다. 자국통화결제(DCC, Dynamic Currency Conversion)라는 것에도 당할 가능성이 있다. 자국통화결제는 ATM에서 거래를 할 때 제공하는 환율이다. 단언컨대, 이 환율은 언제나, 늘 무시무시하게 비싸다. 자국통화결제를 이용할 경우, 실거래 비용에 최대 6퍼센트까지 추가될 수 있다.

마치 이것만으로는 부족하다는 듯, 우리의 꿈같은 휴가를 금전적인 측면에서 악몽과도 같게 만들어버릴 문제요인은 아직도 더 남아 있다. 해외 ATM을 한 번이라도 이용해본 적이 있는 사람이라면 알겠지만, 보통은 '고맙게도' 사용자에게 '고정 환율'을 적용할지 물어보거나 '이 기기는 자국통화결제를 제공합니다'라고 알려준다. 간혹, 제대로 묻지도 않거나 굉장히 두루뭉술한 용어로 표현하여 사용자들로 하여금 더 비용이 많이 드는 선택지를 고르도록 유도하기도 한다. 이를테면, 환율과 자국의 통화로 계산한 총액을 보여주고 단순히 '예' 또는 '아니오' 중에서 고르도록 할 수 있다. 이 때 자국의 통화로 변환해준다는 제안을 승인해서는 절대로, 절대로 안 된다. 수수료를 왕창 뜯기는 지름길이다. 언제나 '아니오(no)'를 선택하거나, 뭐라고 표현되어 있든지 어쨌든 자국의 통화로 변환하지 않는다는 선택지를 골라야 한다. 쇼핑을 하거나 식당에서 값을 치를 때 카드 단말기에도 종종 이와 똑같은 상황이 펼쳐진다는 점도 유념하자. 다시 말하지만, '항상' 현지 통화로 결제하겠다고 해야 한다.

제대로 주의를 기울이지 않는다면 광장에 한가로이 앉아 사람 구경을 하면서 여유롭게 마신 커피 한 잔에 카드로 지불한 2.50파운드가 어느새 3.50파운드로 뻥튀기되는 수가 있다. 여유를 충분히 즐긴 나머지 고작 1파운드 추가된 데에는 그다지 열을 내지 않을지도 모르지만, 휴가를 보내는 2주 내내 이런 상황이 반복되다 보면 결국은 꽤 많은 금액이 쌓이게 마련이다. 은행 이용료 따위보다 더 좋은 곳에 쓸 방법은 얼마든지 많다.

어떤 식으로 보든, 결국 휴가 비용을 관리하고 지출하는 과정은 지뢰밭과 같다고 할 수 있다. 그럼에도 이러한 골칫거리를 줄일 수 있는 아주 기초적인 방법이 몇 가지 있다. 우선, 여행객들은 가방을 꾸리기에 앞서 숙제를 먼저 해결해야 한다. 대다수의 여행자들이 만성적으로 자신이 여행지에서 지출할 금액을 과소평가하곤 한다. 그렇기에 아무리 미리 꼼꼼하게 현금을 준비하고 최악의 바가지 수수료를 면했다고 해도 결국은 ATM을 찾아가 앞서 나열한 청구 요금의 희생양이 되고 만다. 이와 반대로, 필요한 금액을 과대평가하는 바람에 지갑을 (굉장히 비싼) 외화로 가득 채웠다가 이를 전부 소비하지 않고 집으로 돌아가는 관광객들도 있다. 그 결과, 과거에 여행을 다녀왔음을 증명하는 다소 뜬금없는 기록들로 서랍을 가득 채우게 될 뿐 아니라, 기억의 대가로 아주 넉넉한 비용을 지불하는 셈이 되기도 한다. 영국의 여행객들이 남겨서 집 안에 모아둔 화폐만 해도 그 가치가 무려 8억 1,900만 파운드로 추산된다.

주체할 수 없는 수수료를 조금이라도 피하기 위한 명백한 방법 중 하나는 큰 금액을 덜 빈번하게 인출하는 것이다. 물론 보안상으로는 부정적인 영향이 있을 수밖에 없다. 또한, 약간의 검색을 통해 방문하는 지역 인근에 무료 ATM이 있는지 알아볼 수도 있다. 그렇다고 모든 비용을 면할 수 있는 것은 아니지만 말이다. 이도 저도 아니라면, 대신 여기에 나열한 디지털 해결법들을 몇 가지 살펴보자.

여행자 카드

경험상, 일상적으로 사용하던 기존의 신용카드나 체크카드를 해외여행 중 사용한다는 것은 별로 좋은 생각이 아니다. 아무리 주의를 기울이고 귀가 후 곧바로 신용카드 대금을 전액 지불한다고 하더라도 여전히 수수료는 내야하며, 경우에 따라서는 무엇인가에 값을 치르기 위해 지갑에서 카드를 꺼낼 때마다 과징금이 붙을 수도 있다. 하지만 현금보다 카드를 선호하는 이들에게 전혀 희망이 없는 것은 아니다. 이용료를 청구하지 않는 신용카드나 체크카드도 있기 때문이다.

만약 이 같은 선택지에 무게를 두고 있다면, 처음 떠오르는 어쩌면 가장 당연한 생각은 '신용카드가 좋을까, 체크카드가 좋을까?'일 것이다. 일반적으로 신용카드는 어느 은행과 거래를 하고 있든 어디에서나 신청할 수 있기에 쉽게 손에 넣을 수 있다. 체크카드는 각각의 계좌에 연결되어 있으므로, 수수료가 들지 않는 새로운 카드를 발급받기 위해서는 다른 계좌로 바꾸거나 기존의 계좌에 더해 새롭게 하나를 더 개설해야 할 수도 있다. 신용카드로 결제를 하면 법적인 보호를 받을 수 있는데, 즉 문제가 발생할 경우 소매업체와 더불어 신용카드 회사에서도 책임을 질 의무가 있다는 것이다. 신용카드가 그다지 우위에 서지 못하는 경우는 해외에서 현금을 인출하려고 할 때이다. 대부분의 신용카드 회사들은 해외 ATM에서 현금을 꺼낼 때 수수료나 이자를 청구한다. 반면 해외에서의 이용에 특화된 체크카드는 별도의 수수료가 붙지 않는데, 다시 말해 이 경우에는 보통 체크카드가 훨씬 싸게 먹힐 수 있다는 뜻이다.

추천: 은행 수수료, 카드 수수료, 추가 요금 전액 면제

외국에서 돈을 찾을 때 지긋지긋한 은행 수수료를 면하고 싶다면, 이 모든 것들을 단 한 푼도 청구하지 않는 스탈링은행의 체크카드를 이용해보자. 현재 이용 중인 입출금 계좌를 스탈링은행의 계좌로 완전히 바꿀 필요도 없다. 그저 계좌 하나를 개설하고 여행을 떠나기 전에 약간의 금액만 넣어두면 된다. 전통적인 계좌와는 달리, **스탈링**(Starling)은 해외에서 체크카드를 사용하는 것에 대해 어떠한 불이익도 없으며, ATM 추가 수수료도 붙지 않는다. 외국의 ATM이 많은 경우 자체적으로 수수료를 부과하기도 하지만, 몇 군데 돌아다녀보면서 더 싼 곳에서 찾을 수도 있고, 영국에서와 마찬가지로 슈퍼마켓에서 수수료 없이 현금을 환급받는 일도 가능하다. **스탈링** 마스터카드에서 적용하는 환율은 세계적으로 수용되는 환율과 같으며, 그 외에 추가되는 요금은 일절 없다. 또한, 일부 선불 여행자 카드와 달리, 카드 배송료나 추가적인 충전 비용도 들지 않는다. 앱도 외국에 나가 있는 동안 그날그날의 지출을 추적하는 데 있어서 아주 쓸모가 있다. 현재 잔액 뿐 아니라 어디에서 얼마를 썼는지 휴대폰에서 즉시 확인할 수 있기 때문이다. 따라서 만약 예산이 빠듯하다면 어느 시점에서 소비를 조금 줄여야 집에 돌아가기 전에 돈이 바닥나버리지 않을지 미리 알 수 있다.

관련 앱: *Starling*

추천: 캐시백 여행자 카드

디지털 챌린저 뱅크(challenger bank, 영국에서 소매금융을 주로 담당하며 대형은행의 아성에 도전하는 소규모 신생 은행)인 **탠덤**(Tandem) 또한 자사의 마스터카드 신용카드를 통한 해외 지출에 무수수료를 자랑한다. 수수료가 없을 뿐만이 아니라, 집에서나 외국에서나 모든 지출에 대해 0.5퍼센트의 캐시백이라는 특전이 무제한으로 제공된다. 더구나, 다른 통화로 물건을 구입하거나 현금 인출을 하는 데에도 수수료가 붙지 않는다. 그렇기는 하지만 신용카드로 현금을 인출한다는 것이 그리 좋은 생각이 아니라는 점은 기억해두는 편이 현명하다. 카드 대금 전액을 낸다고 하더라도 여전히 이자는 물어야하기 때문이다. **탠덤**은 현금 인출에 18.9퍼센트의 이자가 붙으므로 상당히 빠른 시일 내에 이를 갚지 않는다면 비용이 급격하게 증가할 수 있다. 계산을 해보면 100파운드를 인출할 때마다 대략 한 달에 1.50파운드의 이자가 붙는다는 것을 알 수 있다. 이자 비용을 최소화하는 방법은 가능한 한 빠르게 대금을 갚는 것이다(이자는 카드 대금 전액을 지불하기 전까지만 청구된다). 만약 여행의 상당 부분을 ATM에 의존할 가능성이 높다면 이 카드를 이용하는 방법이 최선이 아닐 수 있다.

관련 앱: *Tandem*

추천: 편의성 제일주의

그밖에 또 흥미롭게 살펴볼 만한 카드는 **커브**(Curve)이다. 이 카드는 여행 중에 쓸 일이 있기를 바라면서 지갑을 온갖 신용카드와 체크카드들로 꽉꽉 채우는 사람들에게 훌륭한 대안이 된다. **커브**는 하나의 카드로써 지갑 속에 있는 모든 카드를 대신할 수 있어, 사용자로 하여금 짐을 조금 가볍게 줄이고 오직 한 장의 카드만 챙길 수 있도록 만들어준다. 물론 이것도 몇 가지 이유 탓에 꼭 이상적인 방법은 아닐 수 있으며, 특히 보안상의 위험이 크다. 혹시라도 가방이나 지갑을 잃어버리는 일이 생긴다면 정말 '전부'를 잃게 된다. 그에 더해, 이 절의 도입부에서 나열했던 모든 수수료 비용을 지불해야만 한다. 그렇지만 신용점수나 혜택 등의 이유로 여러 개의 카드를 균등하게 사용하는 것을 정말 중요하게 여기는 사람일 경우, **커브**를 이용한다면 단 하나의 카드만으로 가입되어 있는 카드를 전부 쓸 수가 있다. 그저 카드와 연결된 앱을 통해 사용하기를 원하는 카드로 설정을 변경하면 된다. 환율은 마스터카드의 것을 적용하지만, 모든 거래에 건당 1퍼센트의 수수료가 균일하게 붙으며, 처음 **커브** 카드를 발급받는 데에만 35파운드가 든다. 해외 ATM에서의 현금 인출도 2파운드의 수수료가 발생한다.

선불식 여행자 카드와 환전

선불식 여행자 카드는 오래전부터 여행 중 발생한 지출을 추적하는 데 있어서 아주 유용한 방안으로 여겨져 왔다. 외국으로 나가기 전에 그냥 카드 하나를 충전해두었다가 체크카드처럼 쓰면 되며, 당연히 수많은 호텔, 식당, 카페, 가게에서 사용이 가능하다. 알다시피 선불카드에 충전한 금액 이상은 지출이 불가능하기 때문에 자칫 적자상태에 빠지지 않도록 막아주는 굉장히 유용한 예산 관리 도구이다. 더구나 선불카드는 사기를 당할 위험도 크게 줄여주는데, 만약 누군가가 다른 이의 선불카드 정보를 손에 넣었다고 해도 카드 소유주의 이름으로 막대한 돈을 흥청망청 쓸 수가 없기 때문이다. 또한, 혹시나 잃어버리거나 도둑맞더라도 카드 소유주가 카드 회사에 연락해 정지시켜버리면 그뿐이다. 그렇게 하면 카드에 들어 있던 돈을 전혀 잃지 않을 수 있다. 비록 나중에 재발급 비용으로 최대 10파운드까지 지불해야 할 수도 있지만 말이다.

　여행 중에 선불카드를 사용하는 것은 신용카드나 체크카드를 쓰는 것과 아주 흡사하지만, 분명한 차이점이 있다. 이를

테면, 통상적으로 환율이 선불카드를 충전하는 날의 환율로 고정되어 있다는 점이다. 일반적인 카드를 사용할 때에는 물건을 구입하는 시점의 환율로 계산을 한다. 이는 물론 장점일 수도 있고 단점일 수도 있다. 만약 여행을 떠나 있는 동안 자국의 통화가 갑자기 강세를 보이게 된다면, 분명 선불카드로 구입을 하는 사람이 그때그때 환율을 적용받아 결제를 하는 사람들에 비해 손해를 보게 될 것이다. 물론 그 반대의 경우도 성립한다.

언제나 그렇듯, 구입하기에 앞서 여기저기 가격 비교를 하는 것이 좋은데, 특히 적용하는 환율이 제각기 다르기 때문에 꼭 시간을 조금 들여서라도 여러 선불카드를 비교해보고 결정하라고 권하고 싶다. 어떤 카드는 일반적으로 사용하는 현물환율을 적용하는 반면, 어떤 카드는 마스터카드나 비자에서 공시한 환율을 이용하며, 또 다른 카드는 이 둘 중 한 가지를 택한 뒤 여기에 자체적인 환전 수수료 명목으로 일정 비율을 추가하기도 한다. 이렇게 추가되는 비율은 대략 1퍼센트에서 2.5퍼센트 정도이다. 일부 선불카드는 ATM 인출 수수료를 부과하기도 하며, 매달 인출할 수 있는 한도가 다른 카드에 비해 낮은 경우가 있다는 점도 알아두자. 또한, 만약 자동차를 빌릴 예정이라면, 빌리는 사람의 이름이 기재되어 있지 않은 카드는 일절 받지 않는 곳이 있다는 사실도 염두에 두어야 한다. 모든 곳에서 다 그런 것은 아니더라도, 여행을 할 때 불확실한 상황을 마주하는 것에 스트레스를 받는 유형의 사람들은 이러한 사소한 일에도 불안이 한층 더해질 수 있다.

거의 모든 선불카드는 앱과 연동되어 있어 사용자가 자신의 지출 현황을 확인하고 필요에 따라 돈을 더 충전할 수도 있다. 만약 방문하고자 하는 목적지가 인터넷이 느리거나 드문드문 깔려 있는 나라라면, 떠나기 전에 카드에 충분한 금액을 충전해두는 편이 나을 것이다.

추천: P2P 환전으로 선불카드를 저렴하게

선불카드 업계에서 혁신적인 아이디어로 탄생한 앱에는 **위스왑**(WeSwap)이 있는데, 개인 대 개인 환전 시스템을 채택하여 공급자와 소비자 사이의 중간 단계를 완전히 생략함으로써 최선의 환율을 제공한다. **위스왑**은 온라인 커뮤니티를 통해 서로 반대 방향으로 여행하는 이들끼리 화폐를 교환하도록 해서 하나의 화폐를 처리하는 대신 다른 화폐로 얻고자 하는 욕구를 충족시켜 준다. 특히 사용자 간 돈을 교환함으로써 가능하면 은행으로부터 외화를 구입하는 일을 피할 수 있다. 온라인에서 계정을 만들고 목적지를 입력하고 나면, 사용자들은 **위스**

왑 계정에 연결된 선불 마스터카드를 받아볼 수 있다. 수령한 카드에 그냥 교환을 원하는 돈을 충전하기만 하면 앱에서 반대로 교환하고자 하는 사람들과 연결해줄 것이다. 교환할 상대와 연결된 뒤에는 계정에 새로운 화폐가 충전되며, 그때부터 선불카드를 이용해 돈을 쓸 수가 있다. ATM 이용도 무료이다. 미화 200달러 또는 200유로 이상을 인출하는 한 하루에 최대 두 번까지 출금이 가능하므로, 외국에 나가 있는 동안 인출 횟수를 최소화하고 한 번 인출할 때 큰 금액을 인출하는 편이 이득이다. 그 이하의 금액을 인출할 경우에는 미화 2.25달러 혹은 1.75유로의 수수료가 붙게 된다. 카드를 수령하고 처음 6개월간은 환전 수수료를 내지 않으며, 은행 간 환율을 적용받는다. 하지만 요금을 내지 않을 경우, 환전을 하고부터 외국 통화를 실질적으로 사용할 수 있게 되기까지 7일을 기다려야 한다. 6개월이 지나고 나면 7일의 유예기간으로 거래하는데 1퍼센트의 환전 수수료가 붙는다. 만약 **위스왑**에 친구를 다섯 명 가입시킨다면 모든 수수료를 완전히 면제받을 수 있다.

미사용 화폐를 다시 자국의 통화로 전환하는 것도 가능하며, 위스왑 바이백 닷컴(weswapbuyback.com)을 통할 경우, 서랍장에 쑤셔 넣어 둔 달러화, 엔화, 루피화 지폐(동전 제외) 등 제각각인 화폐들을 전부 모아서 우편으로 보내면 3일 이내에 **위스왑** 계정에 적립 받을 수 있다. 혹은 선택하기에 따라 모은 돈을 자선단체에 기부하는 것도 가능하다. 적립금으로의 교환 비율은 대부분의 주요 화폐는 1퍼센트에서 2퍼센트이며, 흔치 않은 이국적인 화폐는 조금 더 받을 수 있다. 앱에서 '모든' 화폐를 받는 것은 아니지만, 특정 교환 요청이 받아들여지지 않을 경우에는 주문 단계에서부터 미리 경고를 해준다.

관련 앱: *WeSwap*

해외 송금

그런데 만약 머나먼 타국에서 쓸 돈을 필요로 하는 사람이 당신이 아니라면 어떨까? 어쩌면 고등학교를 마치고 대학에 입학하기 전에 잠깐 휴식기를 가지고자 여행을 떠난 아들이나 딸이 예산을 잘못 짜는 바람에 갑자기 급하게 돈을 필요로 할수도 있고, 외국에서 일을 하는 사람이 집에 있는 가족들에게 돈을 보내고자 할 수도 있다. 과거에는 은행에서 외국의 은행으로 이체할 때 건당 최대 25파운드의 수수료를 부과했는데, 약간의 바가지 수준을 넘어 감히 엄두도 못 낼만큼 비싼 것이었다. 또 이 수수료는 양쪽에서 다 발생하므로 발신인과 수신인 모두가 지불해야 한다. 가끔가다 은행에서 실제로 청구되

는 금액을 감추려는 얍삽한 시도를 하는 경우도 있다는 사실
은 말할 것도 없다. 일부 금융기관에서 '수수료 면제'를 내세
우기도 하지만, 그럴 경우 환율을 조정하여 손실을 메우거나
소액을 여러 차례 청구함으로써 실제 비용을 숨긴다. 어느 쪽
이 되었든 상당히 짜증스러울 수 있는데, 이체 과정에서 돈을
뭉텅이로 뜯기는 것보다 열 받는 일은 없기 때문이다.

다행스럽게도 흐름이 바뀌어 이제는 이보다 저렴한 새로
운 대안들이 잔뜩 존재한다. 확실히 제법 다양한 종류의 선택
지들이 생겨나고 있으므로, 자신의 요구에 딱 맞는 최적의 방
안을 찾아 찬찬히 둘러보면 좋을 듯하다.

추천: 간편한 사용법

우선은 다시 한 번 **스탈링**(Starling)을 언급해야겠다. **스탈링**은
은행 자체 앱을 이용해 해외로 송금할 수가 있으며, 환율과 수
수료는 그 어떤 주요 은행들보다도 저렴하다. 이체 건당 총
0.4퍼센트의 수수료가 붙는데, 이는 환전 금액에서 제한다. 또
한, 앱 내 통화 계산기를 통해 자신이 정확히 얼마를 지출하는
지 눈으로 확인하고 난 뒤에 '송금' 버튼을 누르기 때문에 완전
히 공정하고 투명하게 진행된다고 할 수 있다. 이 글을 쓰는 시

점을 기준으로 해당 서비스는 총 39개국으로 21가지 통화의 송금을 지원한다.

관련 앱: Starling

추천: 일회성 또는 소액 송금

일회성으로 소액, 적게는 1파운드라는 적은 금액을 송금할 때 특히 유용하도록 특화된 온라인 서비스들도 여럿 있다. 이러한 서비스는 이베이에서 구입한 물건 값을 지불할 때나 해외에 있는 식구에게 선물을 보낼 때 요긴할 수 있다. 보통 인터넷 이체를 통해 발신인 자국의 통화로 지불이 이루어지며, 환전 과정을 거쳐 영업일 기준 2일에서 4일이면 외국의 수신 은행으로 보내진다. **아지모**(Azimo) 역시 그러한 방법으로 190개 이상의 국가로 송금할 수 있게 해주는 서비스이다. 수수료는 1파운드부터 시작하며, 스위프트(SWIFT, 국제 송금이 신속하게 이루어질 수 있도록 해주는 은행 간 직접 이체 방식)를 이용할 시에는 12파운드, 모바일 추가 이체에는 1파운드가 부과된다. 앱에 있는 추적 기능도 유용하며, 송금 과정에 문제가 발생할 경우 전액 환불이 보장된다. 특히 이러한 서비스를 난생 처음 이용하면서 다소 불안감을 느끼는 고객들에게 있어서는 제법 안심이 되는 장치이다. 친구 추가 제도 또한 잘만 이용하면 꽤 돈이 되는데, 앱에 한 명을 초대할 때마다 10파운드씩 받을 수 있으며, 세 명을 달성하면 추가로 25파운드를 받을 수 있다.

아지모의 가장 흥미로운 기능 중 하나는 영국이나 해외에서 돈을 보내거나 송금을 요청할 때 휴대폰 번호만 있으면 된다는 점이다. **아지모** 앱을 설치하지 않은 사람에게 돈을 보내는 경우, 앱을 다운로드 받을 수 있는 링크가 문자 메시지로 전송된다. 그럼 수신인은 자신의 은행 정보만 기입하면 돈을 출금할 수 있다. 일단 한 번 설정을 해두고 나면 정보가 저장되어 이후부터는 즉시 이체가 이루어지게 된다.

서클(Circle) 또한 이와 비슷하게 **서클페이**(CirclePay)라는 이름의 서비스를 제공하는데, 사용자의 연락처를 읽어 들여 돈을 보내고자 하는 사람과 앱을 통해 대화를 할 수 있도록 한다. 심지어 원할 경우 이모티콘과 gif 움짤을 이용해 대화창을 꾸밀 수도 있다. 앱에 체크카드나 은행 계좌를 연결해두기만 하면 즉시 이체가 가능하다. **서클**은 안드로이드와 애플 기기에서 무료로 다운로드할 수 있으며, 추가 수수료는 일절 없이 시장의 기준환율만을 적용한다.

관련 앱: *Azimo, Circle*

추천: 웨어러블 앱

스마트 기기를 좋아하는 사람이라면, 송금 앱으로 **월드퍼스트**(WorldFirst)가 가장 잘 맞을 것이다. 앱으로 제공될 뿐만 아니라 안드로이드와 애플워치에서도 연동하여 사용이 가능하기 때문이다. **월드퍼스트**는 웨어러블 기술을 이용하면 '탭 다섯 번과 스와이프 세 번'만으로 송금을 끝낼 수 있다고 자랑스레 말한다. 그렇다고 상술만 앞세운 것은 아니다. **월드퍼스트**는 '환율 알림'이라는 유용한 기능을 제공하여 사용자로 하여금 환율이 가장 유리할 때에만 송금을 할 수 있도록 도와준다. 다만 이러한 서비스는 고액을 송금할 경우에 한하여 제공된다. 서비스를 이용하기 위한 최소 송금액은 1천 파운드이다. 또한, 이전 절에서 소개했던 서비스들에 비해 더 많은 정보를 입력하도록 요구하기도 한다. 그럼에도, 가장 최근에 고시된 은행 간 환율과 실시간 환율 그래프, 그리고 시장 소식과 환율 분석을 열람할 수 있는 링크를 화면에 띄워주는 환전 도구를 제공하는 것으로써 사용자들에게 충분한 보상이 된다.

관련 앱: *WorldFirst*

핀테크 혁명

추천: 최저가 보장

그 밖의 흥미로운 송금 서비스로는 트랜스퍼와이즈(Transfer-Wise)라는 것이 있는데, 사실 엄밀히 말하자면 송금을 해주는 서비스는 아니다. 이 앱은 그저 해외로 송금을 하고자 하는 사람을 반대로 다른 나라에서 이쪽 편으로 돈을 옮기고자 하는 사람과 연결해줄 뿐이다. 가령, 캐나다에 있는 누군가에게 미화 1천 달러를 보내려고 한다고 가정해보자. 실제로 물리적으로 미화 1천 달러를 캐나다에 보내는 대신, 트랜스퍼와이즈는 이 1천 달러를 앱 내의 미화 보관함에 추가하고, 캐나다화 보관함에서 그에 상응하는 금액을 꺼내 수신인에게 지급한다. 이 개인 대 개인 서비스는 전 세계의 은행 계좌에 다양한 화폐를 잔뜩 비축해두고 있으며, 거래 과정에서 발품 파는 일을 대폭 줄였으므로, 타사에 비해 훨씬 경쟁력 있는 환율을 제공할 수가 있다. 트랜스퍼와이즈는 은행 환율을 적용하여 1파운드부터 1백만 파운드까지 송금 주문을 받으며, 해당 서비스를 통해 이체된 모든 금액에 균일하게 0.5퍼센트의 수수료를 부과한다.

이 서비스의 가장 큰 장점은 사용이 아주 간편하다는 것이다. 개인 대 개인의 거래를 진행하면서 필요한 복잡한 일처리를 전부 앱이 알아서 해주기 때문이다. 또한, 소비자 만족을 한 층 더하기 위해 '최저가 보장'을 제공한다. 만약 고객이 다른 업체에서 더 저렴한 견적을 받는다면, **트랜스퍼와이즈**에서는 이와 같은 가격에 맞추어주거나 차액을 환불해줄 책임이 있다. 이 서비스는 시장의 가장 큰 부분을 차지하는 미국의 달러화, 영국의 파운드화, 유로화, 인도의 루피화, 일본의 엔화, 호주의 달러화 등을 포함하여 전 세계적으로 27가지 이상의 통화를 지원한다.

단점이라고 할 만한 요소는 극히 적다. 사실 유일하게 염두에 두어야 할 부분은 이체 절차가 즉각적으로 이루어지지 않으며 대부분의 환전이 이용하는 화폐의 종류에 따라 적게는 하루, 많게는 나흘까지 소요될 수 있다는 점이다.

최근에는 전 세계 어디에서는 쉽게 자금을 확보할 수 있는 체크카드, 그리고 송금을 받을 때 사용할 국가별 계좌번호 여러 개를 제공하는 '국경 없는 계좌' 서비스를 도입함으로써 전체 절차가 한결 더 매끄러워졌다.

관련 앱: *TransferWise*

여행은 지금, 결제는 나중에

거창한 휴가를 보낸다는 것은 거의 대부분 어마어마한 자금이 투입된다는 것을 나타낸다. 여행비용을 할부로 낸다는 개념이 다른 여러 나라에서는 제법 흔함에도 불구하고 미국이나 유럽, 남아프리카에서는 아주 생소하다는 것이 사실 제법 놀랍기도 하다. 그렇지만 이러한 문화는 곧 점차 널리 퍼지기 시작할 가능성이 크다. 특히 이 분야를 주시하는 핀테크의 수를 고려한다면 더욱 분명하다.

여행 경비를 할부로 결제하는 데에는 이점이 아주 많다. 이를테면 수개월을 희생하여 열심히 돈을 모았다고 가정해보자. 그동안 줄곧 얼마 후에 응당 누리게 될 휴가를 꿈에 그리면서 말이다. 그리다 보면 목표한 금액에 가까워진 만큼 물가 또한 올랐고 비행기 표를 구입하는 것도 쉽지 않다는 사실을 깨닫게 될 것이다. 혹은 갑자기 예상치 않았던 여행을 갈 수밖에 없는 상황이 되었다고 생각해보자. 떠나는 날에 임박해서 예산에도 없던 구매를 한 탓에 몇 개월 동안 돈에 쪼들리는 생활을 맞이하게 되거나 울며 겨자 먹기로 값비싼 대출을 떠안을 수도 있다. 할부로 결제를 하면 그러한 위험을 줄여주며, 언제 무엇을 구입할지에 보다 큰 확실성을 부여해준다.

추천: 간편한 사용법

항공편 예매 플랫폼인 **플림블**(Flymble)은 여행경비를 지불하는 것도 휴대폰 이용요금을 내거나, 새 소파를 사거나, 가게에서 물건을 구입하는 것과 전혀 다르지 않아야 한다는 가치관을 내세운다. 사용법도 비교적 간단하다. 가고 싶은 곳을 정하고, **플림블** 웹사이트에서 항공편을 검색한 다음, 개인 정보를 채워 넣고 신속하게 신용 조회를 통과하면 끝이다. 초기 계약금에는 선불로도 결제 가능한 약간의 서비스 이용료가 포함된다. 그리고 난 뒤에는 결제할 때 받아보는 견적서에 찍힌 가격이 앞으로 지불해야 할 금액의 전부이며, 그 외에 추가 수수료나 치사한 이자는 일절 붙지 않는다. 여행객들은 3개월, 6개월, 10개월 할부 중에서 원하는 기간을 선택할 수 있다.

관련 앱: *Flymble*

추천: 다양한 선택권

어펌(Affirm)은 대형 여행사인 익스피디아의 미국 사이트에 연결되어 있어서 항공편부터 숙박까지 여러 가지 여행 상품에 대해 할부 결제가 가능하다. 해당 기능을 이용하려면 '할부 (monthly payment)' 탭을 선택하고 3개월, 6개월, 12개월 할부 중에서 하나를 골라 계좌이체나 체크카드로 결제하면 되며, 연이율은 10퍼센트에서 30퍼센트 사이이다. 아직 도입 초기이기는 하지만, 익스피디아가 가는 길을 나머지 여행 산업도 대체로 따르는 추세이다. 다른 항공사나 호텔 체인들, 그리고 여행 검색 회사들 또한 이를 눈여겨보지 않을 수 없을 듯하다.

에어포더블(Airfordable)도 주목할 만한데, 이 회사는 신용 조회를 하는 대신 위험 평가 소프트웨어를 사용한다. 일처리를 보다 효율적으로 하겠다는 의도이다. 더불어, 비용 역시 낮게 유지할 수 있다. 에어포더블은 항공권 가격의 10퍼센트에서 20퍼센트를 수수료로 부과하며, 출국일 이전에 값을 다 치를 수 있도록 자동으로 할부 계획을 설정해준다. 또한 익스피디아, 프라이스라인, 구글플라이트 등 미국의 모든 주요 여행 사이트들과 연계되어 있다. 고객들은 그저 여행 일정을 캡처해서 상세한 여행 정보를 제출한 뒤 총 비용에 대한 계약금만 내면 된다. 할부금이 정기적으로 빠져나가다가 어느 순간 전체 비용을 다 지불하게 되면, 그 때 항공표가 확약처리 되고 고객에게 전송된다.

관련 앱: *Affirm, Airfordable*

추천: 소셜 세이빙

남아프리카의 핀테크 **포모트래플**(FOMOTravel)은 '피어 오브 미 싱아웃(fear of missing out, 놓치는 것에 대한 두려움)'의 약자로, 할부 결제 방식을 제공하기는 하지만 한 가지 차이점이 있다. 다른 회사들과 마찬가지로 여행 경비를 지불하기 위해 매달 반복적으로 할부금을 내도록 하는데, 이때 친구나 가족들을 초대해 할부금을 함께 납입하도록 할 수 있는 기능, 즉 소셜 세이빙(social saving) 기능이 있는 것이다. 이는 특히 신혼여행처럼 중차대한 여행의 비용을 '크라우드펀딩' 형식으로 모으는 데 아주 효과적이다. 소셜미디어에 여행 후기를 공유하면 보상이 주어지기도 한다.

관련 앱: *FOMOTravel*

14장   # 현명하게 대출하라

전통적으로 대출은 확실히 검증된 형식을 바탕으로 이루어졌다. 즉, 은행 및 신용 조합에서 고객들의 예금을 받아, 그 자본을 활용하여 다른 고객들에게 대출을 확장해주는 식이다. 이러한 과정 속에서 돈을 벌기 위해 이들은 예금주들에게 쳐주는 이율보다 높은 이자를 대출자들에게 청구했다. 그렇게 썩 훌륭한 것만은 아니었지만, 그래도 어느 정도 선을 지킨다면 개념 자체는 그다지 나쁘지 않았다.

대출과 관련하여 가장 흔하게 제기되는 불만 사항은 대출자 측에서 터져 나온 것이다. 대부분 대출 신청자가 돈을 만져보기까지 넘어야 하는 장애물이 너무나도 많다는 내용이 주를 이룬다. 그 말도 일리가 있다. 소비자의 편의를 전혀 고려하지 않은 일처리 방식 탓에, 고객들은 길디긴 문서를 작성하고 온

갓 부가서류들을 내고도 보통 답변을 듣기 위해 몇 주를 더 기다려야만 했다. 또 그렇게 기다림을 견딘 뒤에도 몇몇 신청자들은 정말 좋은 투자처로 평가받아 대출 승인을 받아야 마땅함에도 심사망에서 누락되어 주류 대출 시장으로부터 쫓겨나는 일이 발생한다. 대출기관에서 일반적인 데이터를 기준으로 삼고 전통적인 신용점수 지표에만 의존해 대출 신청자들을 평가하다 보면 빈틈이 많이 생겨 그 사이로 떨어져버리기가 쉽다. 이에 대출기관은 (당연히) 자사로서는 채무 불이행의 위험을 막기 위해 최선을 다할 수밖에 없다고 답변하게 된다.

우리들 개개인에 관해 실시간으로 갱신되는 어마어마한 데이터의 활용 방안이 급증한 덕분에 이제는 핀테크들이 나서서 이 빈틈을 메워주고 일처리 방식을 모두에게 유리한 방향으로 바꾸어줄 수 있게 되었다. 우선 핀테크는 기술을 이용하여 필요한 서류를 대폭 줄여줄 수 있다. 각 개인을 대상으로 한 대출 신청서도 한결 수월하게 검토할 수 있으며, 전반적으로 일처리가 훨씬 많이 빨라진다. 대출이 완전히 디지털화되면서 투명성 또한 크게 증가한다. 이 책을 통해 이미 여러 번 언급했다시피, 눈에서 멀어지면 마음에서도 멀어진다는 태도로 금융과 거리를 두는 습관을 바꿈으로써 얻을 수 있는 것이 정말 많다. 대출 시스템에 현재 가용한 기술을 활용한다는 것은 대출자들이 상환 현황 및 기타 유용한 정보들을 확인하고 대출 비용 전액을 계속해서 지켜볼 수 있기에 나중에 뒤통수 맞을 일이 절대로 없다는 사실을 뜻한다.

대출 시장에 처음으로 변화의 신호를 알렸던 것은 2005년, **조파**(Zopa)와 같은 기업들이 등장하면서 크게 유행하기 시작한 개인 대 개인, 즉 P2P 대출이었다. P2P 대출이란, 여러 명의 개인들이 개인융자를 조직하기 위해 서로 연결되며, 이들 사이에 다리를 놓아주는 업체는 연결해준 데 대한 수수료로 수익을 얻는 구조이다. 하지만 변화와 발전은 거기에서 그치지 않았다. 이제 핀테크는 학자금대출부터 주택대출, 사업체의 신용대출까지, 대출이란 대출은 모조리 다루고 있다. 각각의 경우, 시작점은 모두 동일했다. '대출 업무를 더 쉽고 저렴하게 제공하면서 한때 대출기관으로부터 배제되었던 적이 있는 사람들에게까지도 시장을 열어줄 수 있는 방법은 없을까?'하는 생각 말이다. (혹은 틀림없이 대출 절차가 속 터질 만큼 느리고 번거롭다고 느꼈을 것이다.) 기술은 또 한 번 이 모든 새로운 해법들의 중심에 있으며, 그러한 변화의 결과로 탄생한 대출 서비스는 이전에는 절대 불가능했던 일을 해줄 수 있게 되었다. 바로 신청 절차를 빠르고 간결하게 만들며, 신속하게 승인 조치하고 대출자가 실제로 계좌에 자금을 받아볼 수 있게 하는 일말이다. 신청 절차를 디지털화하는 것은 대출 시장에서 특히 효과적인데, 의사결정의 속도와 정확성이 결정적으로 중요한 이 부문이야말로 모든 데이터에 접근하고 이를 활용하여 분석적인 결론을 도출하는 일이 제대로 진가를 발휘할 수 있는 영역이기 때문이다. 사람이 모든 자료를 확인하고 검토해야 했던 예전에는 일이 중단되거나 적어도 현저히 느려지는 일들이 종종 발생했다. 다양한 위험 분석을 자동화하면 처리 속도를 빠르게 할 수 있을 뿐만 아니라 운영 경비도 낮출 수 있어, 나아가 소비자들에게 보다 경쟁력 있는 대출 상품을 제공해줄 수 있게 된다.

P2P 대출

2008년에 찾아온 세계 금융위기가 남긴 여러 지대한 여파 중의 하나는 은행들이 대출 업무를 멈추었다는 것이다. 지난 시대의 도를 넘어선 융자에 데고, 해결해야 할 불량 대출 및 주택 대출 증권으로 장부가 가득 찼던 탓에 주요 대출기관들은 완전히 위험을 회피하려는 성향으로 변해버렸다. 고객들이 대출을 신청하려고 문을 두드릴 때면, 그 문은 언제나 영락없이 굳게 닫힌 채 열리지 않았다. 이러한 상황은 당시 막 날개를 펼치려던 P2P 대출 사업이 번성할 수 있는 이상적인 환경을 만들어주었다.

P2P 서비스의 바탕이 되는 작용 원리는 간단하며, 일종의 온라인 소개팅 앱에 가깝다고 할 수 있다. 돈을 빌리고자 하는 개인들이 쏠쏠한 수익을 대가로 자신의 돈을 장기간 동안 따로 보관할 곳을 찾는 사람들과 짝지어지는 것이다. 그 과정에서 은행이라는 중간 사업자가 사라지면서, 대출자들은 시중의 주요 은행들에서 일반적으로 대출받을 때보다 약간 낮은 금리로 돈을 빌릴 수 있고, 빌려주는 사람들은 더 높은 기본금리를 챙길 수 있다. 그 사이 P2P 중개업자는 소개비 명목으로 수수료를 받는다.

돈을 빌리는 사람과 빌려주는 사람의 입장에서 보자면, 자신에게 유리한 이율을 적용할 수 있다는 사실 이상으로 많은 이점이 있다. 빌리는 사람으로서는 쉽고 빠른 온라인 신청과 승인 과정으로 혜택을 본다. 전통적인 금융기관 및 신용카드보다 낮은 금리는 고정되어 있고, 그 밖의 숨겨진 수수료도 없다. 상환 기한보다 앞당겨서 상환한다고 해도 조기상환 위약금이 붙지 않으며, 무담보 대출이므로 대출자들이 자신의 집이나 차의 소유권 같은 담보물을 제공할 필요도 없다.

돈을 빌려주는 쪽도 흥미롭기는 마찬가지이다. 우선, 자신의 예금을 불리는 수단으로써 다른 누군가에게 돈을 빌려준다는 것은 생각조차 한 적이 없었을 사람들에게 완전히 새로운 투자 기회를 열어준다. P2P 대출을 통하면 그냥 예금 계좌에 돈을 처박아둘 때보다 훨씬 많은 돈을 벌 가능성이 있다. 투자액도 아주 소액부터 아주 거액까지 다양한 범위의 선택지가 있으며, 나아가 수백, 심지어 수천 개의 개별적인 대출에 나누어 투자함으로써 위험을 분산할 수도 있다. 더불어, 돈을 빌려주는 부문과 신청자들의 유형을 온갖 종류로 다양화함으로써 위험을 더욱 분산할 수 있다. 투자에 대한 보상으로 이들은 대출자들이 갚는 돈으로 이자에 더해 다달이 원금을 상환 받게 된다. 그러고 나면 상환 받은 자금을 전부 찾을 수도 있고, 아니면 또 다른 P2P 대출에 재투자할 수도 있다.

P2P 대출 시장은 2000년대 말부터 성행하기 시작했다. 첫 번째 대출 플랫폼인 **조파**가 2005년에 출시되었을 당시, 융자금은 총 150만 파운드에 불과했다. 오늘날에는 영국만 해도 100억 파운드가 넘는 융자금이 오가고 있다. 전 세계적으로는 2024년이면 P2P 대출 시장의 규모가 6,880억 파운드에 달하게 될 것으로 전망한다. P2P 스타트업들은 자사의 시스템을 설립하는 데 최첨단 기술을 활용하는 이점을 누려왔는데, 여기에서도 다른 사례들과 마찬가지로 대부분 거추장스럽고 케케묵은 시스템 탓에 고객들에게 상대적으로 느린 서비스를 제공할 수밖에 없었던 기존의 전통적인 대출기관들보다 경쟁력을 갖추게 되는 요소로 작용한다. P2P 대출 시스템이 신청서류들을 모조리 대충 심사한다는 뜻으로 하는 말이 아니다. 각

대출 신청자들은 기존과 똑같이 엄중한 신용 조회를 거쳐 위험도에 따라 등급이 매겨진다. 기술은 그저 이 절차가 빠르고 효율적으로 처리되도록 만들어줄 뿐이다. 온라인 플랫폼 또한 융자에 관련된 대부분의 법적 절차 및 규정에 따른 일처리를 자동화한다. 급하게 돈이 필요한 대출자들은 신속하게 신청 결과를 받아볼 수 있다. 많은 경우, 심지어 신청 당일에 자금을 구할 수도 있다.

이쯤에서 이런 의문이 들지도 모르겠다. '아니, 그래서 금리도 더 유리하고, 결과도 빨리 알려주고, 전반적으로 훨씬 효율적인 시스템인 건 알겠는데, 그럼 단점은 뭐야?' 글쎄, 돈을 빌리는 사람이나 빌려주는 사람 둘 다에게 위험 요소가 존재하고, 누구에게나 적합한 방법은 아닐 수 있다는 점 정도가 있겠다. 예컨대 신용등급이 그다지 훌륭한 편이 아닌 사람이 대출을 신청한다면, 채무를 불이행할 가능성이 높다는 사실에 대한 안전책의 일환으로 P2P 대출 또한 범접하기 어려울 정도로 높은 이자를 요구하게 될 수도 있다. 만약 신청자가 이 제안을 받아들인다면, 앞으로 수개월이고 수년이고 이 높은 금리를 고수해야 한다. 이런 경우, 조금 기다려서 신용등급을 올리기 위한 조치를 취한 다음에 대출 신청을 하기를 강력하게 권한다. 한편, 이러한 방법으로는 언제나 큰 금액을 구할 수 있는 것이 아니기 때문에 어떤 대출 신청자가 한 번에 많은 돈을 빌리고자 한다면 돈을 빌려줄 사람을 찾는 데 애를 먹을 수 있다.

돈을 빌려주는 입장에서 P2P 대출에 관여할 경우에는 단 언컨대 고려해야 할 점들이 더욱 많다. 어쨌든 위험에 처할 우려가 있는 것은 어디까지나 빌려주는 사람의 돈이기 때문이다. 가장 명백한 단점 중 하나는 자본금 전액을 돌려받지 못하게 될 가능성이 있다는 점이다. P2P 기업들이 많은 사람들을 위해 대단히 열심히 노력하고는 있지만, 이윤과 초기 자본금의 회수는 보장되지 않는다. 그렇지만 긍정적으로 보자면, 이제 P2P 기업들을 대상으로 한 규정이 마련되고 있다. 예를 들어 영국에서는 2014년 4월부터 금융행위감독청에서 그러한 업체들에 규제를 가하기 시작했다. 규정에는 P2P 기업들이 정보를 알기 쉽게 제시하고, 어떠한 잠재적인 위험에 대해 투명하게 알리며, 문제가 발생할 경우에 대한 대책을 마련해두어야 한다고 분명하게 명시되어 있다. 이 같은 규정을 따르지 않는 P2P 기업은 제재를 받을 수 있으며, 거액의 벌금을 물 수 있다. 이와 더불어, 재정적 어려움이 발생할 시 사용할 수 있도록 최소한 5만 파운드의 자금(기업의 규모가 큰 경우에는 이보다 더 큰 금액)을 보유하고 있어야 한다.

해당 산업이 이전보다 더 잘 규제가 이루어진다고 하더라도 금융서비스보상제도의 보호를 받지는 못한다는 점은 알아두자. 이 제도는 일종의 안전망으로서, 영국에서 혹여 자금을 맡긴 기관이 파산할 경우, 해당 기관에 돈을 넣어둔 모든 저축자들이 한 사람당 금융기관별로 최대 8만 5천 파운드까지 돌려받을 수 있도록 보장해준다. 하지만 P2P 업체를 통해 남에게 돈을 빌려주었는데 이 업체가 추후에 파산하게 된다면, 빌려준 돈을 받아낼 책임은 고스란히 빌려준 사람의 몫이 된다. P2P 전문가들은 이 같은 불상사에 대처하기 위한 보험을 마련해두어야 하는데, 그 결과가 반드시 순조로우리라는 보장도 없다.

금융 평론가들 사이에서도 P2P 산업이 그다지 발 빠르게 움직이지 못한 기존 은행들의 약점을 악용하여 너무 빠르고 공격적으로 세를 확장해나가고 있다는 불만이 흘러나오고 있다. 확실히 P2P 기업들은 저금리 시기가 오래 지속되는 상황을 최대한 잘 활용하고 있다. 그러다 금리가 필연적으로 오르기 시작하면, 투자자들도 P2P와 같이 '고위험' 투자처를 찾으려는 동기가 약해질 수 있다. 이 모든 변화는 P2P 플랫폼에서 제공하는 이율이 이미 상대적으로 예전만큼 매력적이지 않다는 증거가 보일 때 나타난다. 그렇게 '주류' 대출기관들에서 제공하는 금리와 차이가 점차 좁혀지다가 거의 비슷한 수준에 이르게 되면, P2P 기업들은 신용등급이 낮거나 전무하다시피 한 사람들을 상대하는, 훨씬 위험이 높은 쪽으로 이끌리듯 대출 사업을 옮겨갈 것으로 예상된다. 이는 분명 투자자들의 위험 부담을 높이며, 장기적으로 P2P 산업의 성장에 악영향을 미칠 수 있다.

영국의 저축자들에게는 이제 상당수의 P2P 회사들이 ISA 계좌 또한 제공하므로 일정 금액을 비과세로 저축할 수 있으며, 연간 ISA 한도액에 대해서만큼은 전통적인 은행과 투자 회사를 대체할 수도 있다.

모든 금융 서비스 부문에서 그러하듯, 위험은 늘 존재한다. 위험 부담을 완화할 수 있는 가장 좋은 방법은 자신이 이용하려는 시스템이 어떻게 작용하는지 이해하고 관련된 모든 정보를 빠삭하게 꿰고 있는 것이다.

추천: 탄탄한 실적

초창기 P2P 회사들 중 하나로서 **조파**(Zopa)는 가장 확실하게 입지를 굳혔으며, 개인 융자를 찾는 대출자들 사이에서 안정적인 거점을 확보했다. P2P 대출을 통해 돈을 빌려주기로 결정하고 자본을 투입하면, **조파**에서는 이 투자액을 10 파운드만큼씩 나눈 뒤 여러 다른 곳에 분산하여 투자해준다. 따라서 투자자들은 A* 등급에서 E 등급까지 다양한 범위의 대출자들에게 노출이 되는데, 모든 자본을 하나의 장소에 몰아서 보관하지 않는다는 점에서 큰 장점으로 작용한다. 투자자들은 최소 10파운드부터 시작해서 상한 없이 투자할 수 있으며, 원하는 위험도와 수익에 따라 **조파 코어**(Zopa Core)와 **조파 플러스**(Zopa Plus)라는 두 가지 상품 중에서 고를 수 있다. 한때는 5퍼센트에서 6퍼센트의 금리를 제공했으나, 불량채권이며 수수료 탓에 지금은 투자자들이 4.5퍼센트에서 5.2퍼센트의 이윤을 손에 쥘 수 있다. 하지만 그렇다고는 해도 여전히 괜찮은 이율이며, 조파에서 불량채권과 수수료를 공제하고 제공하는 금리이므로, 예상치 못한 채무 불이행 사태가 이미 계산에 포함된 수치이다. 돈을 기한보다 일찍 찾는 것도 가능하지만, 전체 금액의 1퍼센트를 수수료로 지불해야 한다.

한편 대출자들은 최소 20세이어야 하며, 뚜렷한 신용기록을 가지고 있어야 한다. 대출 한도는 최소 1천 파운드에서 최대 2만 5천 파운드이다. 상환 기한은 1년에서 5년이지만, 조기 상환에 대한 위약금은 없다. 만약 대출자가 돈을 갚지 않으면 **조파**의 영업직원으로부터 전화가 걸려오는데, 전화를 받은 대출자들의 70퍼센트는 며칠 내에 전액을 상환한다. 연체 기간이 30일을 넘어가게 되면, 혹 해당 대출자가 도움을 필요로 하는지 논의하고 그에 따라 새롭게 협의를 마련할 수도 있지만, 그 과정에서 채권추심대행업체가 관여하게 될 수도 있다.

P2P 대출의 초창기 창업으로 유리한 입지에 있는 기업들

중에서 **조파**의 뒤를 바짝 따라붙고 있는 곳이 2006년 캘리포니아에 본사를 두고 출범한 **렌딩클럽**(LendingClub)이다. **렌딩클럽**은 수십억 달러 규모의 대출금을 연계해주며 스스로가 세계 최대의 P2P 대출 플랫폼이라고 광고한다. 왜 그런지는 바로 알 수 있다. 8퍼센트의 이윤을 내세우기 때문이다. 대출을 신청하기 위해서는 최소한의 신용등급 제한점수에 도달해야 하며, **렌딩클럽**이 시행하는 위험 관리 덕분에 신청자의 3분의 2 이상이 반려 당한다. 대출자들은 최소 미화 1천 달러에서 4만 달러까지 빌릴 수 있으며, 3년에서 5년에 걸쳐 상환할 수 있다. 신용점수가 좋은 사람들은 최저 6.95퍼센트의 금리를 적용받을 수 있지만, 신용등급이 나쁜 사람들의 경우에는 최고 35.89퍼센트까지 높은 금리가 적용될 수도 있다. 금리는 대출 기간 내내 고정되어 있다. 대출 서비스는 개인이나 소규모 사업체 모두 이용 가능하다.

투자자로서 서비스에 가입하는 절차는 간단하고 온라인 상에서 몇 분이면 마칠 수 있지만, 최소한으로 요구하는 순자산과 소득 수준이 정해져 있으며, 거래를 시작하기 위해서는 초기 예금으로 1천 달러가 필요하다. 투자자는 수동으로 투자처를 선택하여 원하는 곳에 융자해줄 수도 있고, 자동화된 처리 시스템이 알아서 투자하도록 맡겨둘 수도 있다. **렌딩클럽**는 자사의 마켓플레이스 내에서 발행된 대출 어음당 1퍼센트의 연회비를 청구한다.

관련 앱: *Zopa, LendingClub*

추천: 간편한 사용법

레이트세터(Ratesetter)의 주요 목표 중 하나는 P2P 투자를 가능한 한 간단하게 만드는 일이다. 실제로 일부 평론가들에 따르면, 마치 예금 계좌에 돈을 넣는 것만큼이나 간단하게 투자할 수 있다고 한다. 물론 이는 예금 상품이 아니라 투자 상품이지만 말이다. 더 큰 위험을 감수하는 대가로 당연히 기대할 수 있듯, 이윤 또한 예금보다 더 높다.

　일부 P2P 회사에서 투자자들이 직접 어디에 돈을 빌려줄지 선택할 수 있도록 능동적인 역할을 부여해주는 것과 달리, **레이트세터**에서는 투자자의 돈이 자동으로 대출자에게 할당된다. **레이트세터**는 체납액이 발생할 시 보상 기금에서 충당해주는 것을 목표로 한다.

　최소 투자금은 단 10 파운드이며, 1년이나 5년의 기한을 정하거나 수시로 빌려줄 수 있다. 다시 말해, 투자금이 상환되면 그냥 바로 재투자할 수 있다는 뜻이다. 정해진 기한 없이 수

시로 시장이 돌아가는 경우 평균 3퍼센트 가량의 이익을 얻을 수 있으며, 1년 기한에서는 3.7퍼센트, 5년에서는 5.9퍼센트의 수익을 기대할 수 있다.

대출자들은 개인이 처한 상황에 따라 최소 500 파운드에서 최대 3만 5천 파운드까지 빌릴 수 있다. 상환 기한은 6개월에서 5년이며, 마찬가지로 조기 상환에 대한 위약금은 물지 않는다.

만약 자신의 돈이 어디로 흘러들어갈지에 대한 결정권을 어느 정도는 가지고 있었으면 좋겠다고 생각한다면, **펀딩서클**(Funding Circle)이 괜찮은 대안일 수 있다. 여기에서는 관심 있는 투자자들의 경우 어디에 돈을 투자할지 스스로 고르고 선택할 수 있으며, 그렇지 않은 사람들이라도 100 여개의 사업체에 자동으로 투자금을 할당해주는 오토비드(Autobid) 기능을 이용하여 만족스러운 경험을 할 수 있다. 투자자들은 각 개별적인 회사에 투자할 수 있는 최소 요건인 20파운드를 맞추기 위해 적어도 2천 파운드를 투입해야 한다. 2010년에 출범한 이 서비스에는 만일의 상황을 대비해 별도로 비축해둔 자금이 없기 때문에 대출자들이 제대로 상환하지 않으면 돈을 잃을 위험이 크다. 하지만 그만큼 더 높은 이윤을 얻을 가능성이 있다는 장점이 있으며, **펀딩서클**에서 그와 같은 방법으로 투자한 사람들 중에 돈을 잃은 사례는 아직까지 없다고 한다. 만약 스스로 투자처를 선택하기로 결정했다면, 가능한 한 적은 금액을 최대한 넓은 범위의 대출자들에게 할당하여 위험을 분산하기를 권한다. **펀딩서클**은 영국, 미국, 독일, 스페인, 그리고 네덜란드에 영업지부를 거느리고 있다. 대출은 최소 5천 파운드부터 가능하고 최대한도는 100만 파운드이며, 기간은 6개월부터 5년까지이다. A+ 등급의 대출을 기준으로 했을 때 평균적으로 투자자들이 얻을 수 있는 이윤은 6.5퍼센트이다.

관련 앱: *Ratesetter, Funding Circle*

추천: 위험의 분산

지금까지 미화 100억 달러가 넘는 개인대출을 가능케 하며 종종 미국에서 가장 빠르게 성장한 기업 중 하나로 꼽히는 **프로스퍼**(Prosper)의 운영 방침은 P2P에서 가장 흔하게 발생하는 위험, 즉 대출자들이 빌린 돈을 상환하지 못하는 상황에 집중한다. 보통 그러한 대출은 무담보로 이루어지는데, 집이나 자동차의 소유권이 오락가락하는 절박함이 없으므로 대출자들이 채무를 불이행할 가능성이 높다(이로 인해 차후에 신용점수에 악영향이 있기는 하지만 말이다). 이에 **프로스퍼**가 내놓은 해결책은 투자자들로 하여금 대출 대상을 충분히 다양화하여 채무 불이행의 위험을 최대한 자잘하게 분산함으로써 이윤에 거의 영향을 미치지 않도록 하는 것이다. **프로스퍼**는 단순히 살아 있는 인간이라면 누구에게나 돈을 빌려주는 기업이 아니라는 점도 짚고 넘어가야겠다. 대출 신청자들은 미국 신용평가기관 피코(FICO)의 신용등급 기준인 640점 이상이어야 하며, 신청서에 대출 목적을 분명하게 명시해야 한다.

대출자들은 미화 2천 달러에서 3만 5천 달러까지 신청할 수 있으며, 가장 위험이 낮은 AA부터 시작하여 A에서 E까지를 지나 고위험을 나타내는 HR(high risk)까지 등급이 매겨진다. 그리고 위험이 높을수록 지불해야 하는 금리도 높아진다. 이전에 **프로스퍼**에서 대출을 받아 좋은 기록을 가지고 있는 사람의 경우, 통계적으로 채무 불이행의 가능성이 낮다고 판단하여 조금 낮은 연이율을 적용받을 수도 있다.

투자자들은 25달러 상당의 소액을 어음이라고 알려진 각각의 융자 대상에 투입한다. 즉, 단일 총액으로 5천 달러를 투자한다면, 200개의 어음을 받을 수 있는 것이다. 혹여 이 200명의 대출자 중 한 명이 채무를 이행하지 않을 경우, 채권자의 입장에서는 투자금의 200분의 1, 또는 0.5퍼센트의 손실을 입게 된다. **프로스퍼**의 대출자들은 통상적으로 대출금에 대해 14퍼센트의 이자를 지급하며, 약 4퍼센트에서 5퍼센트가 체납자로 인해 손실된다. 1퍼센트의 수수료까지 내고 나면, 이는 곧 투자자들이 8퍼센트의 이익을 얻는다는 사실을 뜻한다 (14% 금리 - 6% 체납 손실 및 수수료 = 8% 순수익). 물론 가장 명백한 위험은 경기 침체가 나타나거나 실업률이 크게 증가할 시 이 체납 비율이 상승할 수 있다는 점이다.

관련 앱: *Prosper*

중소기업 대출

새로운 핀테크의 대출 방식의 중대한 이점은 전보다 훨씬 다양한 범위의 사람들로 하여금 대출에 접근할 수 있는 가능성을 열어주었다는 것이다. 과거에 대출을 해줄 곳을 찾느라 애를 먹었던 경험이 있는 사람들도 이제는 기꺼이 돈을 투자하겠다는 곳을 찾을 가망성이 많아졌다. 이는 중소기업에게 특히 유용하게 작용하여, 이제 집을 담보물로 제시하거나 친구와 가족을 보증인으로 내세우지 않아도 쉽고 빠르게 신용대출을 받고 자본에 접근할 수 있게 되었다. 핀테크가 되는 대로 아무에게나 마구 돈을 빌려준다는 뜻으로 하는 말이 아니다. 단지 이들 기업이 대출 신청자의 신용도를 보다 정확하게 파악하는 데 있어서 빅 데이터와 인공지능을 이용한 유연하고 종합적인 점수화 알고리듬을 최대한 활용하고 있다는 점을 짚어주고 싶을 뿐이다. 전통적인 은행들은 그저 이러한 기술을 적용할 준비가 되어 있지 않다. 점수화 방식이 상당 부분 누구에게나 적용 가능한 프리사이즈식의 접근법을 바탕으로 하고 있기 때문이다. 이들은 어느 모로 보나 중소기업과 같이 특정한 부문을 효과적으로 분석하는 일에 적합하지가 않다.

추천: 온라인 소매업체

미국 기반의 핀테크 **캐비지(Kabbage)**는 중소기업의 대출을 심사할 때 많은 부분 전통적인 뱅킹 데이터를 이용하기는 하지만, 그 외에도 대출 신청자들을 신속하게 심사하기 위해 다량의 다른 정보들도 활용한다. 특히 사업의 규모를 키우는 과정에서 주식에 투자할 필요가 있는 소규모의 온라인 소매업체나, 그날그날의 지출금을 충당하려면 운영 자금을 더 늘려야 하는 소기업들에 정말 딱 맞는 이 서비스는 은행 계좌 기록부터 판매된 상품이나 서비스의 배송 이력 데이터, 엣시나 이베이와 같은 전자상거래 플랫폼에서의 기록, 그리고 소셜미디어에 이르기까지 온갖 데이터를 대출 심사에 이용한다. 이 모든 정보들은 한데 합쳐져 위험성을 평가하는 데에 쓰인다. 그래서 여기서 가장 훌륭한 점은? 과거 전통적인 은행들이 대출 승인을 해줄지 말지 고심하는 데 몇 주씩 걸렸던 반면, **캐비지**는 딱 7분 안에 결정을 내려주는 것을 목표로 한다.

캐비지에 대출 신청을 하기 위해서는 돈을 빌리는 회사가 적어도 설립된 지 1년은 되어야 하며, 연매출이 5만 달러가 넘거나 직전 3개월 동안 매달 4,200달러의 수익을 냈어야 한다. 대출 기간은 6개월에서 12개월이지만, 최대한 짧은 시간 안에 상환하기를 강력하게 권장한다. 이 같은 입장을 확실히 보여주기 위해 조기 상환에 대한 위약금이 없으며, **캐비지**의 온라인 도구 창에서는 대출자들이 가령 6개월이 아니라 4개월 안에 전액 상환할 경우 얼마까지 수수료를 절약할 수 있는지 보여준다.

대출의 규모는 대출 신청자가 특정한 금액을 요청하는 것이 아니라 **캐비지**에서 자체적으로 정한다. 이때 제시하는 금액은 500달러에서 25만 달러 사이이며, 대출을 신청한 기업에 대한 평가와 매출액을 기반으로 하여 산정한다. 승인이 결정된 금액 전부를 한 번에 다 받을 필요는 없다. 처음에 제시된 금액의 범위 내에서라면 우선 얼마만큼의 돈을 받았다가 나중에 이를 갚고 나서 추가로 더 빌려갈 수도 있다. 그런데 단점도 있다. 적용되는 금리가 시장에서 가장 높은 축에 속하기 때문에 어떤 기업이든 거액의 자금 지출에 활용하고자 할 때에는 그와 같은 대출을 피하도록 권유한다. 그런 경우, 장기적이고 이보다 비용이 낮은 대출을 통해 더 좋은 조건으로 자금을 마련할 수 있다.

관련 앱: *Kabbage*

추천: 탄력적인 대출

스퀘어(Square)는 소상공인들로 하여금 스마트폰에 꽂아 카드 결제를 할 수 있도록 해주는 단순한 기기로써 처음 사업을 시작했다. 이는 중소기업들이 고객들로부터 카드를 받는 일이 대체 왜 이렇게 어려워야만 하는가라는, 그 자체만으로도 즉시 대형 소매업체에 비해 불리한 조건에 놓이게 만드는 문제에 대한 해결방안을 찾고 있던 트위터 설립자 잭 도시와 그의 친구 짐 맥켈비의 작품이다. 당시에는 카드 결제 시스템을 마련하기를 원하던 소상공인들 중에서 겨우 30퍼센트에서 40퍼센트만이 은행의 허가를 받았다. 그리고 **스퀘어**의 개입은 그 비율을 99퍼센트까지 끌어올렸다. **스퀘어**의 설립자 두 사람은 각각의 판매상으로부터 모은 풍부한 데이터 덕분에 자신들이 고안해낸 단순한 사각형의 카드 리더에 또 다른 엄청난 응용처가 있을 수 있다는 사실을 재빨리 알아차렸다. 그렇게 **스퀘어 캐피탈**(Square Capital)은 **스퀘어**의 고객들에게 자금을 융통해주기 위해 출시되었다. 해당 서비스는 우선 알고리듬이 카드 영수증을 분석하고 난 다음, 그에 따라 고객들에게 적합한 규모의 대출을 제공한다. 빌린 돈은 다음 영업일 이후부터 쓸 수 있으며, 대출금은 카드 영수증을 통해 갚는다. **스퀘어는 스퀘어**를 통해 처리되는 기업의 하루 신용카드 매출 비율에 기반하여 운전자금 대출의 상환 기간을 정한다. 하드풀 신용조회도 필요치 않다. 고객들이 해당 업체에서 얼마나 지출하는지에 관해 파악해야 할 정보는 신용카드 총매출액이 전부 말해주기 때문이다. 대출의 규모는 보통 6천 달러 가량으로 상당히 작은 편이므로, 전통적인 은행에서는 일반적으로 굳이 취급하지도 않는 수준이다. 하지만 이 정도의 총자본이라도 소기업에게는 틀림없이 도움이 되며, 실제로 조금 규모가 큰 기업들도 상당수가 이 서비스를 이용하기 시작하고 있다.

페이팔(PayPal)의 운전자금 대출 서비스도 이와 유사한 방식으로 운영된다. 기업체들에게는 이미 **페이팔**을 통하여 결제 처리를 하고 있으며 일정 수준의 매출액에 도달한 경우에 한하여 **페이팔** 대출을 신청할 자격이 주어진다. 연간 **페이팔** 매출액의 최대 25퍼센트까지 대출이 가능하며, 별도의 이자는 없다. **페이팔**은 업체의 **페이팔** 매출 규모, 계정의 이용 내역, 대출의 액수, 그리고 매출액 중 상환금으로 돌리는 비율을 바탕으로 균일한 수수료를 부과한다.

스마트비즈(SmartBiz)는 미화 3만 달러부터 35만 달러 범위의 대출에 대해 연이율 9퍼센트에서 11퍼센트의 금리를 제공한다. 아주 높은 수준의 신용점수가 필수는 아니지만, 그래도 여전히 신용등급은 좋을 필요가 있다. 융자를 받고자 하는 기업이라면 안정적으로 자리를 잡았다는 증명 또한 필요한데, 신청하는 대출의 규모에 따라 차이가 있기는 하지만, 영업을 한 지 적어도 3년은 지났으며 연간 수익이 최소 10만 달러 이상은 되어야 한다. 대출 신청을 하기 위해서는 기업의 재정 안정성을 분석하는 데 이용할 수 있도록 세금 보고서 사본을 제출해야 한다. 그 외에 추가로 더 필요한 금융 데이터에는 경상 수입, 은행 잔고, 융자잔액 정보 등이 포함된다. **스마트비즈**라는 인공지능 주도 평가 서비스는 은행에서 해당 기업을 어떤 관점으로 바라보는지 보여줌으로써 대출 신청자들에게 도움을 주기 위해 고안되었으며, 대출 승인을 받을 수 있는 수준, 즉 **스마트비즈**에서 말하는 론 레디 스코어(Loan Ready Score)에 미치지 못할 경우에는 재정 상황을 어떻게 개선할 수 있을지 방향을 제시해준다. **스마트비즈**에서 '소개 및 신청서류 대리 작성 수수료(referral and packaging fees)' 명목으로 부과하는 수수료는 승인 받은 융자의 4퍼센트 공제로써 전통적인 은행보다 살짝 높은 편이지만, 금리는 상대적으로 낮다.

관련 앱: *Square, PayPal, SmartBiz*

추천: 팩터링

전 세계적으로 미납 송장의 액수가 늘 40조 달러에 머물러 있는 것으로 추산되는데, 일부 기업들로서는 이렇듯 채권액의 상환이 늦어지는 것을 견디기가 상당히 고통스러울 수 있다. 일반적으로 소기업이 이런 상황에 가장 취약하며, 많은 중소기업들에게 있어 운전자금이란 언제나 골칫거리가 아닐 수 없다. 따라서 많은 기업들이 자금의 흐름을 개선하기 위해 채권매입업자에게로 눈을 돌리는 것도 놀랄 일이 아니다. 채권매입업(factoring, 팩터링), 다른 말로 송장 금융(invoice finance)이란, 기업이 외상판매채권(송장)을 금융 회사에 판매하고 그 대가로 현금을 선지급받는 절차를 뜻한다. 선지급받을 수 있는 액수는 송장의 액면가의 최대 80퍼센트까지이며, 통상적으로 24시간에서 48시간 안에 지급이 완료된다. 이렇게 함으로써 중소기업은 자금이 꼭 필요할 때 손에 넣을 수 있다. 물론 조금만 기다리면 잠재적으로 더 큰 총액을 수금할 수 있는 기회를 채권매입업 회사에게 넘겨주게 되는 것이지만, 채권을 환수하는 과정에 따르는 위험과 고통도 이제 채권매입업 회사의 몫이 된다.

캔자스시티에 기반을 둔 C2FO도 이와 비슷한 개념이다. 기본 개념은 아주 단순하다. 사실 알고 보면 사람들의 생활 속에서 이미 오랫동안 존재해왔던 생각을 바탕으로 하고 있다. 돈을 제 때 지불하는 협력업체에게 할인 혜택을 제공한다는 개념 말이다. 하지만 C2FO가 차별화되는 부분은 기꺼이 송장 대금을 일찍 지급해주고자 하며 그럴 만한 능력도 있는 돈 있는 회사들과 이 돈을 필요로 하는 공급자들이 서로 힘을 합칠 수 있는 온라인 마켓플레이스라는 점이다. 이 디지털 도구 내에서는 고객이 기업의 인증을 받은 송장을 서버에 추가하면, 해당 기업이 할인된 금액으로 조기 납입을 요청할 수 있다. 고객이 이 제안을 받아들이게 되면 고객은 그 즉시 기업에서 요청한 금액을 납입해주어야 하며, 보통 납입 기한은 24시간 이내이다. 이 때 해당 기업이 자사의 송장 전부를 조기 납입 대상으로 내놓을 필요는 없다. 얼마든지 원하는 만큼의 금액을 고르고 선택할 수 있으며, 어느 정도의 할인율을 제공할지에 대한 결정권도 납입을 요청하는 기업에서 가지고 있다. 이 서비스를 특히 매력적으로 보이게 만드는 요소는 이 모든 것들을 설정하고 관리하기가 굉장히 쉽다는 것과 공급자들이 수수료를 일절 내지 않아도 된다는 점이다. 그저 상환 절차를 빠르게 하기 위한 매력적인 할인율을 제공하기만 하면 된다.

팩터링 계의 라이벌이 세 군데 더 있는데, 바로 미국 기업인 **펀드박스**(Fundbox)와 유럽에서 서비스되고 있는 기업, **마켓인보이스**(Marketinvoice)와 **프렌스**(Frenns)이다. **펀드박스**와 **마켓인보이스**는 기업들이 송장을 청산하고 채권이 회수되기를 기다리는 동안 당장 자금을 융통할 수 있도록 단기 대출을 제공해준다. **펀드박스**는 대출 대상의 위험도를 판단하기 위해 해당 기업의 회계 소프트웨어에 연결하여 다양한 데이터 점들을 분석한다. 송장을 청산하는 과정에는 채권을 소유한 측뿐만 아니라 채권을 발행한 측도 존재하기에, **펀드박스**에서는 후자의 경우도 염두에 두며 이들 기업에 있을 수 있는 위험도 고려한다. 또한, **펀드박스**의 계정을 만드는 데에는 단 15초밖에 걸리지 않으며, 송장을 인수하는 것도 50초면 가능하다고 자랑스레 광고한다. 고객들은 다음 영업일이면 돈을 받을 수 있고, 송장이 만기되기 전에 대출을 상환할 경우 보상을 받는다.

프렌스는 인공지능을 이용하여 유럽계 중소기업들의 채권을 매입하는 완전히 자동화된 절차를 채택하고 있다. 우선 기업에서 평소 사용하는 온라인 회계 시스템과 동기화가 이루어지고 나면, **프렌스**가 관련 정보를 처리하여 경매에 올린다.

투자자들은 여기에 자유롭게 입찰할 수 있으며, 경매를 연 회사는 그 중에서 가장 경쟁력 있는 금리와 기한을 제시한 투자자를 선택할 수 있다. 경매가 종료되고 나면 보통 한 시간 내에 송장의 최대 99퍼센트가 선지급되며, 나머지 자금은 중개 수수료 및 은행의 이체 수수료 명목으로 공제된다.

관련 앱: *C2FO, Fundbox, Marketinvoice, Frenns*

추천: 신용기록이 빈약하거나 전무한 사업체 또는 개인

세계은행(the World Bank)에 따르면, 사하라이남 아프리카의 성인 중 약 60퍼센트 및 개발도상국의 성인 약 45퍼센트는 은행을 이용하지 않거나 심각할 정도로 은행 업무 서비스의 혜택을 제대로 받고 있지 못하다고 한다. 이로 인해 이들은 대출을 받는 일에도 큰 어려움을 겪게 된다. 잠재적인 대출자들에 대해 대출기관에서 가지고 있는 정보가 거의 없다시피 하기 때문이다. 그 결과, 최대 25억 명이 그들 자신은 물론, 사실상 지역사회 전체를 가난으로부터 끌어올리는 데 엄청난 도움을 줄지도 모를 자금에 전혀 접근이 불가능한 상태에 놓여 있다. 융자를 구할 능력 없이는 발전에 대한 희망 또한 어쩔 수 없이 멈추어야하기에, 이러한 사태로 인한 악순환은 다년간 거듭되어 왔다. 오늘날, 스마트폰을 소유하는 비율이 폭발적으로 늘어나면서 드디어 상황이 바뀌었다. 스마트폰이라는 매체는 자금에 쉽게 접근할 수 있도록 해주는 완벽하고 사용자 친화적인 수단이자, 사람들로 하여금 현재 어떤 새로운 서비스들이 출시되어 있는지 찾을 수 있는 효율적인 방법을 제공하는 도구이다. 신기술이 모든 일처리를 간소화하면서 결과적으로 비용을 낮춰주는 효과가 있으므로, 모두에게 있어 윈윈이다.

탈라(Tala)는 대출 신청자에 대한 이해도를 높이기 위해 휴대폰의 정보를 활용하는데, 소셜미디어 계정부터 인터넷 검색 기록에 이르기까지 모든 활동 내역들을 면밀히 조사하며 사용자 당 1만 개 이상의 고유한 데이터 점들을 모을 수 있다. 여기서 핵심은 단순히 숫자놀음만 할 것이 아니라 해당 데이터를 만들어 낸 인간의 '금융 정체성'을 제대로 파악하자는 것이다. 예를 들어 소셜미디어는 계정 주인의 겉으로 드러나지 않는 정체성 및 그 사람이 어울리는 친구들에 관해 많은 것들을 알려준다. 만약 이 친구들이 이미 대출금을 상환했다면, 이는 긍정적인 신호이다. 마찬가지로, 누군가가 일을 하는 대신 사람들과 어울리거나 친구들과 술을 마시는 데 많은 시간을 허비한다면, 이는 결코 대출 상환 가능성에 대한 긍정적인 지표가 아니므로, 그 사람의 소셜미디어를 통해 대출에 유의해야겠다는 정보를 얻을 수 있을 것이다. 현재 **탈라**의 사용자는 대부분 케냐 사람들이다. 이제는 그 외에도 필리핀, 나이지리아, 그리고 탄자니아까지 사업을 확장했으며, 인도와 멕시코도 눈여겨보고 있기는 하지만 말이다.

또 주목할 만한 서비스로는 **크레디테크**(Kreditech)가 있는데, 이 업체는 신흥 시장에 운전자금을 대줌으로써 대출자들이 필요한 물품들을 구입하고, 단기적인 투자를 하고, 자금 흐름 사이에 벌어진 틈새를 이을 수 있도록 해준다.

유럽에서는 인스턴트 워킹 캐피탈(Instant Working Capital, 즉석 운전자금)의 약자인 **아이오카**(Iwoca)가 소기업들을 평가하는 과정에 신기술을 활용함으로써 단순 신용점수가 아닌 수천 개의 데이터 점들을 통해 영업 데이터에 기반한 평가를 진행한다. 탄력대출은 1천 파운드부터 제공되며, 한도 및 금리는 업무실적에 따라 달라진다. 대출 자금은 신청 후 4시간 내에 받아볼 수 있다.

관련 앱: *Tala, Kreditech, Iwoca*

기타 대출
추천: 온라인 구매

상점별로 충전식 카드를 사용한다는 개념은 한 세기도 더 전, 소수의 미국 백화점 및 정유회사들이 오로지 발급해준 상점에서만 사용 가능한 고유의 카드를 만들어 줌으로써 고객들의 편의를 도모하겠다는(그리고 충성도를 유지하겠다는) 결정을 내렸던 때부터 늘 존재했다. 그러한 발상이 현실화된 것은 1946년, 차지잇(Charg-It) 카드가 등장하면서부터이다. 고객이 이 카드로 물건을 구입하면, 차지잇과 연계한 은행에서 판매액만큼을 상점에 지급하고, 추후에 고객으로부터 돈을 받아 이를 메꾸었다. **어펌(Affirm)**은 바로 이 같은 아이디어의 현대 핀테크식 버전이다. 초창기 디지털 결제 회사 중 하나인 페이팔의 공동 창업자이기도 한 맥스 레우친이 설립한 이 새로운 서비스는 즉석 대출을 통해 온라인 소매 고객들이 구매한 항목에 대한 자금을 대준다. 고객들은 그냥 원하는 상품을 구입하고 결제 창에서 **어펌**을 선택하면 된다. 이후에는 **어펌**에서 전체 금액을 상점에 지불하며, 고객으로부터 할부로 지급받아 이 대출금을 메꾼다. 출시 당시, 여행 상품, 가구, 휴대폰, 운동 기구 판매점을 포함하여 미국 내 150개 이상의 온라인 상점과 제휴를 맺었으며, 보통 이율은 10퍼센트에서 30퍼센트 범위이다.

대출자들에게는 최대 1년의 상환기간이 주어진다.

어펌의 서비스는 '가상 신용카드'라고 할 수 있는 모바일 앱으로까지 영역을 넓혔다. 이 앱은 거의 모든 온라인 구매에 대해 일종의 신용대출처럼 사용할 수 있다. 가상의 카드로서, **어펌**은 사용자에게 특정 구입 건에 대한 일회용 카드 번호, 만료일자, 그리고 결제에 필요한 세 자리 코드(cvc)를 부여한다. 할부 일정 및 추후 변제계획은 앱을 통해 관리한다.

어펌에서는 연체료나 조기상환 수수료가 없는데, 금리로써 대출 비용을 메꾸기 때문이다. 따라서 완납에 걸리는 시간이 길어질수록 내야 할 금액이 커지게 된다. 다른 여러 대출기관이나 신용카드와 달리, **어펌**은 고객의 신용에 '소프트풀' 조회를 하므로, 신용조회 기록이 남지 않는다. 이 서비스를 이용하여 신용등급을 개선하는 것도 가능한데, 긍정적인 상환 이력이 신용평가기관인 익스페리안에 보고되기 때문이다.

신용대출은 실제 구입한 상품의 대금에 한해서만 가능하다. **어펌**에서는 과도한 대출이 탐지될 경우 대출을 거절한다고 명시하고 있다.

관련 앱: *Affirm*

추천: 학자금대출

영국의 학생들은 연 9,250파운드의 대학 등록금을 충당하기 위해 대부분 정부 소유의 학자금대출 회사(Student Loans Company)에 의존한다. 일반적으로 은행들이 신용기록이 빈약하거나 전무하며 가족으로부터 재정적 지원을 받지 않는 이들에게 3년 혹은 4년이라는 대학 교육과정 동안 필요한 돈을 선뜻 미리 내주기를 꺼리기 때문이다. 물가 상승의 척도 소매물가지수(RPI, retail price index)와 연결된 이자율은 눈물이 날 정도로 높으며, 대출을 받은 그 순간부터 차곡차곡 쌓이기 시작한다.

학생들이 학업에 임하는 동안 자금을 댈 수 있도록 저비용 대출을 제공함에 있어서 시장에 뚜렷한 공백이 존재하다 보니, 학자금대출 부문이 핀테크의 눈에 들어온 것은 그리 놀라울 일이 아니다. **퓨처파이낸스**(Future Finance)는 영국에서 고등 교육과정에 있는 학생들에게 2천 파운드에서 4만 파운드의 대출을 제공해주는 데에 특화된 스타트업이다. 연이율은 11.9퍼센트부터 25퍼센트까지 다양하며, 미래 수익 잠재력을 바탕으로 계산하여 차등 적용한다. 따라서 신청 절차에서 신용기록만큼이나 개인 형편, 재학 중인 대학교, 그리고 학위 과정을 고려하게 된다. 부채는 대출자의 사정에 맞추어 학교를 다니는 중에는 다달이 상환하는 금액을 낮출 수 있으며, 학생들이 졸업

후 자신이 택한 직종에서 자리를 잡을 수 있도록 졸업을 하고도 추가로 3개월까지 낮은 금액을 유지할 수 있다.

또 다른 대출업체인 **프로디지 파이낸스**(Prodigy Finance)는 해당 학생의 학업적 배경에 관한 데이터를 활용한 예측점수를 통해 학생들을 평가함으로써 미래의 수입을 예측한다. 이 플랫폼은 해외에서 대학원 과정에 있는 학생들, 그 중에서도 특히 세계적으로 100위권 안에 위치한 대학의 엄선된 석사과정에 자리를 확보한 학생들을 위한 대출에 특화되어 있다.

엄밀히 말하면 학자금대출은 아니지만, **그랜트페어리**(Grant Fairy) 또한 학비를 충당하는 방법들을 다루고 있는 이 절에서 언급할 만한 가치가 있다. 이 모바일 앱은 학생들을 영국권 대학, 재단, 기관 등에서 제공하는 수천 종류의 장학금, 학비 보조금, 정부 지원금과 연결해줌으로써 대학 등록금에 보탤 수 있도록 한다. 월 4.99파운드 또는 연회비 23.99파운드를 내면 지원금 목록의 종합 데이터베이스에 접근할 수 있다. **그랜트페어리**는 매일같이 잉글랜드 은행(Bank of England)나 채식 협회(Vegetarian Society) 등의 기관에서 제공하는 새로운 장학금 정보뿐만이 아니라 개인 맞춤식 장학금 검색 기능도 제공한다. 심지어 신청 마감 알림을 설정해두는 것도 가능하다.

학자금 빚이 1조 5천억 달러에 달하며 4,400만 명 이상의 국민이 여전히 학자금 빚을 떠안은 채 살아가고 있는 미국에서는 **소파이**(SoFi)가 이 어마어마한 액수를 탕감하는 데 있어서 자칭 '전체론적인' 접근법을 제공한다. 학생들로 하여금 빚을 차환하도록 권하며, 그렇게 함으로써 2만 달러 이상을 아낄 수 있다고 말하는 것이다. 비전통적 대출기관으로 분류되는, 다시 말해 은행과 다른 방식으로 운영하는 **소파이**는 고객들에게 다양한 고정 및 변동금리 납입계획을 제공한다. 신청자들은 온라인상이나 스마트폰으로 교육 수준 및 기본적인 고용 기록 정보를 입력한다. 대다수의 대출기관들과는 달리, **소파이**는 신용점수를 조회하지 않기 때문에 신용등급에 하드풀이 이루어질 걱정은 하지 않아도 된다. 자격 요건을 갖추기 위해서는 우선 18세 이상이어야 하며, **소파이**에서 인정한 대학을 졸업하고 현재 취업이 된 상태이거나 향후 90일 이내에 임용한다는 일자리 제안을 받은 상태여야 한다. 또한, 합당한 금융 기록이 필요하다.

소파이 학자금대출의 혜택은 단순한 금융을 넘어선다. 미국 전역에서 진로지원 서비스, 기업가 육성 프로그램, 그리고 회원들을 위한 정기적인 행사들도 제공하고 있다. 그와 더불어 실업 보호 서비스도 제공하는데, 만약 대출자가 일자리를 잃을 경우 상환을 잠시 중단할 수 있다. **소파이**는 심지어 대출자들이 새로운 직업을 알아보는 데에도 도움을 주며, 이미 그와 같은 방법으로 수십 명의 사람들을 구제해주었다고 한다.

그밖에도 개인대출, 주택대출, 자산관리 서비스까지 제공하고
있다.

이 외에 살펴볼 만한 미국 기반의 학자금대출 업체로는
커먼본드(CommonBond), **어니스트**(Earnest), **렌드키**(Lendkey) 등
이 있다. 이들은 각기 조금씩 다른 접근 방식을 취하고 있다.
커먼본드는 여러 대출들을 하나로 통합할 수 있게 해주는 차환
상품, 학생인 자녀를 둔 부모들을 위해 고안된 상품, 그리고
MBA 과정의 학생들을 위한 상품 등 세 가지 종류의 대출을
제공한다. **어니스트**는 프리시젼 프라이싱(Precision Pricing, 정밀
가격책정)이라는 개인맞춤 대출 설정 기능을 갖추고 학생들로
하여금 빚의 우선순위를 정하여 빠른 시일 내에 전부 상환할
수 있도록 돕고자 한다. 상환 방식을 고객맞춤으로 설정하는
데 집중한 덕분에 최소 상환금을 올리거나 복수의 추가 납입
을 하는 일도 쉬워졌다. **렌드키**는 학생 대출자들을 지역 은행
및 신용 조합에서 자사와 제휴를 맺은 대출업체들의 대출 상
품과 연결해준다.

미국 내에서만도 선택지가 너무나 많은 나머지, 이 모든
다양한 대출 기회들을 손쉽게 비교해주는 서비스가 절대적으
로 필요해졌다. **크레더블**(Credible)은 학생들이 자사의 비교 서
비스를 이용하여 여러 대출업체들을 살펴봄으로써 평균 1만
3천 달러 이상을 절약할 수 있다고 주장한다. **슈퍼머니**(Super-

money)에서도 이와 유사한 서비스를 제공한다.

관련 앱: *Future Finance, Prodigy Finance, Grant Fairy,*

SoFi, CommonBond, Earnest, Lendkey, Credible, Supermoney

이 책을 엮으면서 가장 힘들었던 점 중의 하나는 기술이 계속해서 변화한다는 사실이었다. 매일같이 새로운 상품, 서비스, 아이디어가 세상에 나타난다. 핀테크 컨퍼런스에 참석하거나 해커톤 행사에서 심사를 할 때면 언제나 온갖 새로운 것들을 보고 들으며, 이 모든 것들을 가능케 하기 위해 쏟아 부은 에너지와 열정에 경탄하곤 한다. 관계된 모든 이들은 우리 사회에 만연해 있는 이전보다 나은(그리고 완전히 새로운) 생활 방식을 찾고자 하는 의지에 자극을 받은 듯하다. 바로 이러한 점들이 지금 현재 우리가 속해 있는 이 공간을 이토록 흥미롭게 만드는 것이다. 물론 모든 아이디어가 성공하지는 않는다. 그게 본래 디스럽션의 특성이다. 그렇다고 그것이 혁신가들의 의욕을 꺾어서는 안 되며, 실제로도 분명 혁신가들은 이에 굴하지 않는다. 하지만 새로운 앱들이 지속적으로 쏟아져 나오고 그 중 일부는 성공에 이르지 못하는 상황이 계속되다 보니, 이 책과 같은 안내서를 제작하는 입장에서는 완전히 최신 정보만으로 채우는 일이 만만치 않았다.

책을 집필하면서 나는 생동감 넘치는 이 산업이 본질적으로 지니고 있는 변화무쌍한 특성을 고려하기 위해 최대한 애를 썼으며, 독자들이 책을 읽는 시점에 이미 여기에 수록된 특정 상품들이 나중에 출시된 더 좋은 상품들에 밀려 세대교체가 이루어진 상황이더라도 널리 양해를 해주기 바란다. 새로운 기술에 관한 정보를 수백 년 묵은 매체를 통해 읽을 때 마땅히 치러야 할 비용이거니 하고 말이다. 그렇다고는 해도 각 부문에 대해 서술한 기본적인 내용들은 앞으로 얼마간은 유효할 것이다. 이 책에서 다양한 핀테크 발달에 관해 제시한 배경 자료들을 바탕으로 하여 앞으로 핀테크 세계에 본격적으로 뛰어들 때 요긴한 출발점으로 삼기를 권한다. 이 멋진 핀테크 부문을 직접 탐험하는 것도 겁내지 말자.

블록체인과 (개인) 금융의 미래

단 하나, 내가 여기에서 많은 시간을 할애하지 않은 기술이 바로 **블록체인**(blockchain)이다. 이는 필시 가장 혁명적인 기술의 변화 중의 하나이며, 핀테크 부문 전반에서 엄청난 차이를 가져올 것이다. 실제로 내가 만약 지금으로부터 몇 년 뒤에 이 책을 썼다면, 모든 장에서 블록체인이 훨씬 더 지배적인 역할을 했으리라 생각한다.

블록체인 기술은 **암호화폐**(cryptocurrency)라고 하는 것의 근간이 된다. 아마도 비트코인(Bitcoin)에 대해 들어본 적이 있을 것이다(2010년대 중반부터 어디 동굴에라도 틀어박혀 생활하지 않은 이상은 말이다). 어쩌면 암호화폐라는 용어가 점차 높은 빈도로 여기저기에서 튀어나오기 시작한다는 점도 눈치를 챘을 것이다. 그러나 대부분의 사람들이 그저 뭔가 돈과 관련이 있는 것이려니 하는 막연한 생각을 하고, 많은 사람들이 그에 대해 굉장히 신이 나 있는 듯하지만, 대부분의 경우 아마도 거기까지가 전부일 것이다.

소비자로서 우리에게 주어질 혜택을 논하기에는 아직 시기상조이다. 암호화폐에 직접적으로 관심을 가지도록 이끌 만한 뚜렷한 요구사항이나 이해관계가 있지 않는 이상, 블록체인 기술은 별로 우리 눈에 띄지 않는 금융 인프라나 기업금융에 먼저 영향을 미치게 될 것이다. 하지만 내가 보기에, 우리로서도 암호화폐의 세계에 관심을 보일만한 충분한 가치가 있다. 우리 모두의 금융 미래에 있어서도 중차대한 역할을 할지도 모르기 때문이다.

어쩌면 독자들은 기술적인 부분에 깊이 들어가서 이 모든 것들이 어떤 원리로 운영되는 지까지는 알고 싶지 않을 수 있으며, 나도 그러한 사실을 완전히 인지하고 있다. 하지만 맥락을 제대로 이해하기 위해서는 약간의 배경을 정리하고 넘어가는 편이 도움이 된다. 암호코인은 디지털 자산으로서, 모으거나 쓸 수 있다는 점에서 우리가 소유하고 있는 현금과 비슷한 면이 있다. 현금은 물리적인 지갑 안에 보관하는 반면, 암호코인의 소유권은 이를 가지고 무엇인가를 할 때 필요한 **암호키**(secret key)의 소유와 관련이 있다. 엄청나게 길고 암호화된 코드를 관리하기란 인간으로서 꽤 어려운 일이기 때문에, 보통은 이를 관리해줄 디지털 지갑 안에 코인들을 보관해둔다.

블록체인은 이 모든 암호화폐 거래들을 뒷받침하는 기술을 의미한다. 블록체인은 누구나 언제든 원할 때 볼 수 있는 공개적인 데이터베이스이다. 모든 암호화폐 구입 및 거래의 기록인 블록, 또는 디지털 화면들로 가득 채워진, 일종의 디지털 금전출납부라고 생각하면 쉽다. 어떤 방식으로 작동하는지 더 자세히 알고 싶다면, 비트코인의 블록체인(원조 블록체인) 사이트(https://blockchain.info)에 방문하여 직접 눈으로 살펴볼 수 있다.

블록(block)이란, 말하자면 거래 내역들을 모든 사람들이 동의할 수 있는 방식으로 모으고 갈무리한 덩어리라고 할 수 있다. 블록을 이루는 데 사용할 수 있는 거래들은 모두 하나의 블록이 될 때까지 계속해서 네트워크상에 뿌려지고 또 뿌려지며, 누구나 일련의 거래들을 한데 합쳐 블록을 형성하고 블록체인의 끝에 이 새로운 블록을 덧붙이는 경쟁 과정에 참여할 수 있다. 이를 **채굴**(mining)이라고 하며, 경쟁에서 승리하여 블록을 채굴하면 네트워크 자체로부터 재정적인 보상을 받게 된다. ('비트코인 채굴'이라는 용어를 들어본 적이 있을 것이다.) 누군가가 암호화폐를 소비하거나 이체함으로써 사용할 때마다 이 거래 기록은 채굴꾼들이 블록체인에서 새로운 블록을 만들 수 있는 원자재의 형태로서 네트워크상에 뿌려지게 된다. 블록체인의 상당수(비트코인 등)는 일반 대중에게 완전히 공개되어 있는 반면, 개별적인 거래의 세부적인 정보는 암호화되어 있어, 타인의 암호키를 손에 넣지 않고는 그 사람의 지출 정보를 들여다볼 수 없다.

전통적인 은행과 관련하여 생각하는 편이 이해하기에 도움이 된다면, 블록체인을 대규모의 은행 거래 내역과 같다고 생각해도 좋다. 우리가 보통 은행에서 받아보는 거래 내역서에 입금과 출금 이력이 나타나있는 것과 마찬가지로, 각각의 비트코인 거래 기록도 순차적으로 입력된다. 각 블록은 정해진 짧은 기간(비트코인의 경우에는 약 10분) 동안에 이루어진 모든 거래 내역들을 나타내주는 개별적인 은행 입출금 내역서와 같다. 유일한 차이점이라면, 블록은 단 한 개의 계좌가 아닌 전 세계의 모든 사람들의 거래 내역이라는 사실이다! 암호화폐는 중앙의 한 곳에서 보관되는 대신, 전 세계의 여러 사용자들의 컴퓨터에 존재한다.

이 시스템에서 채굴꾼의 역할이 얼마나 중요한지 알아차렸을 것이다. 거래를 승인하고 블록체인으로 쌓는 대가로, 채굴꾼들 또한 암호화폐를 보상으로 받는다. 사실 비트코인은 모두 이렇게 만들어졌다. 즉, 전부 채굴된 것이다. 블록체인 위에 다음 블록을 쌓는 이 세계적인 경쟁이 혹여 속도가 처지거나 승인되지 않은 체인 또는 모방 체인들에 관심을 빼앗기지 않은 채 계속해서 잘 굴러가고 있는 것을 보면, 중앙집중식 기록관리자가 필요치 않다는 사실에 모든 사람들이 동의하고 있다고 확신할 수 있다. 이 같은 방법은 시스템에 대한 어느 정도의 보안성과 믿음을 주기도 한다. 시스템을 해킹하려고 마음먹은 사람이 있다고 하더라도 그 밖의 다른 모든 충실한 참가자들을 합친 것만큼이나 빠르고 열심히 노력해야 가능할 터이기 때문이다. 그게 어느 정도냐면, 글을 쓰고 있는 시점을 기준으로 비트코인을 예로 들면, 무려 하나의 국가 전체가 소비하는 것과 맞먹는 수준의 전력량을 필요로 한다고 알려져 있다. (이 책을 집필하는 동안, 비트코인 네트워크는 에콰도르의 전력 소비량을 넘어섰고, 곧이어 호주를 능가했으며, 지금도 여전히 증가하고 있다.)

비트코인은 가장 처음 등장한 암호화폐로서, 그 덕에 주요 투자자 및 언론의 관심을 많이 끌 수 있었기에 지금도 가장 잘 알려진 암호화폐이지만, 이제는 대시(Dash), 이더(Ether), 라이트코인(Litecoin)을 포함하여 수백, 수천 가지 다양한 변종이 존재한다.

자, 이쯤에서 이런 생각을 하는 독자들이 있을지 모르겠다. '그래, 그것 참 기술적인 이야기도 더럽게 많고, 이해해야 할 새로운 이름들도 엄청 많네. 그래서 이게 다 나랑 무슨 관련인데? 이게 어떻게 나를 지금보다 부자나 가난뱅이로 만들어 준다는 거람?' 어쩌면 암호화폐에 잠시 스쳐가는 호기심이 동했을지라도, 언론에서 암호화폐를 1990년대 후반에 불어왔다가 꺼져버린 닷컴붐(dotcom boom, 인터넷 산업이 급성장하면서 해당 분야의 주가가 폭등했던 거품 경제 현상)에 비유하며 '비트코인 버블'에 관해 무시무시한 경고를 날려대는 통에 이를 가지고 무엇인가를 해 볼 의욕이 꺾였을 가능성이 높을 것이라고 생각한다. 여러 언론기관들은 심지어 수 세기 전에 있었던 광적인 집단 히스테리에 초점을 맞추기도 하면서 비트코인이 우리 모두를 네덜란드 튤립파동(Dutch tulip bulb mania)이 선보인 위험에 노출시키고 있다고 경고했다. 튤립파동이란 1637년에 정점을 찍었던 과열된 튤립 투기 열풍으로, 당시 일부 튤립이 한 뿌리 당 숙련된 공예가의 연봉의 10배가 넘는 가격에 팔리다가 갑자기 시장이 붕괴되면서 여러 투기꾼들의 재산을 함께 앗아갔다. 암호화폐를 절망적인 시선으로 바라보고 있는 것은 비단 언론뿐만이 아니다. 여러 유명인사들도 비트코인과 그 밖의 모든 암호화폐들이 이와 같은 길을 가게 되리라 예상했다. 비현실적으로 형성된 가격은 '부를 꿈꾸는' 무리가 충분히 시류에 편승하고 한계점에 도달하게 되는 순간 전부 와르르 붕괴되어 버린다는 끔찍한 경고도 했다. 암호화폐 시장이 투기꾼들에게 있어서 극도로 불안정하고 위험한 영역이라는 사실에는 의심의 여지가 없다.

비트코인 백만장자들이 자신의 람보르기니 옆에서 멋진 자세를 취하고 찍은 사진들이 언제나 좋은 이야깃거리가 되는 시국에서, 오히려 파국을 예고하는 많은 보도 자료들은 약간 핵심을 놓치고 있는 듯하다. 이러한 이야기들 상당수가 암호화폐의 장점으로써 인정하고 제대로 짚어주지 못한 부분은 바로 암호화폐가 실생활에서도 아주 중요하게 활용될 수 있다는 점이다. 비트코인과 같은 암호화폐는 결제 시스템이면서 돈이기도 하다. 암호화폐가 그 진가를 발휘하는 것은 사실 혁명적인 '결제 시스템' 측면이다. 블록체인 기술은 지금까지 결제 과정 전반을 지배하던 주요 금융기관들에게 집중되어 있던 힘을 분산시켜, 대신 수백, 나아가 수백만의 서버의 손에 그 힘을 나누어줄 수 있는 능력을 제공한다. 이론상, 은행이나 결제 회사는 단 한 군데도 관여시키지 않고도 전 세계의 어느 누구에게든지 돈을 보낼 수 있는 것이다. 현금 사회에서 무현금 사회로 전환이 이루어지는 과정에서 고객과 상점 사이에 여러 외부업체를 끼워 넣었다고 한다면, 암호화폐는 이제 이들을 다시 그 사이에서 끌어내줄 수가 있다. 문제는 비트코인 부자의 반짝이는 스포츠카라는 훌륭한 기삿거리가 버티고 있는 한, 휴대폰이나 전기요금 등의 다소 일상적인 구매를 더 싸고, 효율적이고, 손쉽게 결제할 수 있게 만드는 데 블록체인을 활용할 수 있다는 이야기는 절대로 헤드라인을 장식할 일이 없을 것이라는 사실이다.

만약 암호화폐를 주식이나 금을 사듯 투기의 대상으로만 보는 대신, 기존의 결제 방식보다 더 좋고, 효율적이고, 안전하고, 사적인 방법이라는 새로운 시각으로 바라보기 시작했다면, 분명 충분히 나름의 매력이 있는 분야이다.

중간상인(그리고 그에 따른 수수료) 잘라내기

아직은 여전히 도입 초기에 불과하며, 핀테크에 많이 퍼져 있지도 않다. 그렇지만 암호화폐에는 이미 몇 가지 눈에 띄는 이점들이 있다. 우선 암호화폐는 여러 측면에서 훨씬 안전하고 믿을 만한데, 이는 돈과 관련된 일에서라면 언제든 중요한 장점으로 작용한다. (암호화폐 교환에서 해킹이 발생했다는 새로운 후기들이 자주 들려오는데, 이는 보통 화폐 자체보다는 화폐를 교환하는 행위에서 비롯된다.) 어떤 시스템이건 사기에 덜 취약해지고 위조가 불가능하다면 은행뿐 아니라 판매자와 구매자 모두에게 이롭다. 신원 도용의 가능성 또한 적어진다. 신용카드로 결제를 할 경우, 겨우 몇 파운드를 지출하는 상황이더라도 자신의 신용 한도액 전체에 접근할 수 있는 권한을 해당 상인에게 넘겨주게 된다. 이는 신용카드가 기본적으로 '풀(pull)' 방식을 기반으로 하기 때문이다. 즉, 소매업자가 결제를 개시하면 해당 금액이 고객의 계좌에서 꺼내어지는(pull) 것이다. 암호화폐는 이와 정반대로, 판매자에게 돈을 '푸시(push)', 즉 밀어주는 방식을 취함으로써, 추가적인 정보를 필요로 하거나 중요한 개인정보를 위험에 처하게 하는 일 없이 정확한 금액만을 전송할 수가 있다.

무엇보다 가장 중요한, 그리고 수많은 핀테크들이 그토록 암호화폐에 눈독을 들이고 있는 이유는 수없이 거래를 하는 과정에서 짜증나게 자꾸 튀어나오는 중간상인들을 잘라내 준다는 점 때문이다. 그리고 다들 알다시피 중간상인에게는 언제나 비용이 뒤따른다. 보통 고액의 처리 수수료를 부과하는 외부 중개인을 제거하고, 대신 개인 간 직접 결제 방식으로 갈아탄다면, 거래 비용은 현저하게 낮아질 것이다. 이는 거래 과정 전반을 훨씬 투명하게 만들 수 있다.

이쯤에서 내가 잠시 악역의 편에 설 필요가 있을 듯하다. 암호화폐와 블록체인의 정원에는 와인과 장미꽃만 가득한 것이 아니기 때문이다. 여기에도 몇 가지 결점이 있다. 가장 큰 문제점은 이 새로운 기술의 발전을 제대로 이해하고 있는 사람들이 아주아주 소수라는 사실이다. (그리고 용케도 이 마지막 절까지 그럭저럭 읽어온 사람이라면 그럴 수밖에 없는 이유에 동의할 것이다. 이 모든 것들은 대중들에게 있어 상당히 새로운 내용이며, 이를 둘러싼 기술 또한 범접하기 어려울 정도로 복잡하게 느껴진다.)

이 신기술이 대중들에게 받아들여지기까지는 아직도 여전히 많은 시간이 필요하다. 기술이 이미 사용 가능한 수준에 이르렀음에도, 가까운 미래에 암호화폐가 신용카드나 전통적인 화폐를 대체할 가능성은 없어 보인다. 예를 들어 대부분의 사업체에서 암호화폐를 취급하지 않으며, 이 글을 시점에서도 암호화폐가 더 널리 퍼지기 전까지는 극히 소수만이 그러한 계획을 가지고 있는 듯하다(약간 진퇴양난에 처한 셈이다).

그에 더해 암호화폐는 평판에도 조금 문제가 있다. 거래의 익명성이 보장된다는 점 때문에 암호화폐는 그들이 하고 있는 일의 특성상 자신의 거래 내역이 사적으로 보호되며 절대로 지나치게 자세한 조사 대상이 되지 않기를 간절히 바라는 범죄자 집단의 관심을 끌었던 것이다. 그리고 그 결과, 정부 및 규제기관들이 여기에 주목하게 되면서 이 모든 것들을 그저 거대한 돈세탁의 수단으로 규정하고 장차 자산의 가치에 악영향을 미칠 가능성이 있는 엄격한 규제를 가하는 일이 벌어질지도 모르게 되었다.

이 모든 것들이 어느 정도의 규모로 성장할 수 있을지도 아직 미지수이다. 지금의 비트코인의 설계 방식은 처리할 수 있는 거래의 속도와 수를 제한적으로 만든다. 상당수의 암호화폐들은 신용카드처럼 기존의 잘 정립된 결제 네트워크와 같은 수준의 실적을 목표로 하고 있지만, 제아무리 전도유망한 기술이 많이 개발되고 있는 중이라고 해도 지금으로서는 여전히 너무나도 아득하게 멀게만 느껴진다.

그밖에도 블록체인 기술은 디지털 신원, 공증, 토지 등기 등의 문제들을 다루는 데에도 응용되면서 본래 비트코인이 가지고 있던 아이디어와 상당히 동떨어진 방식으로도 활용이 되고 있다. 이러한 분야들에서의 시도가 얼마나 성공을 거둘는지에 관해서는 아직까지 의견이 분분하지만 말이다.

앞서 말했듯, 아직 속단하기에는 시기상조이지만, 블록체인이 결제 기술을 비롯한 다양한 영역에서 앞으로 한 발짝 더 나아가는 데 있어 어떤 방식으로든 큰 역할을 하게 되리라는 것은 분명하다. 그렇기에 이 책에서도 이렇게 언급하고 있는 것이다. 이미 여러 차례 말했던 것처럼, 이 분야를 계속해서 주시하자. 다시 한 번 이 세계가 얼마나 역동적일 수 있는지 볼 수 있을 것이다.

자신의 돈을 최대한 활용할 수 있는 절호의 기회

암호화폐를 제외한다면, 미래는 아마도 대부분 은행 및 금융기관과 고객 사이의 전통적인 관계를 끊어내는 과정의 연속이리라 본다. 아마도 알아차렸겠지만, 이 책을 관통하는 주된 이야기는 그동안 오래도록 당연하게 여겨졌던 금융기관과 우리 사이의 서먹한 관계, 즉 그저 그쪽에서 우리에게 필요하다고 말하는 것들(대부분 우리가 아닌 금융기관 측에서 우리에게 제공하기를 바라는 것들)을 우리는 별다른 선택권 없이 받아들여야 했던 일방적인 관계를 어떻게 변화시킬 수 있느냐에 대한 것이다. 오늘날 우리는 더 이상 하나의 대형기관에 종속되어 있지 않다. 모든 자금을 하나의 기관에만 보관한다는 발상은 이제 수표를 발행받고 최소 3일을 기다려서 현금화한 뒤에야 사용한다는 것만큼이나 구시대적인 생각이다. 이미 많은 사람들이 온갖 다양한 재정적 필요에 따라 여러 가지 다른 종류의 서비스를 활용하고 있으며, 이러한 현상은 앞으로도 계속될 것이다. 더구나 오픈뱅킹 덕분에 이러한 성과는 그 어느 때보다 순조롭게 나타나고 있다. 개인정보를 입력하고 또 입력한 뒤 다시 한번 신원 조회가 진행되는 동안 인내심을 가지고 기다리던 나날들은 이제 그 끝에 거의 다다랐다. 새로운 핀테크 앱들의 무리가 지닌 진정한 매력 중 하나는 이들이 모두 어떤 원리로 운영되는지 깊게 고민할 필요가 별로 없다는 사실이다. 그저 운영이 '되고 있는' 상태를 즐기며, 자신의 돈(그리고 그에 대한 지식)을 훨씬 쉽게 손에 넣을 수 있게 된 현실을 누리기만 하면 된다. 그러고 나면 한결 조직화되고, 공평하고, 투명한 금융 시스템의 혜택을 보는 일만 남는다.

무슨 일이 벌어지든, 기술은 계속해서 우리가 돈을 쓰고 금융 생활을 꾸려나가는 방식을 새롭게 정립해나갈 것이다. 그야말로 우리는 돈의 혁명 가운데에 있다. 핀테크 디스럽터들은 저축에서부터 건강, 교육, 사업에 이르기까지 다양한 부문들에 걸쳐, 사실상 우리의 돈과 재정적 의무에 관련된 모든 영역들을 공략해나가고 있다. 어느 하나 소외된 것이 없다. 매일같이 새로운 해결 방안들이 등장하여 24시간 재무상담을 해주며, 전부 우리가 자신의 돈을 더욱 효율적으로 저축하고 지출할 수 있도록 도와주는 쪽으로 나아가고 있다. 물론 은행 계좌들과 통합된 온라인 결제 앱들의 폭발적인 증가 덕분에 물건 값을 지불하는 절차 또한 한결 수월해졌다.

그러한 발달이 이루어진 데에는 이동성이 큰 역할을 했다. 이제 어디에나 존재하는 스마트폰이 언제, 어디에서나 은행 및 금융 서비스 앱과 원활하게 상호작용할 수 있는 기틀을 마련했으며, 우리 모두에게 밤낮 할 것 없이 어느 때고 자신의 자금 상황을 스마트하게 실시간으로 확인할 수 있는 환경을 제공해주었다. 완전히 은행과 담을 쌓은 채 생활하고 있는 전세계 20억 인구에게 엄청난 가능성을 열어주었다는 점도 잊어서는 안 된다. 휴대폰 덕분에 은행 계좌가 없는 사람들도 생애 처음으로 금융 서비스에 접근할 수 있게 될 것이다. 정말 과거 그 어느 때보다도 자신의 돈에 대하여 충분히 잘 알고 의사 결정을 내릴 수 있는 시대에 살고 있는 것이다.

나는 소위 전통적인 은행 출신이므로, 우리가 이렇게 놀라울 정도로 짧은 시간 내에 대체 얼마나 많은 발전을 이루어낸 것인지 대부분의 사람들보다 훨씬 더 잘 인식하고 있다. 우리는 기득권을 쥐고 있는 기관만이 사람들의 가장 소중한 것들을 제대로 지켜주리라 신뢰할 수 있는 유일한 단체라고 여겨지던 때로부터 소비자들이 자신에게 주어진 선택의 자유를 마음껏 누리는 시대로까지 이동해왔다. 핀테크는 벌써 수많은 영역에서 신기원을 개척하여 금융 산업의 판도를 바꾸어놓았다. 이제 고객 서비스 센터에는 기계학습을 이용하여 우리와의 상호작용에 따라 계속해서 지식을 업데이트해나가는 챗봇이 있고, 사기 예방에 인공지능이 활용되고, 계좌의 보안을 더욱 강화하는 데에 생체인식이 도입되며, 블록체인은 빠르고 저렴한 거래를 약속하기 시작한다. 오늘날 우리가 이용하는 서비스의 상당수는 인간과 상호작용해야 할 필요가 없게 만들어 고객의 시간과 돈을 절약해주며, 동시에 최적의 금리를 보장해준다. 흥미롭게도 이제는 여러 기존의 은행 및 금융 서비스 기관들에서 발 빠른 핀테크가 성취하고 있는 것들을 모방하려고 하고 있다. 하지만 자세히 들여다보면, 비슷한 부분은 딱 거기까지라는 사실을 알 수 있다. 시류를 따라가며 현대화하려고 허둥대는 모습 아래에서는 여전히 예전과 같은 상태를 유지하고 있다. 이들 자체가 시대에 뒤떨어진 기술과 관행들을 바탕으로 설립되었기 때문이다. 그렇기에 여전히 두둑한 수수료를 부과하고(관련 세부조약들은 자잘한 글씨로 교묘하게 숨겨놓고) 견디기 힘들 정도로 느리게 일을 처리하는 것이다.

핀테크와 그 선조들의 결정적인 차이점 중의 하나는 이 스타트업들이 고객을 먼저 생각하는 접근 방식에 집중한다는 사실이다. 핀테크는 발전된 기법과 기능성으로 이전보다 공평한 금융 방안을 확립하는 데 치중한다. 스타트업들은 완전히 백지상태에서부터 시작하며 기존의 산업을 붕괴시키고자 하므로, 간접비를 줄일 수 있다는 이점이 있다. 그 말은 곧 고객들에게 더 나은 비용으로 상품 및 서비스를 제공할 수 있다는 뜻이며, 최첨단 기술 체제의 이점을 살려 혁신을 뒷받침할 수 있다는 의미이다. 기계학습은 고객들과 적극적으로 협력하여 재정 문제에 봉착하는 일이 없도록 도와주는 상품을 만드는 데 쓰이고 있다. 그리고 그 사이 점점 진화하고 있는 인공지능이 계속해서 우리의 미래의 웰빙을 위해 힘써줌으로써 우리가 예상치 못한 요금에 대비할 자금이나, 넉넉한 연금, 커다란 재정적 목표를 이루기 위한 자본을 모을 수 있도록 해준다.

이 모든 것들이 다소 벅차게 느껴진다면, 이 책에서 다루었던 내용들을 전부 한 번에 받아들여야 할 의무는 없다는 점을 기억하기 바란다. 앞에서 소개했던 앱들은 그저 현재 어떤 것들이 개발되어 있는지 개괄적으로 보여주기 위한 것들로, 장차 독자들이 충분한 지식을 가지고 의사결정을 할 수 있도록 도울 수 있었으면 하는 마음으로 수록해둔 것이다. 이러한 정보를 참고로 하여, 추후 대출이 되었든, 여행 경비가 되었든, 자동차 보험이 되었든, 금융상품을 구입하면서 필요해졌을 때 요긴하게 써먹을 수 있기를 바란다.

짐작컨대, 여기에 소개된 상품이나 서비스 중 일부만 써보아도 연간 수백 파운드의 돈을 절약할 수 있을 것이다. 자기 자신의 재정에 관한 시야를 개선하는 것은 그보다 더 살림살이에 보탬이 될 잠재력을 지니고 있다. 더 이상 조금이라도 더

싼 가격의 좋은 상품을 찾기 위해 계속해서 헤매지 않아도 되므로 시간도 절약할 수 있다. 주머니 속의 나만의 디지털 은행 매니저가 대신 다 알아서 해줄 것이기 때문이다. 이는 우리 모두가 돈과 더욱 개방적이고 건전한 관계를 형성할 수 있는 훌륭한 기회이다. 이 같은 새로운 관계는 좋으면 좋았지 결코 나쁠 이유가 없다.

우리는 이제 돈을 저축하고, 지출하고, 관리하는 방식에 있어 혁명의 초기 단계에 서 있다. 이 기회를 최대한 활용해보도록 하자.

이 책은 스탈링의 대단히 숙련된 직원들의 도움과 지지, 지식이 없었다면 결코 쓸 수 없었을 것입니다. 이들 모두에게 고마운 마음을 전합니다. 실질적으로 집필하는 데 도움을 준 티나 라이언스 기자와 책이 출간되기 전 미리 읽어보고 매우 귀중한 의견을 제시해준 그레그 호킨스 기술 자문가에게도 감사의 말을 전합니다.

또한, 이 책이 올바른 방향으로 나아갈 수 있도록 도와준 크리스 커드모어와 출판사 편집부에도 감사를 표하는 바입니다. 조언을 아끼지 않았던 플래티퍼스 피알의 제프 스콧과 이 책이 나올 수 있도록 애써 준 스탈링의 대외협력부장 알렉산드라 프린에게도 감사합니다.

핀테크 혁명
모바일 은행 설립자가 알려주는 핀테크 시대의 돈 관리 기술

초판 발행	2020년 2월 28일
1판 1쇄	2020년 3월 3일

발행처	유엑스리뷰
발행인	현명기
지은이	앤 보덴
옮긴이	이한나

주소	부산시 해운대구 센텀동로 25, 104동 804호
팩스	070.8224.4322
등록번호	제333-2015-000017호
이메일	uxreviewkorea@gmail.com

ISBN 979-11-88314-43-0

The Money Revolution by Anne Boden

© Anne Boden, 2019
This translation of The Money Revolution is published by arrangement
with Kogan Page.

이 책은 저작권자와의 독점계약으로 유엑스리뷰에서 출간되었습니다.
저작권법에 의해 한국 내에서 보호를 받는 저작물이므로 무단전재와
복제를 금합니다.

낙장 및 파본은 구매처에서 교환하여 드립니다.
구입 철회는 구매처 규정에 따라 교환 및 환불처리가 됩니다.